MICHAEL STUHLMILLER
mit Daniel Oliver Bachmann

DIE KUNST DES SPIELERISCHEN SCHEITERNS

*Wahres Selbstvertrauen
gewinnen mit
der Clownmethode*

kailash

Die *5 Räume des Lachens*© ist eine eingetragene Marke von Michael Stuhlmiller

Verlagsgruppe Random House FSC® N001967

1. Auflage
Originalausgabe
© 2016 Kailash Verlag, München
in der Verlagsgruppe Random House GmbH
Neumarkter Str. 28, 81673 München
Lektorat: Anne Nordmann
Umschlaggestaltung: ki 36 Editorial Design, München, Daniela Hofner
Umschlagmotiv: Shutterstock Images LLC
Satz: Satzwerk Huber, Germering
Druck und Bindung: GGP Media GmbH, Pößneck
Printed in Germany
ISBN 978-3-424-63116-6
www.kailash-verlag.de

Inhalt

Inhalt

Inhalt

Inhalt

Kapitel 1:
Wie Sie wahres Selbstvertrauen erwerben

Starten Sie Ihren persönlichen Wachstumsprozess

Sicher kennen Sie das auch, dass Sie Pläne hegen, sich aber die Durchführung nicht zutrauen? Oder das Gefühl, völlig neben sich zu stehen? Alle anderen scheinen zu wissen, was sie wollen, nur Sie nicht? Die anderen strotzen vor Selbstvertrauen, aber Ihres scheint irgendwie abhandengekommen zu sein? Oder war ohnehin noch nie besonders gut ausgeprägt?

Dann wissen Sie bestimmt auch, wie es sich anfühlt, wenn es Ihnen den Hals zuschnürt? Wenn Ihnen alles zu eng wird? Vielleicht merken Sie auch, dass das früher anders war: Da hatten Sie Durchsetzungskraft, doch dann hat sich das geändert, in einem schleichenden Prozess, den Sie gar nicht so richtig wahrgenommen haben. Ist das der Preis, den man bezahlen muss, weil man im Leben eben nicht nur Siege feiert, sondern auch Niederlagen einsteckt? Doch was geschieht, wenn wir diese Niederlagen gar nicht als Niederlagen ansehen? Das würde doch unserem Selbstbewusstsein sehr guttun, oder?

Vielleicht haben Sie schon einige Bücher über Selbstvertrauen gelesen, und sicher hat Ihnen der eine oder andere Tipp darin weiterhelfen können. Aber ist es Ihnen auch gelungen, auf lange Sicht Ihre Grundhaltung zu ändern? Um Selbstvertrauen genau in den Momenten zu spüren, in denen Sie es wirklich brauchen?

Um auch peinliche oder unangenehme Situationen mit Selbstvertrauen zu meistern, brauchen Sie mehr als Tipps und Tricks. Dieser Umstand stand mir klar vor Augen, als ich begonnen habe, einen Ansatz zu entwickeln, den ich die *5 Räume des Lachens* nannte. Diese *5 Räume des Lachens* lehren uns, frei zu atmen, uns frei zu bewegen und den Raum um uns zu fühlen. Sie zeigen uns, wie man trotz Angst wieder in die Bewegung findet, und sie können bei jedem von uns einen persönlichen Wachstumsprozess auslösen.

Warum können wir gerade von einem Clown lernen, wie wir wahres Selbstvertrauen erwerben? Ist ein Clown nicht der Tollpatsch, bei dem immer alles schiefgeht? Ich möchte Sie an dieser Stelle mit einer grundsätzlichen Wahrheit vertraut machen: Alles, was ein Clown tut, wird für ihn tatsächlich zu einem Problem. Alles, was er anfasst, wird zum Problem. Und wissen Sie was? Genau darin liegt auch die Lösung verborgen. Denn Probleme sind für einen Clown lediglich eine Einladung, einen anderen Blick auf eine Situation zu werfen. Während für die meisten Menschen Probleme eine Aufforderung sind, dagegen anzukämpfen. Das würde ein Clown niemals tun. Statt an Problemen und Konflikten zu scheitern, ist der Clown in der Lage, alles spielerisch aufzulösen. Seine Strategie kann auch Sie dazu befähigen, allen Arten von Problemen mit einem völlig neuen Selbstvertrauen zu begegnen.

In diesem Buch lade ich Sie dazu ein, mit der Methode des Clowns neuen Lebensmut zu gewinnen, Alltagsprobleme und Konflikte frisch und fröhlich anzugehen und mit neuem Selbstvertrauen die Kunst des spielerischen Scheiterns zu erlernen.

Die Methode des Clowns als Lebensschule

Der Clown Grock gilt als der größte und erfolgreichste Clown aller Zeiten. Er war in der ersten Hälfte des letzten Jahrhunderts ein Superstar, so bekannt wie heutzutage ein Hollywood-Schauspieler oder Rocksänger. Einmal gab er eine Vorstellung vor mehreren Tausend Menschen in einem prächtigen Theater. Dort saß er auf der Lehne eines Stuhles, die Füße auf der Sitzfläche, und spielte auf seiner berühmten Minigeige. Plötzlich zerbrach die Sitzfläche, Grock verlor das Gleichgewicht und stand auf einmal in dem Stuhlgerippe. Das Publikum prustete vor Lachen, denn es dachte, das gehöre zum Programm. Dem war aber nicht so, Grock war selbst von der Situation überrascht. Nun stellen Sie sich einmal vor, das wäre Ihnen passiert. Wahrscheinlich sitzen Sie selten auf der Lehne eines Stuhls, doch wie peinlich ist es, wenn man mit dem Stuhl schaukelt und auf einmal umkippt, am besten in einem vollbesetzten Restaurant. Alle starren Sie an, alle sind voller Schadenfreude. Clown Grock passierte dasselbe, und als das Publikum seinen verdutzen Gesichtsausdruck wahrnahm, bog es sich erst recht vor Lachen. Doch anders als wir wusste der Meister aller Clowns mit so einer Situation umzugehen. Grock *spürte* noch immer die Energie des Sturzes in sich, und er nutzte den *Impuls* des Hinabfallens. Was er tat, soll uns im Laufe des Buches immer wieder als Vorbild dienen: Er kehrte diese Energie um, schnalzte wie ein Springmesser auf und landete mit einem Satz wieder auf der Stuhllehne, die Füße auf dem Rahmen der Sitzfläche. Mit seinem legendären Spruch »Nit möööglich« rundet er den Auftritt ab. Im weiteren Verlauf seiner Karriere wurde dieses ursprüngliche Missgeschick zu seiner erfolgreichsten Nummer, von nun an natürlich mit Absicht durchgeführt. Sie bescherte ihm einen noch größeren Erfolg rund um den Erdball.

> Aus einem Nachtteil macht der Clown
> einen Vorteil. Kein Wunder, dass sein Selbstvertrauen
> unendlich groß ist.

Viele großartige Clownsnummern beginnen also mit dem Scheitern. Sie wissen, was ich damit meine: wenn die Dinge nicht so laufen, wie wir sie geplant haben. In meiner Clownsschule unterrichte ich angehende Clownprofis, aber auch Tausende von Menschen wie du und ich, die in berufsbegleitenden Kursen lernen wollen, dieses Scheitern durch eine spielerische Herangehensweise zu verwandeln. Hier erlebe ich jeden Tag, wie man es schaffen kann, aus dem Nachteil einen Vorteil zu machen.

Eine meiner Profi-Schülerinnen hat genau das kürzlich getan: Carmen brach sich kurz vor der Abschlussprüfung zur Diplom-Clownschauspielerin den linken Fuß. Ein Desaster – es schien, als sollte das jahrelange Üben und Vorbereiten nun umsonst gewesen sein. Denn ausgerechnet Carmen hatte für ihre Abschlusspräsentation eine poetische Nummer mit Tanz und clownesker Jonglage geplant! Was nun? Gescheitert und zurück auf null? So denken wir im Alltag – doch so denkt kein Clown.

In den mehr als 30 Jahren, in denen ich selbst als Clown aufgetreten bin, war mir eines immer besonders wichtig: Clowns müssen ihre eigenen Möglichkeiten finden, die Dinge anzupacken, wenn etwas nicht klappt. Das bringe ich heute auch meinen Schülern bei. Von dem wunderbaren Volksschauspieler Karl Valentin wissen wir, dass jede Sache drei Seiten hat: eine gute, eine schlechte und eine komische.

Daher ermutigte ich Carmen, die komische Seite in ihrem Dilemma zu finden. Das war gar nicht einfach, denn sie war eine hervorragende Jongleurin, tanzte wundervoll und war entsprechend erpicht darauf, allen Leuten ihr Können zu zeigen. Mit gebrochenem Fuß ging das aber nicht. Wir saßen zusammen in meinem Büro und überlegten, was jetzt zu tun sei. Mir fiel auf, wie sie nervös mit Sachen spielte, die auf dem Tisch herumlagen. Diesen Impuls griff ich auf – ähnlich wie Grock den Impuls aufgriff, als er durch den Stuhl krachte – und fragte sie, ob sie Lust hätte, eine Tisch-Jonglage-Nummer zu entwickeln. Sicher würde diese nicht ihr eigentliches Können widerspiegeln, doch ich hatte noch nie eine clowneske Tisch-Jonglage gesehen. Wir würden also aus dem Nachteil einen Vorteil machen, und das gleich im doppelten Sinn: Carmen könnte auftreten, und zwar mit einer Nummer, die noch keiner vor ihr auf die Bühne gebracht hatte. Sie ließ sich darauf ein, und ihre Abschlussprüfung wurde ein Volltreffer. Carmen verwandelte ihr Scheitern in einen Erfolg.

Viele Biografien erfolgreicher Menschen beginnen mit schwierigen Verhältnissen, da machen die Lebensläufe großer Clowns keine Ausnahme. Clowns und Narren sind oft eine Mischung aus Quertreibern, Draufgängern und Rabauken, die gleichzeitig ein sanftmütiges Herz in sich tragen. (Ich nehme mich selbst aus dieser Beschreibung nicht aus.) Das Wunderbare ist, auch dann zum Lachen zu finden, wenn unser Lebensweg gerade nicht lustig ist.

> Mit wahrem Selbstvertrauen finden wir zum Lachen,
> auch wenn uns ursprünglich nicht danach
> zumute war.

Es sind nicht Geschichten über Sieger, die Menschen dazu bringen, sich für eine Clownausbildung zu interessieren. Die jungen Leute, die bei mir eine Profiausbildung zum Clownschauspieler machen, verbindet die Frage, wie sie ein eigenständiges Leben mit einer echten Perspektive entwickeln können. Sie verspüren keine Lust dazu, das übliche Spiel von Gewinnen und Verlieren mitzuspielen. Wie immer fordert uns die Jugend auf, auch über uns selbst nachzudenken. Meine Clownschüler kritisieren ein System, in dem wir Menschen aus Angst handeln oder aufgrund der Hoffnung auf eine Belohnung und gleichzeitig davon überzeugt sind, dass diese Belohnung nur durch Manipulation erreicht werden kann. Während ich diese Zeilen schreibe, haben Manager und Ingenieure des größten Autoherstellers der Welt mit genau solchen Manipulationen das wieder einmal bestätigt.

> Was uns der Clown zeigen kann:
> Wie orientiere ich mich neu?

Mit ähnlichen Gedanken kam meine Schülerin Felicita zu mir. Sie war 19 Jahre alt, als sie sich für die Clownausbildung entschied. Eben hatte sie ihr Soziales Jahr abgeschlossen und davor ihr Abitur mit der Traumnote 1 bestanden. Trotzdem fühlte sie sich für ein Studium nicht bereit. Scheinbar aus einem spontanen Impuls heraus entschied sie sich für die dreijährige Profiausbildung. Diese Ausbildung war prägend für ihr ganzes weiteres Leben. Mit dem Clowndiplom in der Tasche ging Felicita nicht zum Zirkus oder zum Varieté, sie bewarb sich auch nicht bei Kleinkunstbühnen und Festivals, sondern sie begann ein Medizinstudium und wurde eine sehr erfolgreiche Ärztin. Durch die Clownmethode kann sie in diesem fordernden Beruf bis heute ihr offenes Herz bewahren, was sie in schwierigen Situationen vor Zynismus und Selbstverlust bewahrt. Für Felicita war die Clownausbildung eine Lebensschule, in der sie erfahren hat, wie einmalig sie ist und wie sie auf der Klaviatur der persönlichen Erfahrungen und Gefühle spielen kann. Genau das soll die Methode des Clowns auch Ihnen zeigen.

An einem anderen Punkt starten Menschen, die schon mitten im Berufsleben stehen oder kurz vor der Rente sind. Sie spüren, dass sie ihrem Leben einen neuen Sinn geben möchten. Irgendetwas ist auf der Strecke geblieben oder wurde nie beachtet. Wenn sie sich dann auf die Suche nach ihrem inneren Clown begeben und seiner Perspektive auf das Leben folgen, entfaltet sich ein Potenzial, das sie immer wieder zum Staunen bringt.

Um mit der Methode eines Clowns wahres
Selbstvertrauen zu gewinnen und sein ganzes
Potenzial zu wecken, ist es nie zu spät.

So beginnen die einen am Anfang ihres Lebens mit der Clownmethode und stemmen sich damit mutig gegen eine Welt, die ihnen Angst macht, während die anderen, die schon häufig gescheitert sind, sie nutzen, um sich nicht länger ausbremsen, abwerten oder verleugnen zu lassen.

Auch dazu will ich Ihnen ein Beispiel geben. Ulrike ist 50 Jahre alt. Sie war 20 Jahre lang bei einer großen Versicherung angestellt. Dort stieg der Druck seitens der Geschäftsleitung immer mehr an, weil man sich dort der Gewinnmaximierung verschrieben hatte. Selbst gute Kollegen und Kolleginnen beäugten sich auf einmal misstrauisch und begannen, sich gegenseitig zu kritisieren. Aus ehemals guten Arbeitsverhältnissen wurde ein Konkurrenzrennen, bei dem die Angst den Ton angab. »Es herrscht Klassenkampfstimmung«, erzählte mir Ulrike. Und weil sie da irgendwann nicht länger mitmachen konnte, kündigte sie. Wichtiger als die Sicherheit ihres Arbeitsplatzes waren ihr Gesundheit und Lebensfreude. »Den Mut dazu habe ich durch meinen inneren Clown gefunden«, sagt sie. Ich erinnere mich, wie sie seinerzeit in einem übergroßen Judoanzug und Turnschuhen Größe 60 im Proberaum der Schule stand und Clown-Kung-Fu übte. Mit einem herzzerreißenden »Hiii-jaiiii!« schlug sie Löcher in die Luft, und es kam allen so vor, als kämpfe sie gegen ihre alte Geschäftsleitung. Doch jedes Mal, bevor sie zuschlagen konnte, schlief sie ein. Um dann gleich wieder aufzuwachen und neue Luftgegner zu suchen. Alle lachten herzlich, und Ulrike spürte wahres Selbstvertrauen in sich aufsteigen. Der innere Clown hat ihr Mut gemacht, ihren eigenen Weg zu finden und zu beschreiten.

Wenn es also heißt, »Entdecke den Clown in dir«, geht es darum, Persönlichkeitsanteile in sich aufzuspüren, die bisher im Verborgenen geschlummert haben. Dass es dabei nicht immer lustig zugeht, versteht sich fast von selbst, denn wir begegnen auf dieser Suche auch unseren Niederlagen. Trotzdem ist der Clown die angenehmste Form der Selbsterfahrung, denn er bringt uns immer wieder zum Lachen. Dazu ist er behutsam und wohlwollend, und er wertet nicht. Er führt aber auch nicht ins Chaos oder in ein verwirrendes Durcheinander, ganz im Gegenteil. In der Clownmethode gibt es klare Spielregeln, die Ihnen helfen, das Leben zu strukturieren. Dabei steht die eigene körperliche und emotionale Erfahrung im Mittelpunkt des spielerischen Erlebens. Schließlich braucht wahres Selbstvertrauen eine körperliche Basis, auf der es wachsen kann. Auch das werden Sie in diesem Buch lernen.

Was muss ich können, um wahres Selbstvertrauen zu erlangen?

Ohne Zweifel leben wir in einer Leistungsgesellschaft. Den ersten Preis scheint immer der zu gewinnen, der schneller rennt, der stärker oder ausdauernder ist als alle anderen. Manche Menschen haben das Motto: »Ich will immer Erster sein, weil sich niemand für den Zweiten interessiert.« Wer nach diesem Leitsatz lebt, muss sich auf ein anstrengendes Leben gefasst machen. Und was passiert, wenn einer kommt, der dann doch noch schneller ist? Dann ist es fix wieder futsch, solch ein mühsam erkämpftes Selbstvertrauen.

Beim Clown ist es anders:
Er überzeugt nicht durch sein Können,
sondern nur durch sein Sein.

Um das zu schaffen, um dem Sein mehr Wertschätzung entgegenzubringen als dem Können, müssen wir dem Scheitern mutig ins Gesicht blicken. Nicht ohne Grund hat der Clown die rote Nase auf. Mit ihr sehen wir alle gleich doof aus, egal, welchen Beruf wir ausüben und welche soziale Stellung wir innehaben. Die Maske des Clowns ermöglicht es uns, alle anderen Masken fallen zu lassen. So lernen wir, uns selbst zu spüren und mit Humor wahrzunehmen. Ob wir übertreiben, untertreiben oder es einfach nur bunt treiben, spielt dann keine Rolle mehr. Mit der Maske des Clowns müssen wir uns nicht mehr verstellen, sondern wir sind in der Lage, unsere Scheu und Scham zu überwinden. Wir erfahren auf spielerische Art und Weise, wie es ist, dem Jasagen zu vertrauen, Impulse anzunehmen und deutliche Signale auszusenden, ohne auf den inneren Zensor zu hören. So erleben wir uns und andere im Fluss, über gesellschaftliche und geistige Schranken hinweg.

Was Sie daher als Erstes lernen werden, ist, wie sich ein Clown auf seinen Auftritt vorbereitet, nämlich indem er vom Denken ins Fühlen findet und dabei seine »innere Achse« stabilisiert. Dann stelle ich Ihnen vor, wie Sie die Angst vor dem Versagen verlieren können, sobald Sie »die Kunst, sich inspirieren zu lassen« kennenlernen. Auch äußerer Druck muss Sie nicht länger belasten, weil Sie lernen werden, durch das Wechselspiel von Druck und Gegendruck Stabilität und Dynamik zu entwickeln. Schließlich entdecken Sie, wie die Angst vor dem Scheitern zur Lust am Kippen werden kann – oder anders gesagt, wie Sie in jedem Problem eine neue Inspiration entdecken. Und zum Abschluss lehrt uns die Methode des Clowns, wie wir vom Müssen ins Wollen kommen. Gerade dieser Schritt wird Ihnen nochmal viel neues Selbstvertrauen vermitteln.

Wie gelangen wir vom Denken ins Fühlen?

Als ich vor vielen Jahren anfing, mich mit der Frage zu beschäftigen, was wahres Selbstvertrauen eigentlich bedeutet, begann ich ganz am Anfang: bei unserer Geburt. Es ist gut möglich, dass wir, als wir auf die Welt kamen, bereits verglichen wurden, weil die Frage im Raum stand, ob wir die schönen Augen von der Mama oder die hässliche Nase von Onkel Herbert geerbt haben. Für manche begann die »Härte des Lebens« mit dem ersten Schultag. Als wir zum ersten Mal mutterseelenallein auf dem Schulhof standen oder im Unterricht unverständliche Fragen der Lehrer beantworten mussten, während uns alle anderen Kinder mit Argusaugen beobachteten. Oder später beim täglichen Kampf im Job. Stets müssen wir Tausende von Entscheidungen treffen, die immer davon abhängen, was wir uns zutrauen. Denn neben logischen Abwägungen hängen unsere Entscheidungen davon ab, was wir uns zutrauen und inwieweit wir ein Gefühl dafür haben, was für uns richtig und was falsch war. Wohin soll uns die Entscheidung führen? Wo wollen wir am Ende landen? Manche handeln mutig, andere eher nicht, denn unsere Antworten hängen immer auch zu einem Teil von unserem Selbstvertrauen ab.

> Während wir beim logischen Abwägen Klarheit
> durch das Anstellen von Vergleichen gewinnen,
> gründet sich unser Selbstvertrauen auf ein
> inneres Gefühl und kann nicht durch unser Denken
> gesteuert werden.

In der Clownmethode stärken wir dieses innere Gefühl. Das passiert auf verschiedene Weisen, und eine davon möchte ich Ihnen jetzt vorstellen. Wir nennen sie die »Clownwiese«. Stellen Sie sich vor, da stehen zwei Menschen auf einer Wiese, Margret und Manfred. Im »normalen Leben« leitet Margret ein Seniorenheim, während Manfred als IT-Fachmann Netzwerke zum Laufen bringt. Doch jetzt trainieren sie gerade, die Welt mit den Augen eines Clowns zu sehen.

> Diese Welt ist viel mehr vom Fühlen
> als vom Denken geprägt und erschließt einem
> völlig neue Erfahrungsebenen.

Auch alltägliche Dinge, an denen man normalerweise achtlos vorübergeht, nimmt ein Clown intensiv wahr. Denn durch seine gesteigerte Sensibilität wachsen seine Durchlässigkeit und seine Fähigkeit, auf jeden noch so kleinen Impuls zu reagieren. Je durchlässiger wir sind, umso mehr Erfahrungen können wir aufnehmen und verarbeiten.

Margret und Manfred haben sich die Augen mit einem weichen Tuch verbunden. Blind ertastet Margret einen Zweig und nimmt ihn in die Hand. Aufmerksam konzentriert sie ihre Sinne auf jede Verästelung, auf die Struktur des Holzes, den Geruch und das knackende Geräusch, das entsteht, wenn sie ihn an einer Stelle knickt. Manfred geht dem Duft einer Blüte nach und erzählt später, sein ganzes Leben noch nie so intensiv gerochen zu haben. Beide machen eine innere Abenteuerreise, bei der das Waten durch einen Bach und das Ertasten einer Baumrinde zärtliche Gefühle weckt. Jede Kleinigkeit wird durch die veränderte Wahrnehmung zur Sensation. Für wunderbare Augenblicke fühlen sich Margret und Manfred in eine unbeschwerte Kindheit zurückversetzt. Gleichzeitig spüren sie, wie nah dieses Erleben am Heute ist. Sie stellen aber auch fest, wie herausfordernd es ist, sich der Blindheit hinzugeben. Sie erkennen, wie eng ihr Sehsinn mit dem Denken verbunden ist.

Wenn wir sehen, heften wir die Dinge schnell nach dem Motto »Das kenn ich ja schon« ab. Sobald wir den Sehsinn aber ausschalten, geht das nicht mehr. Wir beginnen, mit unseren anderen Sinnen achtsam jedes Detail wahrzunehmen. Wenn wir die Dinge nur betrachten, halten wir Distanz. Mit dem Denken erschaffen wir Konzepte. Indem wir tasten, riechen, schmecken und genau hinhören, verbinden wir Handeln und Fühlen. Wir sind nicht mehr getrennt. Wenn unser Fühlen und unsere Handlung eins werden, wächst das Selbstvertrauen.

Übung 1: Ihre persönliche Blumenwiese

Alle Übungen können Sie alleine durchführen. Wenn Sie sich aber bei der einen oder anderen wohler durch die Anwesenheit eines Partners fühlen, oder einfach mehr Spaß haben, wenn Sie zu zweit sind, ist Ihnen natürlich freigestellt, die Übung zu zweit auszuführen. Für Ihre persönliche Blumenwiese suchen Sie sich einen Ort in der freien Natur aus, den Sie gut kennen und an dem Sie sich sicher fühlen. Binden Sie sich ein weiches Tuch vor die Augen und erkunden Sie diesen Ort mit allen anderen Sinnen. Lassen Sie sich Zeit, gehen Sie kein Risiko ein. Es geht überhaupt nicht darum, Grenzen auszuloten, sondern einen Ort, den Sie zu kennen glauben, neu wahrzunehmen.

Neben der gesteigerten sinnlichen Wahrnehmung vollzieht sich der Wechsel vom Denken zum Fühlen über das körperliche Einschwingen. Die unmittelbarste Form des Einschwingens ist die Imitation. Mit Imitation ist aber nicht kopieren gemeint. Bei der Imitation schwingt das persönliche Erleben und Empfinden mit. Je durchlässiger wir sind, umso leichter fällt uns die Imitation. Vertrauen und Sicherheit durch Imitation entstehen, wenn es uns gelingt, das Einlassen auf äußere Impulse mit dem inneren Erleben abzugleichen. In der Methode des Clowns nenne ich diese Technik die »Zwillingstechnik«. Auch im Alltag wird diese Zwillingstechnik häufig (unbewusst) angewandt, manchmal von enorm vielen Menschen gleichzeitig!

Bejubeln im Fußballstadion 50.000 Menschen ihren Lieblingsverein, liegt zum Beispiel eine typische Zwillingssituation vor. Denn alle sind sich einig, was in den nächsten zwei Stunden ihres Lebens passieren soll. Zwillinge erleben immer ein hohes Maß an gegenseitigem Verständnis, deshalb macht das Zwillingsspiel auch sehr viel Spaß. Anstatt lange darüber nachzugrübeln, wie oder warum man etwas tun sollte, probieren Zwillinge aus, wie es sich anfühlt, wenn man es einfach tut. Der berühmte Slogan eines Sportschuhherstellers ist wie für den Zwilling gemacht: Just do it.

> Wenn Sie wissen wollen, wie es Ihrem Gegenüber
> geht, dann gehen Sie wie er oder sie.
> Wollen Sie seinen Standpunkt kennenlernen,
> stellen Sie sich an seine oder ihre Stelle.

Werfen wir in diesem Zusammenhang noch mal einen Blick auf die Wiese mit Manfred und Margret. Mittlerweile steht Margret vor einigen hohen Pappeln und Birken. Sie imitiert die schwingenden Bewegungen der Äste und das Flirren der Blätter – oder anders gesagt: Sie spielt mit den Bäumen das Zwillingsspiel. Später hat sie mir erzählt, dass sie diese Erfahrung in ihre Arbeit mit den Senioren einbaut. Sie betritt nicht mehr ein Zimmer und *schaut*, wie es dem Bewohner dort geht, sondern Sie betritt das Zimmer, geht in den Zwilling und *fühlt*, wie es dem Bewohner geht. »Mit dem Zwilling erfasse ich über die Imitation der Körperhaltung, Stimmung, Gestik, Mimik und Verhaltensweisen meines Gegenübers dessen Erleben. Damit entsteht unmittelbar ein empathisches Beziehungsband, das verbindet und gegenseitiges Vertrauen schafft. Ohne viele Worte befindet man sich im Einvernehmen mit dem anderen. Seither kann ich den Senioren mit einem ganz neuen Selbstvertrauen ohne Anstrengung zur Seite stehen. Es ergeben sich spontan spielerische und humorvolle Begegnungen, die allen guttun. Es wird viel mehr gelacht, und die Senioren fühlen sich gehört und wahrgenommen«, sagt Margret.

Bei sich sein – was heißt das und wie geht das?

Neulich war ich als Referent bei einem Großunternehmen eingeladen, das sich auf das Recyclen von Haushaltsabfällen spezialisiert hat. Dort gebe ich schon seit einiger Zeit Kurse in der Clownmethode, weil längst auch in der Industrie angekommen ist, dass sich Erfolg dann einstellt, wenn die Mitarbeiter das tun, was in diesem Wort als Aufgabe steckt: miteinander arbeiten und nicht gegeneinander. Es ist ein Weg, den wir alle gemeinsam einschlagen, und da man sich bei der Clownmethode besonders gut kennenlernt, bin ich an jedem Kurstag aufs Neue gespannt, wie die Teilnehmer gerade drauf sind. Wie gesagt: Nicht, was wir können, ist entscheidend, sondern unser Sein. »Ich bin«, »du bist«, »wir sind«, das ist das, was den Clown interessiert und inspiriert.

An besagtem Tag herrschte die übliche Hektik. Alle kommen direkt von ihrem Arbeitsplatz und sollen nun »clownen«. Für die einen ist das ein Riesenspaß, sie freuen sich schon die ganze Woche darauf. Andere sind noch nicht richtig anwesend, denken an die E-Mails, die eigentlich noch hätten geschrieben werden sollen, und an all die anderen Dinge, die sie noch zu erledigen haben. Ich fragte, ob es losgehen könne, und bekam als Antwort: »Nein, wir müssen noch auf Uwe warten.«

»Uwe mal wieder«, hörte ich. Und: »Das ist ja typisch.«

Und so warteten wir alle auf Uwe. Dabei war Uwe längst da – das war nur keinem außer mir aufgefallen. Das meine ich genau so, wie ich es hier schreibe: Keiner der Anwesenden hatte bemerkt, dass Uwe bereits hier war, und – fast noch schlimmer – Uwe selbst merkte nicht, dass alle auf ihn warteten. Die ganze Aufmerksamkeit lag bei Jens, der, wie ich das schon kannte, die Gruppe mit seinen Anekdoten unterhielt. Darin war er einsame Spitze, wortgewandt, gestenreich, der geborene Alleinunterhalter. Er hatte seine Bewunderer um sich geschart, während alle auf Uwe warteten, der verloren abseits stand.

Obwohl Uwe und Jens so völlig gegensätzlich auftreten, haben sie eine ganz wichtige Sache gemeinsam: Sie sind beide mit ihrer Aufmerksamkeit nicht bei sich. Stattdessen sind sie damit beschäftigt, sich auszumalen, was die anderen von ihnen halten, wie sie von ihnen bewertet werden. Das Ergebnis, zu dem sie kommen, ist allerdings sehr unterschiedlich: Uwe glaubt, dass die anderen ihn ohnehin nicht mögen, daher besteht seine Strategie darin, sich zu verstecken, während Jens versucht, mögliche negative Bewertungen seiner Person gleich im Keim zu ersticken. Seht mich Prachtkerl an, drückt jede seiner Gesten und seiner Worte aus: Ich bin es doch wert, dass man mich liebt!

Sicher haben Sie schon ähnliche Situationen erlebt. Vielleicht erkennen Sie sich sogar in einem der beiden wieder? Dann können Sie nachempfinden, welcher Druck sowohl auf Uwe als auch auf Jens lastet. Beide haben ein schwaches Selbstvertrauen, nur kompensieren sie es auf unterschiedliche Weise. Und glauben Sie mir: Für Jens ist es genauso anstrengend, den großen Zampano zu spielen, wie für Uwe, der von den anderen ausgegrenzt wird.

Menschen mit geringem Selbstvertrauen fragen sich permanent, was die anderen von ihnen halten.

Deshalb verspüren sie ständig den Druck, sich auf eine bestimmte Art und Weise verhalten zu müssen. An die Stelle ihrer Selbstwahrnehmung tritt die Frage, ob andere sie gut finden, und wenn nicht, was sie tun können, damit man sie wertschätzt. Dieser sogenannte Verhaltensdruck macht mürbe, und auf die Dauer gesehen sogar richtig krank.

Es ist abhängig von unseren Charaktereigenschaften, wie wir auf diesen Druck reagieren. Jens gibt den Klassenclown, in der Hoffnung, dadurch Beifall zu bekommen. Uwe kann das nicht. Er kennt keine Witze und wenn er eine Anekdote erzählt, fängt er mit der Pointe an und vergisst den Anfang. Also zieht er sich zurück in das Schneckenhaus des geborenen Verlierers. Manchmal findet er auch auf diesem Wege Anteilnahme, besonders bei weiblichen Teilnehmern. Wenn sich diese um ihn kümmern, könnte Uwe dazu verleitet werden, seine Strategie als richtig anzusehen. In einer Gruppe ruft das Verhalten eines jeden Mitglieds bei allen anderen eine bestimmte Reaktion hervor. Das ist die berühmte Gruppendynamik. Bei der Clownmethode geht es immer darum, diese Reaktionskette zu durchbrechen. Ein Clown ist wie geschaffen dafür, weil er die Dinge hinterfragt und nie das tut, was andere erwarten.

Glauben Sie nicht, dass ich über diesen Dingen stehe: Wann immer ich auf eine Bühne trete, spüre ich den Erwartungsdruck an mich selbst. Schließlich will ich, dass die Leute lachen, und ich freue mich, wenn sie mich gut finden. Allerdings kann ich natürlich nicht wissen, welche Stimmung im Publikum herrscht. Ist es gut drauf, und alles geht ganz einfach? Ist es angespannt und macht mir das Leben schwer? Sobald wir uns unter Druck befinden, weil wir glauben, etwas leisten zu müssen, um das Wohlwollen anderer zu erlangen, empfiehlt es sich, sich von der Angst vor diesen möglichen Bewertungen zu distanzieren. Für mich auf der Bühne bedeutet das: Ja, ich will, dass die Leute lachen, aber vor allem will ich selbst Freude haben. Ja, es ist schön, wenn sie mich gut finden, aber vor allem will ich mich selbst gut finden. Weil ich ja weiß, dass diese Erwartungen, dieser Druck und meine möglichen Reaktionen darauf auf mich zukommen, bin ich entsprechend gewappnet. Ich bereite mich mental auf den Auftritt vor, und zwar schon Stunden vorher. Wenn sich der Vorhang dann hebt, geht es mir nicht wie Uwe und auch nicht wie Jens: Meine ganze Aufmerksamkeit ist bei mir. In diesem Augenblick existiert die Frage: »Was halten die anderen von mir?« gar nicht mehr. Wie das genau funktioniert, erfahren Sie in diesem Buch.

In unserem alltäglichen Leben funktioniert das so leider nicht. Wir sind vielen Auftritten unvorbereitet ausgeliefert. Nehmen wir an, wir gehen kurz beim Bäcker vorbei. Darauf bereiten wir uns ja nicht zwei Stunden vor. Wir betreten den Laden, merken, wir sind der einzige Kunde, und wenden uns an die Verkäuferin, falls wir schon wissen, was wir wollen. Ansonsten nehmen wir erst einmal die Auslage in Augenschein. Dann geben wir unsere Bestellung auf, ein Brot, geschnitten bitte, ach ja, und zwei Körnerbrötchen, und geben Sie mir doch noch ein Stück von diesem Butterkuchen. Nein danke, keinen Kaffee dazu. Wir nehmen die Tüte mit dem Einkauf entgegen, verabschieden uns, gehen zur Tür und verlassen das Geschäft. Keine große Sache, das haben wir schon oft so gemacht. Trotzdem kann es in jedem Augenblick zu Irritationen und Unsicherheiten kommen, aber auch zum Gegenteil, zu einer besonders freundlichen Begegnung, die noch eine Weile in uns nachhallt. Was immer auch passiert:

> Dieser Einkauf beim Bäcker
> ist ein Auftritt. Ihr Auftritt.

Wie sehr so ein Einkauf auch gefühlt zu einem Auftritt werden kann, habe ich erst vor wenigen Tagen erlebt. Um die Ecke der Recyclingfirma gibt es die Filiale einer Bäckerei, die für ihren Zwetschgenkuchen berühmt ist. Nach dem Seminar gönne ich mir hin und wieder ein Stück. Kürzlich stand ich also an einem der Stehtische, ließ mir den Kuchen schmecken und den Kurs Revue passieren, da ging die Tür auf, ein Mann kam herein und sagte laut und deutlich: »Auf Wiederhören!«

Er hatte schlagartig die vollständige Aufmerksamkeit des Publikums – sehr zu seinem Missfallen. Er lief knallrot an, murmelte etwas Unverständliches, erledigte so schnell wie möglich seinen Einkauf und verschwand wieder. Ich bin mir fast sicher, dass er nicht das gekauft hat, was er eigentlich wollte.

Der Mann ist ein Kollege von Jens aus der Einkaufsabteilung. Fast den ganzen Tag hängt er am Telefon und führt unzählige Gespräche mit Lieferanten. Das letzte Telefonat hatte wohl noch durch seinen Kopf gespukt, als er die Bäckerei betrat. Er war nicht »bei sich« und hat seinen »Auftritt« dementsprechend vermasselt.

Kein Grund, den Kopf hängen zu lassen, schließlich ist nichts Schlimmes passiert. Allerdings können wir uns Situationen vorstellen, bei denen so ein vermasselter Auftritt nicht ganz so glimpflich ablaufen würde. Auch wenn wir in die berühmt-berüchtigten Fettnäpfchen treten, kann das ganz schön an unserem Selbstvertrauen nagen. Damit wir mit Selbstbewusstsein und Selbstvertrauen jede Situation meistern, empfehle ich Ihnen Folgendes:

Schon in der Art und Weise, wie Sie einen Raum betreten, zeigt sich Ihr Selbstvertrauen. Zahlreiche Untersuchungen weisen nach, dass dabei die ersten paar Sekunden die entscheidenden sind. Der Eindruck, der da entsteht, ist später kaum mehr zu verändern. Tragen Sie also Sorge dafür, dass Sie körperlich, emotional und energetisch gut vorbereitet sind. Wenn Sie vorhaben, Ihren Chef um eine Gehaltserhöhung zu bitten, oder mit Ihrem Partner Ihren Kinderwunsch besprechen wollen, erscheint Ihnen so eine Vorbereitung möglicherweise als Selbstverständlichkeit. Doch was ist, wenn Sie der Chef im Flur abfängt und sagt: »Jetzt habe ich fünf Minuten für Sie, kommen Sie gleich mit?«

So erging es Julia, die bei mir schon einige Clownkurse belegt hatte. Eigentlich hatte sie einen Termin bei ihrer Chefin und geplant, sich nach allen Regeln der Kunst darauf vorzubereiten. Als dann die spontane Aufforderung kam, reagierte sie vorbildlich. Sie freute sich, sagte natürlich zu, und bat darum, noch kurz die Toilette aufsuchen zu können. Dort bereitete sie ihr Erscheinen vor (wie wir das machen, erfahren Sie im zweiten Kapitel) und meisterte ihren Auftritt souverän und mit viel Selbstvertrauen. Sie war »bei sich« – genau das wollen wir erreichen.

Wie uns der Atem hilft

Wie erkenne ich, ob ich »bei mir« bin oder nicht? Bevor Sie lange überlegen, schlage ich Ihnen vor, einfach einen tiefen Atemzug zu nehmen. Genießen Sie, wie sich beim Ausatmen Ihr ganzer Körper entspannt. Während dieses Atemzugs sind Sie bei sich; es mag sich sogar schon so anfühlen, als ob für einen Moment alles von Ihnen abfällt. Vielleicht nehmen Sie noch einen zweiten und dritten tiefes Atemzug und fühlen sich richtig wohl dabei? Im Grunde genommen ist nichts Besonderes passiert. Trotzdem fühlen wir uns danach viel entspannter.

> Wir verschaffen uns Luft,
> indem wir kräftig Luft holen.

Atem zu holen ist eine unserer besten Möglichkeiten, wenn es darum geht, Selbstvertrauen herzustellen und zu verstärken. Jeder Schauspieler kennt den Moment, wenn er hinter dem Vorhang steht und den ersten Schritt auf die Bühne macht. Ohne tiefes Einatmen geht das nicht – denn wie kann er sein Publikum begeistern, wenn er nicht ganz bei sich ist? Nicht anders ergeht es dem Redner, der vor sein Auditorium tritt. Und nicht anders ergeht es natürlich auch uns selbst in all den vielen Lebensbereichen, in denen wir präsent sein müssen.

Mich persönlich hat es nicht zufriedengestellt, die Frage nach dem Selbstvertrauen dem Zufall zu überlassen oder gar dem Schicksal. Ebenso wenig befriedigend fand ich es, lapidar zu sagen: »Der oder die eine hat es halt und die anderen nicht.« Oder: »Dazu brauchst du ein Talent.« Ich glaube fest daran, dass wir alle jederzeit in der Lage sind, Hervorragendes zu vollbringen. Das Einzige, was uns davon abhält, ist die Antwort auf die Frage: »Traue ich es mir zu?«. Leider helfen uns gute Vorsätze dabei nicht lange weiter. Auch positive Affirmationen wirken nur kurzfristig nach dem Motto: »Was wir denken, fühlen wir auch«. Nichts davon ist nachhaltig, weil in Stresssituationen als Erstes der Kopf versagt – und damit auch alle positiven Affirmationen vergessen sind. Viele Untersuchungen zeigen, dass selbst intensives Mentaltraining in den entscheidenden Momenten nicht funktioniert. Solange unsere mentale Ausrichtung vom Körper abgespalten ist, bleibt sie wirkungslos. Aus diesen Gründen war es mir wichtig, eine Einheit von Kopf und Körper zu finden, die allen Stresssituationen standhalten kann. Mit der Clownmethode haben wir eine Technik an der Hand, die sich spontan und flexibel jeder Aufgabe anpasst.

Der Weg zu wahrem Selbstvertrauen geht über den Körper und die Gefühle.

Deswegen beginne ich meine Kurse gerne mit einem Tänzchen. Das lockert nicht nur die Stimmung, sondern verschafft allen Teilnehmern die Möglichkeit, Atem zu schöpfen. Die meisten kommen von der Autobahn und hatten vorher noch Termine, da braucht es einen Übergang. Das ist übrigens auch ein wichtiger Hinweis für unseren Alltag: Heutzutage geht alles so schnell, dass wir gut daran tun, bewusst Pausen einzulegen, um uns darüber klarzuwerden, dass etwas Neues beginnt. Ich rate dazu, dabei nicht die Beine hochzulegen, sondern dem Körper die Möglichkeit zur Bewegung zu verschaffen. So machen wir das auch in unseren Seminaren: Statt lange über Selbstvertrauen zu reden, steigen wir körperlich ein. Auf diese Weise erkennt jeder schnell, wo er gerade steht. Während die einen tanzen und ihren Blick durch den Raum schweifen lassen, gibt es Teilnehmer, die sich kaum eine Bewegung zutrauen. Manche wiederum sind so mit sich beschäftigt – ohne dabei bei sich zu sein –, dass sie ständig mit anderen zusammenstoßen. Viele bewegen einfach ein wenig die Arme und wippen von links nach rechts. Kein Wunder – wir leben in einer Gesellschaft, die sich ein Körpergefühl geradezu verboten hat. Auch im Fitnessstudio finden wir es nicht, wo unser Körper leisten muss, stemmen, wuchten und schieben und dabei immer noch ein Gewicht mehr aufgelegt bekommt. Es kann also einige Zeit dauern, bis wir den Körper als Ort erfahren, wo wir unser spielerisches Selbstvertrauen finden und entwickeln können.

Übung 2: Das tägliche Tänzchen

Gönnen Sie sich einmal am Tag ein kleines Tänzchen. Legen Sie dazu Ihre Lieblingsmusik auf oder schalten Sie den Radiosender Ihrer Wahl ein. Dann atmen Sie ganz bewusst ein und aus, bevor Sie beginnen, sich zur Musik zu bewegen. Vielleicht fühlt sich das am Anfang etwas ungewöhnlich an, weil Sie schon lange nicht mehr getanzt haben. Sie werden aber nach kurzer Zeit feststellen: Das Bewusstsein für Ihren Körper festigt sich, was ein wichtiger Schritt zu mehr »Selbst-Bewusstsein« und »Selbst-Vertrauen« ist. Sie brauchen auf nichts weiter zu achten – Hauptsache ist, dass Sie Spaß an der Bewegung empfinden.

Natürlich haben alle gelacht, als der Kollege von Jens seinen missglückten Auftritt beim Bäcker hatte. Seinem Selbstvertrauen hat die Sache sehr wahrscheinlich nicht besonders gutgetan, sonst wäre er nicht so schnell verschwunden. Er hat es nicht einmal geschafft, gute Miene zum bösen Spiel zu machen, sondern sich offensichtlich in Grund und Boden geschämt. Daher zeige ich Ihnen mit dem »richtigen Auftritt«, wie Sie leicht an Ihrem wahren Selbstvertrauen arbeiten können. Wie Sie sicher schon vermuten, geht es dem Clown nicht darum, Versprecher zu meiden, sondern souverän damit umzugehen.

Die körperliche Ausstrahlung eines Menschen
überträgt sich auf die anderen.

Vielleicht ist Ihnen noch nie bewusst aufgefallen, dass sich die körperliche und energetische Ausstrahlung eines Menschen auf uns überträgt, sobald er den Raum betritt. Ihr Unterbewusstsein nimmt das allerdings genau wahr. Kaum kommt beispielsweise der von allen nicht gerade hochgeschätzte Herr Müller herein, verändert sich die Stimmung im Büro. Alles wird schwerer und gedrückter, und am Ende heißt es: »Der zieht uns runter.« Doch was ist es, was da an uns zieht? Häufig allein die Art, wie dieser Mensch atmet, oder besser gesagt, wie er das nicht tut. Bei manchen Menschen haben wir das Gefühl, als hielten sie permanent die Luft an. Und wenn sie dann doch mal einatmen, scheint es, als würde die Luft im Hals hängenbleiben, während ihre Brust steif und unbeweglich ist. Bei solchen Menschen springt der Funke nic über. Ihre Kommunikation mit anderen ist schwierig, weil in dieser Körperhaltung die Stimme gepresst wird.

Nun hat es aber keinen Sinn, Herrn Müller auf seine Körperhaltung hinzuweisen. Das würde nur dazu führen, dass er sich noch mehr verkrampft. Sehr gut möglich, dass ansonsten an seinem Verhalten nichts auszusetzen ist. Wahrscheinlich macht er seinen Job gut, ist loyal und höflich. Trotzdem fühlen sich seine Kollegen in seiner Anwesenheit unwohl, und dieses Problem ist weder intellektuell noch mental zu lösen. Vielleicht verrät Herr Müller im Gespräch ein paar Geschichten aus seiner Kindheit, die erklären, weshalb sein Selbstkontakt und sein Selbstvertrauen so schwach ausgeprägt sind. Doch auch dieses Wissen hilft nicht wirklich. Was er braucht, ist eine konkrete Technik, mit der er seine unbewusste Unter- und Überspannung im Körper regulieren lernt. In dem Fall ist es wichtig, ihm einen Raum anzubieten, in dem es keine »schlechten« Gefühle gibt, die wir vor den anderen verstecken müssen, weil nur »gute« Gefühle erwünscht sind. Diesen Raum garantiert der Clown, weil er uns erlaubt, alles zu sein, und das heißt, auch mal böse, ungerecht, unerzogen, doof, banal, oberflächlich, oder hinterhältig. Es geht darum, diese Gefühle zuzulassen und sie mit unserer Körperwahrnehmung in Verbindung zu bringen: So fühlt sich das an, wenn ich einen auf doof mache. So fühlt sich das an, wenn ich ungerecht bin.

Dabei ist es wichtig, diese »negativen« Gefühle nicht ausmerzen zu wollen. Wie gesagt, es gibt keine schlechten Gefühle, und daher müssen wir auch nichts unternehmen, um sie loszuwerden. Wir zielen nicht auf eine Verhaltensänderung, sondern lernen vom Clown, damit zu spielen.

Ein Clown fühlt sich gut, weil er auch
das Schlechte annehmen kann.

Der innere Ort, den wir im Laufe des Buches in Ihnen aufbauen und in dem Sie sich dann jederzeit stabilisieren können, ist das Einzige, was Sie dazu brauchen. Die Clownmethode zeigt Ihnen, wie Sie dadurch die Angst verlieren, von Ihren negativen Gefühlen überwältigt zu werden – auch wenn es in der Welt um Sie herum gerade schlecht läuft.

> Negatives Erleben zu vermeiden versuchen,
> schwächt unser Selbstvertrauen.

Manche Menschen kommen ins Clownseminar und sagen: »Ich habe so viel Mist erlebt, jetzt mache ich nur noch, was mir Spaß macht.« Ich gehe behutsam vor, doch am Ende wissen sie: Das ist nicht der richtige Weg. Im Gegenteil. Jeder Versuch, negatives Erleben zu vermeiden, führt dazu, dass es sich immer mehr verstärkt. Erst wenn wir akzeptieren, dass wir im Leben auch unangenehmen Situationen ausgesetzt sind, können wir uns darauf besinnen, etwas an unserer Wahrnehmung zu verändern.

Aus meiner Erfahrung als Schauspieler und Clown weiß ich nur zu gut, wie schrecklich es sich anfühlt, wenn man auf der Bühne »in ein Loch fällt«. Man hat sich durch irgendetwas irritieren lassen, den Faden verloren und beginnt nun, an sich zu zweifeln. Hunderte von Augenpaaren sind auf uns gerichtet, während wir den Zweifel wie eine mächtige Welle auf uns zurollen spüren. Als Erstes verlieren wir in so einer Situation den Bodenkontakt, es ist, als ob uns eine mächtige Flut wegspülen möchte; nichts mehr ist stabil und sicher. Danach verlieren wir den Kontakt zu den eigenen Beinen. Das Wasser steigt und steigt, bald haben wir sprichwörtlich die Hosen voll. Jetzt braut sich auch im Bauch einiges zusammen, bis wir auch dort jedes Gefühl verlieren. Dafür spannt sich das Zwerchfell an, die Brust zieht sich zusammen, der Hals wird eng und schließlich sammelt sich alles im Kopf. Hochrot stehen wir da mit dem Gefühl, unser Schädel würde jeden Moment platzen. Wir verlieren die Stimme. Nun können wir uns nicht einmal mehr erklären.

SOS-Notfalltropfen für Ihr Selbstvertrauen: die innere Achse

Was wir jetzt brauchen, sind SOS-Notfalltropfen, die unmittelbar unser Körpergefühl stärken. Etwas, das den Kontakt zum Boden herstellt und die nach oben geschossene Energie ausbalanciert. Eine Basis, die unser überrumpeltes Selbstvertrauen wieder aufrichtet. Diese Basis nennen wir die innere Achse. Ohne diesen spürbaren Ort im Körper kann sich kein wahres Selbstvertrauen aufbauen. Die innere Achse ist für uns auch dann da, wenn der Zweifel auftaucht. Wir können sie konkret wahrnehmen und trainieren. Das geschieht durch eine Atemtechnik, die ich Ihnen im nächsten Kapitel »Wie Sie sich stabilisieren« vorstellen werde.

Wenn wir Herrn Müller helfen wollen – und es gibt viele Müllers auf der Welt, männliche wie weibliche –, nützt es also nichts, wenn wir ihm Selbstvertrauen einzureden versuchen. Es hilft den Müllers auch nichts, wenn sie sich es selbst einreden, wie es manche gut gemeinten Ratgeber empfehlen. »Ab heute benutzen Sie nur noch Kraftworte«, steht da zu lesen, oder der Tipp: »Sprechen Sie Affirmationen aus, die Ihnen Selbstvertrauen verleihen«, und das am besten gleich morgens vor dem Spiegel. Ändern Herr und Frau Müller aber ihr Körpergefühl durch das Erleben der inneren Achse, verlagert sich ihr Körperschwerpunkt. Dadurch wird Druck von den Schultern genommen, während sich der Brustbereich entspannt. Dazu verändert sich die Stimme, sie wird etwas tiefer und gehaltvoller, weil auch Druck vom Kehlkopf genommen wird. Wir klingen überzeugender.

> Die innere Achse befreit uns
> von ungesundem Körperdruck.

Betritt Herr Müller in seiner inneren Achse den Raum, wird er Neues erleben. Er kann auf einmal *fühlen*, ob er willkommen ist oder abgelehnt wird. Wäre Zweiteres der Fall, wäre das natürlich auch kein Zuckerschlecken, doch die Clownmethode weiß auch darauf eine Antwort: Selbst das Gefühl des Abgelehntwerdens ist nur eine Frage der inneren Ausrichtung. Durch einen ausgeprägten Selbstkontakt wächst unser Selbstvertrauen. Wir richten uns nicht an dem aus, was wir glauben, was andere über uns denken und meinen. Indem wir uns auf die innere Achse ausrichten, haben wir eine konkrete Methode, um Sicherheit in uns selber zu finden. Das Gefühl des Angenommenseins hängt davon ab, ob man sich selber annimmt. Vielleicht haben Sie es selbst schon einmal erlebt, wie ein Mensch den Raum betritt und alle Herzen ihm zufliegen. Dann sprechen wir davon, dass er Charisma besitzt, also eine besonders gewinnende Ausstrahlung. Die Clownmethode wird Sie dazu führen, dieses Charisma zu erwerben. Keine Angst, Sie müssen dazu keine Rampensau sein. Was Sie lernen ist, Ihre unvermeidlichen Auftritte mit Bravour zu meistern – mit wahrem Selbstvertrauen und körperlicher Entspanntheit.

Was tun im Konflikt?

Als der Kollege von Jens die Bäckerei mit den Worten »Auf Wiederhören« betrat, war er bereits aus seiner inneren Achse gefallen. So nenne ich das, wenn die Selbststabilisierung überhaupt nicht mehr klappt. An ihr zu arbeiten ist nicht nur wichtig, um peinliche Auftritte zu vermeiden, sondern auch, um die Wahrnehmung anderer Menschen zu trainieren. Das kann deshalb hilfreich sein, weil die Selbststabilisierung uns vor unangenehmen Konflikten bewahrt.

Immer wieder gebe ich Seminare, in denen wir Konfliktsituationen im Berufskontext spielerisch erkennen und verwandeln. Die »Achsenarbeit« ist für alle stets eine Offenbarung, weil sie damit eine schnelle Technik an die Hand bekommen, auf die im Ernstfall zurückgegriffen werden kann. Was passiert zum Beispiel, wenn unser Gegenüber aus der Achse fällt und womöglich die Fassung verliert. Sobald klar wird, dass es in so einer Situation um den Verlust von Orientierung, Erdung und Selbstwahrnehmung geht, können wir auf jede Form von Diskussion und Rechtfertigung verzichten. Während sich unser Gegenüber mit hochrotem Kopf in einem Zustand der Auflösung befindet, können wir ihm helfen, seine Achse wieder zu stabilisieren. Das machen wir mithilfe der Zwillingstechnik, also indem wir alles, was er tut, verdoppeln und wiederholen.

> Wir diskutieren nicht mit jemandem,
> der gerade die Fassung verliert,
> sondern wir verdoppeln ihn,
> indem wir ihn wiederholen.

Wir kommen darauf im nächsten Kapitel noch einmal zurück, wenn ich Ihnen zeige, auf welche Art und Weise Sie die Zwillingstechnik am besten anwenden.

Unsere innere Achse als Methode der Zentrierung gibt uns das sichere Gefühl, dass unser Selbstvertrauen unabhängig von äußeren Ereignissen ist. Mit ihr sind wir gerüstet, »bei uns zu bleiben«, wenn andere aus ihrer Achse kippen.

Wahres Selbstvertrauen im Gespräch

Clowns leben nach der Devise, sich immer genug Zeit zu lassen, um sich selbst und alle anderen in einer bestimmten Situation zu erfassen. Auf den Alltag übertragen bedeutet das: Sie sitzen in einem Meeting, treten vor eine Klasse oder empfangen einen Kunden und lassen sich nicht drängeln. Achten Sie darauf, den inneren Kontakt zu sich selbst aufrechtzuerhalten. Dazu kann ich Ihnen einen kleinen Trick anbieten: Ich habe es mir angewöhnt, stets aufmerksam zu sein, ob ich noch meine Füße wahrnehme – und damit den Kontakt zum Boden – indem ich ab und zu die Zehen bewege. Sie können davon ausgehen, wenn Sie Ihre Füße vergessen haben, dauert es nicht mehr lange, bis Sie auch Ihre innere Achse verlieren. Diese kann grundsätzlich in zwei Richtungen kippen, entweder nach vorne, wenn Sie sich zu sehr verausgaben, oder nach hinten, wenn Sie zu sehr ausweichen.

Vermeiden Sie daher im Gespräch vorwegnehmende Bemerkungen à la »Ach ja, meinen Sie das?« oder »Das habe ich mir längst schon gedacht«. Stattdessen führen Sie ein

Gespräch, indem Sie Fragen stellen. Keine Angst, Fragen sind kein Indiz für ein zu kurz gekommenes Selbstvertrauen, ganz im Gegenteil. Sie unterstützen damit Ihr Gegenüber und erhalten gleichzeitig Impulse, die Ihre eigene Position stärken. In der Clownsprache sprechen wir davon, dass wir Resonanz durch Antworten bekommen. Vielleicht haben Sie das schon einmal gesehen: Entdeckt ein Clown einen neuen Gegenstand, läuft er nicht darauf zu und nimmt ihn sofort in die Hand wie ein »normaler Mensch«, sondern er lässt sich Zeit und nähert sich dem Objekt manchmal auf recht umständliche Art und Weise. Seine Absicht ist: Er möchte erst einmal aus sicherer Entfernung mehr über den Gegenstand erfahren. Auf unsere Gesprächsituation übertragen heißt das, wir wollen auch erst einmal mehr über unser Gegenüber erfahren, »in seinen Schuhen gehen«, um zu verstehen, was er tatsächlich meint. Auf diese Weise gewinnen wir nicht nur unseren Gesprächspartner, sondern wir bekommen Energie von ihm, die wir direkt in unsere Achse aufnehmen können. Profis in dieser Technik schaffen es auf diese Weise, auch endlos erscheinende Sitzungen frisch und munter hinter sich zu bringen.

So wie wir keine Unterschiede zwischen schlechten und guten Gefühlen machen, so geht es auch im Gespräch um nichts anders als darum, sich berühren zu lassen. Ein guter Clown bringt die Menschen zwar zum Lachen, vor allem aber berührt er sie. Indem Sie Fragen stellen, erreichen Sie, dass Sie selbst berührt werden. Daneben bestimmen Sie so den Verlauf des Gesprächs sowie den Zeitpunkt, wann Sie Ihren eigenen Standpunkt einbringen möchten.

Zwei praktische Beispiele aus der Arbeitswelt

In meinen Seminaren zum Thema »Körpersprache und energetische Kommunikation« sind Gesprächsführung und Selbstvertrauen immer wieder zentrale Konfliktpunkte. So auch bei Werner, der es mit 40 Jahren zum Abteilungsleiter einer Versicherungsgesellschaft gebracht hatte. Werner war für den gesamten Vertrieb verantwortlich. Eine Zeitlang war auch alles gut gegangen, doch jetzt fühlte er sich ausgebrannt, seinen Zustand nach Teamsitzungen beschrieb er als »leer und erschöpft«. Mit den Ergebnissen der Gespräche und der Umsetzung ihrer Inhalte war er auch nicht zufrieden. Mittlerweile nagte das an seinem Selbstvertrauen, und er bekam mehr und mehr Zweifel, ob er für den Job überhaupt der Richtige sei.

Als wir auf der Clownbühne seine Sitzungen nachstellten, wurde schnell klar: Werner gehört zu denen, die keine Zeit verlieren wollen und von Anfang an viel Druck auf ihr Gegenüber ausüben. Kaum begann das Meeting, legte er los, nahm Antworten vorweg und verteilte Aufgaben. Selbst die »Mitclowns« auf unserer Bühne verloren rasch die Lust am Spiel. Stellte einer eine Frage, hatte Werner die Antwort sofort parat und ließ damit überhaupt keinen Raum für Impulse der anderen. Auf diese Weise erfuhr er nie, was seine Mitarbeiter beschäftigte, welche Probleme sie hatten und welche Vorschläge sie machen wollten, weshalb ständig neue Sitzungen anberaumt werden mussten.

Auf unserer Clownbühne war freudlos, was in seinem Alltag schon gesundheitsbedrohlich geworden war. Doch hier im Spiel erlebte Werner zum ersten Mal, wie er auf die anderen wirkte. War er bisher der Meinung gewesen, es liege überhaupt nicht an ihm, fiel ihm sein Zutun nun wie Schuppen von den Augen. Zu Veränderungen war er allerdings bereit, sonst wäre er vermutlich gar nicht erst ins Seminar gekommen. Er änderte seine Gesprächsführung radikal. Die Konsequenz war, dass er sich von nun an viel weniger anstrengen musste, da die Impulse jetzt von seinen Mitarbeitern kamen. Weil es weniger Missverständnisse gab und sich sein neues Selbstvertrauen auch auf die Motivation der Mitarbeiter auswirkte, mussten außerdem bedeutend weniger Sitzungen anberaumt werden.

Werner hatte sein Selbstvertrauen aufs Spiel gesetzt, weil er zu dominant war. Auch das Gegenteil kann passieren, wie mir Monika im selben Seminar erzählte. Sie war Leiterin eines Seminarhauses und dafür zuständig, das »berühmt-berüchtige« Montag-Meeting zu leiten. Schnell war klar, dass sie diesen Ausdruck wählte, weil dieses Zusammentreffen bei allen sehr unbeliebt war. Trotzdem war es wichtig, weil darin die Aufgaben der Woche verteilt wurden. Im Gegensatz zu Werner ließ Monika sich schnell auf alle Arten von Rückfragen ein und konnte dann nur mit Mühe ihren eigenen Standpunkt deutlich machen. Ihre Mitarbeiter bezeichnete sie als »ausweichend«, und sie hatte das Gefühl, dass sich alle immer vor der Arbeit drücken wollten. Deshalb hatte sie die Strategie entwickelt, ihren Mitarbeitern die äußeren Zwänge vermitteln zu wollen, unter denen sie selbst litt. Was sie wollte, war Mitgefühl, was sie bekam, waren weitere Diskussionen, in denen sie sich am Ende noch rechtfertigen musste. Für Monika schien das eine ausweglose Situation zu sein. Als sie ins Seminar kam, war ihr Selbstvertrauen schlichtweg am Boden. »Die Meetings enden mittlerweile so«, sagte sie, »dass ich Befehle erteile und mit Konsequenzen drohe, falls es nicht so läuft, wie es laufen soll.« So begann die Woche für alle frustrierend, was sich auch in der Stimmung und Leistungsbereitschaft widerspiegelte.

Wie Werner erlebte auch Monika die Entdeckung ihrer inneren Achse als pure Befreiung. Die innere Achse verhalf ihr dazu, ihr Selbstvertrauen von innen heraus zu stärken, auch wenn die äußeren Umstände schwierig waren. Auf dieser Grundlage konnten wir daran arbeiten, wie sie ihren Standpunkt unmissverständlich vortragen konnte. »Halte immer den Kontakt nach innen«, riet ich ihr. »Bring deine Erfahrungen ein, anstatt auszuweichen und nach Rechtfertigungen zu suchen.« Natürlich ist das einfach gesagt und schwerer getan, daher begannen wir es zu üben. Dafür geeignet ist ein Spiel, das ich »Der Komplize« nenne und das ich Ihnen in den folgenden Kapiteln näherbringen möchte. Bei diesem Spiel gelten folgende »Komplizenregeln«: Es gibt grundsätzlich keine Diskussionen, keine Widersprüche und keine Verneinungen. Komplizen bejahen sich immer, indem sie alles, was der andere tut, mit einem begeisterten »Ja, genau!« bestätigen. Anschließend ergänzen sie die Aktion des anderen und bringen ihre eigene Assoziation ein. Jeder neue Impuls trägt damit zum Fortgang des Geschehens bei. Auf diese Weise gibt es keinen Konkurrenzkampf, weil jeder Spieler durch seinen Impuls das Geschehen mitbestimmt. Der Impulsgeber wird zum Motor des Spiels, er ist damit aber auch verantwortlich für die Umsetzung.

Monika zeigte die Komplizenübung eine ganz neue Perspektive auf: die Möglichkeit, auf Diskussionen zu verzichten, indem sie aufhörte, sich zu rechtfertigten und indirekt nach Bestätigung zu suchen. Damit wuchs ihr Selbstvertrauen. Gleichzeitig begann sie, die Einwürfe ihrer Mitarbeiter als Impuls im Sinne einer hilfreichen Ergänzung und Ausdruck einer eigenständigen Position aufzufassen, die ihr Vorhaben voranbringen würde. Bisher hatte sie sich angegriffen gefühlt, doch das war jetzt vorbei. Indem sie zunächst einmal alles grundsätzlich bejahte, was die Mitarbeiter an sie herantrugen, konnte sie durch Nachfragen ihrerseits Impulse lenken und damit die Aufgaben gerecht verteilen.

Was ist zu tun, wenn man sich selbst zu sehr unter Druck setzt?

»Es ist seltsam«, sagte Carmenika zu mir. »Ich muss einfach immer wegschauen, wenn man mit mir spricht.«

Das ist schon grundsätzlich ein Problem, aber bei Carmenika noch viel mehr, da sie als Krankenschwester arbeitet. Ihre Patienten seien verunsichert, berichtete sie, und ihren Kollegen ging sie mit dieser »Marotte« schlichtweg auf die Nerven. Doch es war keine Marotte, keine schlechte Angewohnheit. Im Clownspiel zeigte sich rasch, dass Carmenika sofort den Kontakt zu sich selbst verlor, sobald sie ihren Blick auf einen der Mitspieler richtete. Sie hatte das Gefühl, berichtete sie in der Feedbackrunde, dass jegliche Energie von ihr abfließe. Dann brach sie in Tränen aus. Ich machte einige Stabilisierungsübungen mit ihr, zeigte ihr die Atemübung für die Stabilisierung der inneren Achse, und schon bald konnte sie allen anderen ins Gesicht schauen. Doch auch wenn die Clownmethode schnell zu einer Lösung führte, war der Konflikt damit noch nicht ausgestanden. Denn häufig ist uns gar nicht klar, woher dieser Druck auf uns stammt. Wir vermuten, von äußeren Umständen, doch in Wirklichkeit sind wir es selbst, die Druck auf uns ausüben. Das war auch bei Carmenika nicht anders. Ihr persönlicher Leistungsdruck war so groß, dass ihr Selbstvertrauen nicht mithalten konnte. Unbewusst projizierte sie diesen inneren Druck nach außen und versuchte ihm durch Vermeidung von Blickkontakt auszuweichen. Damit erreicht sie genau das Gegenteil. Patienten wunderten sich, Kollegen beschwerten sich, der äußere Druck stieg, und dies verstärkte noch einmal ihren inneren Druck. Kein Wunder, dass sie keine Energie mehr hatte. Durch die Arbeit an ihrer inneren Achse konnte sie den Druck ausgleichen. Auf dieser Ebene von Selbstkontakt stieg ihr Selbstvertrauen und damit ihre Fähigkeit, Blickkontakt zu halten.

Wenn wir unseren inneren Druck auf unsere Umwelt projizieren, führt das dazu, dass wir Beziehungen als Angriff auffassen oder uns völlig von jedem Kontakt zur Außenwelt zurückziehen. Während Kampfsportler trainieren, dem Druck des Gegners auszuweichen, ihn ins Leere laufen zu lassen oder zu Fall zu bringen, gehen wir bei der Clownmethode anders vor. Wir suchen den äußeren Druck! Das führt zu einem völlig veränderten Umgang mit ihm.

In der Clownmethode weichen
wir dem Druck nicht aus,
sondern suchen ihn.

In unserer stabilen inneren Achse erleben wir äußeren Druck nicht als erdrückend, sondern als eine Kraft, die unsere innere Stärke aufbaut. Wie das funktioniert, will ich Ihnen anhand einer kleinen Übung demonstrieren.

Übung 3: Neue Stabilität, die durch Druck entsteht

Zu dieser Übung brauchen Sie nur eine Wand, gegen die Sie sich lehnen können. Bitte tun Sie das mit dem Gesicht zur Wand und ausgestreckten Armen. Natürlich merken Sie gleich, wie Sie Druck auf die Wand ausüben – und gleichzeitig, wie diese Ihnen Stabilität verleiht. Stemmen Sie sich stärker dagegen, nehmen Sie eine extremere Position ein. Weder Sie noch die Wand fallen um, und der einzige Grund dafür ist der Druck, den Sie auf die Wand ausüben und diese auf Sie. Es geht um Balance, das Wechselspiel von Druck und Gegendruck. Wenn Sie einen Spielpartner haben, können Sie dieselbe Übung natürlich auch mit ihm ausprobieren. Meine Proficlowns schaffen es, in diesem harmonischen Spiel um die Balance die extremsten Körperstellungen einzunehmen, was das Publikum natürlich lustig findet. Trotzdem geht es nur darum aufzuzeigen, dass wir dem Druck nicht davonlaufen sollen, sondern ihn für unsere eigene Stabilität nutzen.

Im Alltag erleben wir ständig Druck: Zeitdruck, Arbeitsdruck, Beziehungsdruck, Leistungsdruck, Verhaltensdruck, Gruppendruck, der Druck, sich auf eine bestimmte Weise zu kleiden, zu schminken, der Druck, immer höflich und nett zu sein. Es gibt sogar Entspannungsdruck, Freizeitdruck und Urlaubsdruck. Wenn Sie Druck verspüren, ist immer entscheidend, ob Sie das Gefühl haben, diesem Druck ausgeliefert zu sein und von ihm verdrängt zu werden.

Der Schlüssel zum Umgang mit Druck ist immer der Kontakt zu inneren Achse. Um äußeren Druck auszugleichen, brauchen wir inneren Druck. Das Wechselspiel von Druck und Gegendruck gelingt, solange die innere Stabilisierung aufrechterhalten werden kann. Geht unser Selbstkontakt verloren, gerät dieses Verhältnis aus dem Gleichgewicht. Das erklärt, warum der Kontakt zur inneren Achse so wichtig ist. Da wir nicht so ohne weiteres aus diesem Geflecht von Druck und Gegendruck aussteigen können, wie es manche Ratgeber gerne vorgeben, ist es besser, äußeren Druck zu nutzen, um die innere Stabilität zu verstärken.

Wie kann ich äußeren Druck für meine innere Stabilität nutzen?

Wir sind in einer Gesellschaft aufgewachsen, wo das Wechselspiel von Druck und Gegendruck stets darauf abzielt, dass wir aus einer Situation als Sieger hervorgehen. Wir hoffen darauf, dass unsere Leistung dann auch belohnt wird. Dabei vergessen wir, dass da, wo es Sieger gibt, immer auch Verlierer sind. Ihre Anzahl ist in der Regel größer, und oft gehören wir selbst dazu. Sogar wenn wir gestern noch der Sieger waren, können wir morgen schon wieder zu den Verlierern zählen. Insofern ist diese Methode, unser Selbstvertrauen zu stärken, nicht nachhaltig, und daher auch für die

Mehrheit der Menschen unbefriedigend. Warum wir trotzdem immer wieder darauf zurückkommen? Meine Seminarteilnehmer beantworten diese Frage in der Regel mit dem lapidaren Satz: »Ich will zwar nicht, aber ich muss.« Das sagen sie, bevor wir in die Clownmethode eintauchen. Danach sieht die Sache ganz anders aus. Und das kommt so: Bei der Clownmethode schlagen wir einen völlig anderen Weg ein. Statt unsere Identität durch die Aussicht aufs Siegen zu stärken, sorgen wir dafür, dass jede unserer Handlungen unmittelbar die innere Achse und damit unsere Ausrichtung, unseren Selbstkontakt und unser Selbstvertrauen stärkt. Das macht Menschen, die der Clownmethode folgen, nicht weniger erfolgreich, im Gegenteil.

Dazu möchte ich Ihnen zwei Beispiele geben. Sam ist Dozent im Fachbereich »Language and Business Administration« an einer internationalen Business School. Als er zu mir kam, erzählte er, wie sehr er seinen Job liebe. Trotzdem stellt er das übliche Verhältnis von beruflichem Druck und Gegendruck in Frage, weil am Schluss die eigene Leidenschaft auf der Strecke bleibt. Und dann fragte er mich, ob die Clownmethode auch in einem »frontal geführten Simulationstraining für zukünftige Manager« bestehen könne.

Die Antwort gab er sich selbst einige Zeit später. Da berichtete er mir, dass er seinen Unterricht an der Hochschule verändert habe. Er sei nun der, der bekannt dafür ist, mit dem Schwamm an der Tafel zu scratchen, mit zerknülltem Papier Basketball zu spielen, und komplexe Sachverhalte im Gossenjargon zu erklären. Mittlerweile bezeichnete man ihn als »Clowndozent«, was zweifellos nicht abwertend gemeint war, standen auf seiner Einschreibeliste doch mehr Studenten als bei allen anderen Kollegen zusammen.

Was stellte der neu erweckte Clown in ihm in Frage? Es waren drei wesentliche Elemente des traditionellen Hochschulunterrichts, die gewöhnlich als unverzichtbar gelten: Der akademische Ernst, eine aufgebauschte Intellektualität und vor allem das Verhältnis zwischen Lehrenden und Lernenden, wo der eine den Druck vorgibt und der andere ihm standhalten muss. Der »Clowndozent« Sam drehte den Spieß um: Aus der üblichen Frage an seine Studenten »Wo bewerbe ich mich?« machte er »Wofür begeistere ich mich?« und »Wofür brenne ich in meinem Leben und wieso?«.

Es ist nicht immer leicht, solche Fragen zu beantworten. Zu viele scheinbare Notwendigkeiten, Umstände und Zwänge drängen sich auf. Das wirkt sich auch auf unsere Balance von Druck und Gegendruck aus. Je nachdem können wir immer mal wieder in ein Gefälle von Macht und Ohnmacht rutschen. Dabei spielt es keine Rolle, welche Position wir in diesem Machtspiel einnehmen. So oder so erleben wir dann wieder eine Abtrennung von unserem wahren Selbstvertrauen.

Esther arbeitet als Ärztin und Psychotherapeutin in einer Kinderklinik. Auch sie hat eine nebenberufliche Clownausbildung absolviert. Durch die Clownmethode fand sie zu einer inneren Haltung, die ihr bei ihrem anspruchsvollen Beruf sehr zu Hilfe kommt. Gute Erfahrungen machte sie mit der Zwillingstechnik, dem Spiegeln von Bewegungen, Gestik und Mimik der Kinder. Kommt ein gehemmtes Kind zu ihr in die Ambulanz, das wenig spricht und die Arme verschränkt, bricht Esther das Eis, indem sie die Körperhaltung des Kindes kopiert und dabei etwas übertreibt. Darüber lachen die Kinder und tauen auf. Die Zwillingstechnik hilft ihr auch bei der Kontaktaufnahme mit ganz zurückgezogenen Kindern. Dann setzt sie sich neben das Kind, bis ein gemeinsamer Atemzug erfolgt. Damit ist der Kontakt hergestellt. Im Weiteren bewirkt die Zwillingstechnik, dass das Kind den eigenen Bewegungen immer mehr Vertrauen schenkt. Damit beginnt ein therapeutischer Prozess, der in erstaunlich kurzer Zeit das Selbstvertrauen des Kindes stärkt.

Probleme annehmen – ja oder nein?

Viele Menschen machen ein Problem sofort zu ihrem eigenen. Dafür gibt es verschiedene Gründe. Zum einen können wir Probleme nicht leiden und möchten sie gerne loswerden. Zum anderen sind wir darauf geeicht, stets zu funktionieren, deshalb richten wir uns darauf aus, das Problem zu lösen. Es gibt natürlich auch Menschen, die Problemen am liebsten einfach aus dem Weg gehen, doch auch die haben nichts dabei gewonnen. Denn dann entscheidet das Problem für uns, welchen Weg wir einschlagen. Außerdem können wir sicher sein, dass es uns bald wieder einholt.

Gemeinhin eine vertrackte Situation. Nicht aber für einen Clown, für den ja das einzige Problem ist, wenn er kein Problem hat. Ich empfehle Ihnen, jedes auftauchende Problem erst einmal zu positionieren und erst dann über eine Lösung nachzudenken. Was das bedeutet, erläutere ich Ihnen anhand einer kleinen Übung.

Übung 4: Ihr kleiner persönlicher Ball

Suchen Sie sich einen Ball aus, der genau in Ihre Hand passt. Den machen Sie nun zu Ihrem kleinen persönlichen Ball, den Sie eine Weile mit sich herumtragen. In der Hand, in der Tasche, bei der Arbeit, wenn Sie spazieren gehen. Ab jetzt ist der Ball immer dabei. Achten Sie darauf, wie Sie ihn ganz zufällig immer wieder berühren. Werfen Sie ihn mal hoch, rollen Sie ihn hin und her, was immer Ihnen Spaß macht. Lassen Sie sich von Ihrem kleinen persönlichen Ball inspirieren und finden Sie auf diese Weise heraus, wie es sich anfühlt, einer Aufgabe zu folgen, ohne dass diese den Ablauf bestimmt. Vielleicht erfinden Sie ein paar Jonglagetricks. Es kommt nicht darauf an, wie artistisch diese sind, entscheidend ist, dass es Ihre Tricks sind.

Übertragen wir das Ganze nun auf Ihr Problem: Die Zeit, die Sie sich am Anfang der Übung gelassen haben, um Ihren Ball erst einmal »kennenzulernen«, ihn zu spüren und in verschiedenen Situationen zu erleben, gab Ihnen das Selbstvertrauen, Ihr eigenes Spiel zu entfalten. Genauso sollten Sie auch mit Ihrem Problem verfahren. Statt sofort an die Lösung des Problems zu denken und ins Funktionieren zu kommen, sollten Sie sich auf Ihre Inspiration einlassen. Dadurch, dass Sie den Kontakt zum Ball – also zum Problem – aufrechterhalten haben, waren Sie in der Lage, Varianten auszuprobieren. Das nenne ich die Positionierung des

Problems. Entscheidend ist, dass Sie sich nicht von einer schnellen Lösung abhängig gemacht haben. Sie haben dem Druck standgehalten und sich sogar von ihm bewegen lassen. Widmen Sie sich jedem Problem, das auf Sie zukommt, von nun an so, wie Sie sich Ihrem kleinen persönlichen Ball gewidmet haben, und Sie werden es spielerisch und kreativ lösen.

Wir leben in Zeiten, in denen althergebrachte Lösungen nicht mehr funktionieren. Damit werden auch unsere eigene Position und Identität ständig in Frage gestellt. Je mehr wir unsere Identität an äußeren Vorgaben festmachen, umso unsicherer werden unsere Entscheidungen – wenn wir überhaupt noch welche fällen. Daher ist es wichtig, sich nicht aus der Achse drängen zu lassen.

Bei Konflikten ist das anders. Zusätzlich zum Problem kommt bei einem Konflikt eine Bewertung mit ins Spiel, die außerhalb des eigentlichen Geschehens liegt: Ein Kollege beschert uns ein Problem – der Konflikt entsteht dadurch, dass er deshalb bei uns völlig »unten durch« ist. Zu dieser Bewertung kommt dann noch die Verletzung dazu, die ebenfalls mit dem eigentlichen Problem gar nichts zu tun hat. Das kann alles ziemlich verwirrende Gefühle in uns auslösen. Und genau darum geht es – um die Verwirrung. Denn sie hat das Ziel, unsere Identität zu erschüttern. In der Clownmethode ist das eine gute Sache, denn unsere Identität sorgt dafür, dass wir uns gegen alle Veränderungen und Verwandlungen sperren. »So haben wir es immer gemacht...« Diesen Satz hat jeder von uns schon einmal gehört und wer weiß, vielleicht sogar selbst ausgesprochen. Doch um voranzukommen, muss man manchmal stolpern. Clowns fallen ständig auf die Nase. Für sie ist das die einfachste Methode, einen Perspektivwechsel vorzunehmen. Und mit ihm finden sie rasch eine neue Identität.

Ich mache die Erfahrung, dass es im »richtigen Leben« nicht anders ist. Menschen finden dann zum Clown, wenn es in ihrem Leben plötzlich eine Delle gibt. Wenn etwas sie stoppt, oder aus der Kurve trägt oder richtig zum Nachdenken bringt. Das sind Situationen der Krise, und Krisen sind mehr als nur Probleme. Während wir das Problem als Impuls nutzen können, um einen Prozess in Bewegung zu bringen, stellt die Krise alles auf den Kopf. Oft geht dem ein Konflikt mit anderen Menschen voran, der sich zur Krise auswächst. Die Krise zwingt uns, auch dort bei uns hinzuschauen, wo wir normalerweise nicht so gerne hinsehen. Wir erkennen Seiten an uns, die wir vielleicht gar nicht mögen. Oftmals hat das etwas mit Scheitern zu tun.

Dann funktioniert das bisherige »Einfach weiter so!« nicht mehr. Wir scheitern, und alle können es sehen. Doch genau darin liegt in der Clownmethode unsere große Chance. Ich kann Ihnen jetzt schon versichern, dass die »Scheiterlektion« im vorletzten Kapitel Ihr wahres Selbstvertrauen erst richtig zur Blüte bringt.

Denn die Frage, ob ich gescheitert bin, hängt einzig und allein von meiner Bewertung der Situation ab. Und darum gilt umgekehrt: Ohne eine Bewertung gibt es auch kein Scheitern. Ich will Ihnen ein kleines Beispiel nennen: Stellen Sie sich vor, Sie rutschen aus. Es passiert nichts Schlimmes, Sie sind gestolpert und auf Ihrem Allerwertesten gelandet. Das Peinliche ist, dass Sie dabei beobachtet wurden. Aus diesem kleinen Allerweltsmissgeschick kann nun eine unangenehme Situation entstehen, je nachdem, wie Sie den Vorfall bewerten.

Wie wird aus ein und demselben Ereignis für den einen eine lustige Sache, die er sogar mit Erfolg abschließt, und für den anderen ein Anlass zur tiefen Beschämung? Nun, was wäre, wenn Sie auf Ihrem Allerwertesten sitzen und den Ring entdecken, den Sie schon seit Wochen fieberhaft gesucht haben? Mir ist so etwas schon passiert. Plötzlich erzählten alle, auch der unangenehme Beobachter, was ich doch für ein Glückpilz sei.

Scheitern bringt uns zum Kippen. Kippen bedeutet, dass wir eine gewisse Situation druckmäßig nicht mehr ausgleichen können. Wir fallen aus unserer inneren Achse. Beim Kippen setzen wir unser wahres Selbstvertrauen seiner größten Prüfung aus, denn wir müssen diesem Moment des Kippens vertrauen. Jetzt zeigt sich, ob wir einen Perspektivenwechsel für möglich halten, ob wir an Visionen glauben, ob wir Träume verwirklichen wollen oder doch lieber an eingefahren Standpunkten festhalten. Das Schöne an der Clownmethode und am Clown als Begleiter ist, dass er uns in diesem schwierigen Moment nicht alleine lässt. Als Meister des Stolperns beherrscht er das spielerische Scheitern. Seine Erfahrung, mit Krisen umzugehen, ist groß. Daher stammt das tiefe Mitgefühl des Clowns und sein Wissen über alles Allzumenschliche.

Die Clownmethode lehrt uns, hinter den Konflikt zu schauen. Wir lernen, den Konflikt als Impuls zur Veränderung anzunehmen. Statt ihm auszuweichen, suchen wir seine Nähe. Wie wir den Ball in der Hosentasche tragen, tragen wir den Konflikt ganz bewusst mit uns herum. Im Unterschied zu früher, als uns der Konflikt »nicht mehr losließ« und unseren Alltag sauer machte, ist unser Verhältnis zu ihm nun ein anderes. Anstatt ihn abzulehnen, nehmen wir ihn als einen Teil von uns an. Wie auch beim Umgang mit Problemen setzen wir keinerlei Energie dafür ein, ihn zu lösen. Wir betrachten den Konflikt als ein Rätsel. Ein Rätsel, das wir nicht durch Nachdenken lösen, sondern allein durch das Gefühl. Daher ist uns nur eine Frage wichtig:

> Welche Gefühle steigen im Zusammenhang
> mit dem Konflikt in uns auf?

In der Clownmethode heizen wir Konflikte sogar an. Dadurch werden unsere Gefühle noch spürbarer. Wir erkennen, dass wir dabei Gefühle auf ein Problem übertragen, die mit dem Problem gar nichts zu tun haben. So wird uns klar, dass wir das Problem und den Konflikt unbewusst herbeigeführt haben, um Gefühle wahrzunehmen, die uns bisher verborgen waren.

Die Clownmethode macht das alles sichtbar. Durch sie stärken wir unser Selbstvertrauen, weil wir im Konflikt keine Energie mehr durch falsche Abwehrmechanismen verlieren. Die Kraft bleibt bei uns und driftet nicht ins Nirgendwo ab. Uns wird klar, welche Gefühle wohin gehören. Und dann passiert etwas Großartiges:

> Sobald wir uns über unsere Gefühle im Klaren sind,
> kommt die Lösung von selbst.

Am Ende sind wir durch die Clownmethode in der Lage, das Kippen so einzusetzen, dass wir nicht hart auf die Nase fallen, sondern die Energie zum erneuten Aufrichten nutzen. Der Schlüssel liegt auch hier wieder im Kontakt zur inneren Achse. Jedes Mal, wenn wir uns von dieser Achse entfernen,

entfernen wir uns von uns selber. Bleiben wir aber in Kontakt mit uns selbst, können wir in Situationen lachen, in denen uns früher die Bewertung und das Urteil lähmten. Ohne diese negativen Wertungen nehmen wir den Konflikt als Spiegel an. Wir sehen darin, was uns noch von unserem idealen Leben trennt.

Ein guter Schluss ziert alles

Manchmal kommt es mir so vor, als habe der Volksmund seine Weisheiten direkt bei uns Clowns abgeschaut. Man sagt, ein guter Schluss ziere alles, und jeder, der einmal auf der Bühne stand, wird diesem Satz zustimmen. Die Vorführung kann noch so mitreißend gewesen sein – wenn man zum Ende hin die ganze Sache noch vermasselt, erinnert sich das Publikum leider nur noch daran.

Auch in der Clownmethode zur Stärkung unseres wahren Selbstvertrauens setzen wir auf einen positiven Abschluss jeder Situation. Wir orientieren uns dabei an den echten Profis. Die setzen stets die beste Pointe, bevor sie die Bühne verlassen. Es gibt Künstler, deren Nummern gar nicht so großartig sind, doch im Abgang übertreffen sie alle anderen.

Warum ist das so wichtig? Das Publikum fühlt sich erst dann richtig gut, wenn es lange applaudieren kann. Das liegt daran, dass sich die Zuschauer in diesem Moment selbst entladen dürfen. Wir sprechen in diesem Zusammenhang von einem Energietausch. Ob Musiker, Schauspieler oder Clown: auf der Bühne leben sie sich aus, während das Publikum den Darstellungen folgt und dabei Energie aufnimmt. Darauf darf man die Menschen nicht sitzenlassen.

Stellen Sie sich vor, man würde Ihnen am Ende eines Konzerts verbieten zu applaudieren. Sie würden sich wahrscheinlich unwohl fühlen, und auf einmal könnte die Vorstellung kippen.

Für unser Selbstvertrauen müssen wir auch lernen,
Applaus entgegenzunehmen.

Das ist für viele schwerer als gedacht. Häufig beobachte ich Redner, zum Beispiel im Deutschen Bundestag, die ihren letzten Satz sprechen und *sofort* das Pult verlassen. Manchmal sogar noch während der letzten Worte. Es sieht aus, als seien sie auf der Flucht, und die Wirkung auf ihr Publikum ist fatal: Es beginnt sofort zu zweifeln, ob das, was der Redner gesagt hat, auch tatsächlich richtig ist. Schließlich flüchtet er ja von seinem eigenen Auftritt. Er selbst wird es ebenso empfinden; für das eigene Selbstvertrauen ist so ein überhasteter Abgang keine gute Botschaft.

Der gute Abgang ist also eine weitere Herausforderung für unser Selbstvertrauen. Das hat auch Bernd erlebt, der als Jurist Vorträge zu verschiedenen Fachthemen hält. Seine Sachkenntnisse sind sehr gefragt, daran hapert es nicht, auch nicht an seinem Engagement in der Vermittlung der Inhalte. »Trotzdem stressen mich die Vorträge«, sagte er mir. »Danach habe ich immer ein Gefühl von Zweifel und sogar Enttäuschung.«

Da wir Gefühle benennen müssen, um wahres Selbstvertrauen zu schaffen, war Bernd schon auf dem richtigen Weg. Ich konnte seine Worte auf Anhieb gut verstehen. Jeder, der auf der Bühne steht, kennt das Gefühl, danach in ein Loch zu fallen.

»An all dem lässt sich arbeiten«, sagte ich zu ihm. »Du kannst lernen, nach dem Vortrag einen deutlichen Akzent zu setzen. Wir können auch üben, dass du die Pause aushältst und nicht einfach vom Pult weggehst. Wir können dich dazu bringen, den Applaus wertzuschätzen. Doch das alles ist nur an der Oberfläche gekratzt. Denn die wichtigste Frage lautet: Warum möchtest du den Abgang am liebsten überspringen? Lass uns zur Ursache gehen, statt an Symptomen herumzudoktern.«

Bernd musste lachen, der Vergleich gefiel ihm. »Bei einem erfolgreichen Abgang«, erläuterte ich ihm, »hinterlassen wir etwas. Und damit wir etwas hinterlassen können, müssen wir wissen, wo wir herkommen und wo wir hinwollen.« In der Clownmethode nennen wir das die »emotionale Grundhaltung.« Sie bestimmt die Art und Weise, wie wir auftreten, von Anfang bis Ende. Sie kann sich zwischendurch mal ändern, je nachdem, was gerade geschieht, doch wir finden immer wieder zu ihr zurück. Sie können sie sich wie ein Gerüst vorstellen, in dem wir uns bewegen. Oder wie ein Zuhause, in das wir regelmäßig zurückkehren. Genau das ist der Grund, warum Bernd nach dem Vortrag in ein Loch fiel. In dem Moment, in dem er seine Aufgabe erledigt hatte, verlor sein Dasein seinen Sinn. Das klingt gewaltig, doch als ich ihn fragte, ob er dem zustimmen konnte, nickte er heftig: »Eine Zeitlang reduziert sich mein ganzes Leben auf den Vortrag, und danach fühlt sich dann alles so leer an.«

Wie ich zu Beginn des Buches schon gesagt habe, ist die Clownmethode eine Lebensschule. Sie vermittelt mehr als ein paar oberflächliche Tipps und Tricks. Um zu wissen, woher wir kommen und wohin wir gehen, also um unsere emotionale Grundhaltung zu erfühlen, brauchen wir etwas Zeit. Gönnen wir uns diese Zeit, wirkt die Clownmethode sehr nachhaltig, denn sie zeigt uns, wie wir unser Handeln einem größeren Ganzen widmen – und dadurch jegliche Leere in unserem Leben füllen.

Für Bernd bedeutete das zunächst einmal, das Publikum – sein Publikum – in sein Handeln mit einzubeziehen. Das hatte er vorher nie getan. Er fing nun nicht mehr einfach an zu reden wie bisher, sondern er nahm sich Zeit, um erst einmal zu schauen, wer denn heute zu ihm gekommen war. Er lernte abzuwarten, bis man bereit war, ihm zuzuhören. Ohne dass wir das lange üben mussten, entstanden Pausen, weil er zwischendurch immer wieder neuen Kontakt zu seinen Zuhörern aufbaute. Er gewöhnte es sich an, einzelne Personen gezielt anzuschauen und sie persönlich anzusprechen. Und er interessierte sich im Gegensatz zu früher dafür, wohin seine Expertise die Zuhörer führte. Er stellte Bezüge her und fragte nach einer Vernetzung der Themen. Immer mehr verband er sein juristisches Wissen mit den Clowntechniken, die ich Ihnen in den folgenden Kapiteln genauer vorstellen werde. Bernds Selbstvertrauen stieg sprunghaft an und machte aus ihm in kurzer Zeit einen äußerst erfolgreichen Mediator.

Was alle diese Praxisbeispiele gemeinsam haben: Ein Mensch beginnt, aus dem reinen Funktionieren auszusteigen und kommt dadurch aus dem Müssen ins Wollen. Dabei wird eine Kraft aktiviert, die viele Menschen verloren haben: der innere Antrieb.

Unser innerer Antrieb führt uns
vom Müssen ins Wollen.

Über unseren inneren Antrieb werden Sie in den kommenden Kapiteln noch einige interessante und überraschende Dinge erfahren. Eines sei schon vorausgeschickt: In der Clownmethode nutzen wir ihn nicht, um andere zu beeindrucken oder im Wettkampf zu siegen. Denn genau das ist der Grund, weshalb der innere Antrieb bei vielen Menschen verlorengeht: weil es immer nur um »leisten« und »gewinnen« geht. Das laugt uns auf die Dauer aus. Sie werden erfahren, wie die Kraft des inneren Antriebs immer für Sie da ist, auch wenn mal etwas schiefläuft. Sie ermöglicht Ihnen den ungebremsten Zugang zu Ihrer Freude, zu Ihrer Stärke, zu Ihrem Willen und zu Ihrer Liebe. Voraussetzung dafür ist Ihre innere Stabilisierung und damit starten wir jetzt durch.

Was Sie in diesem Kapitel erfahren haben

Die Clownmethode ist weit mehr als eine Ansammlung von Tipps und Tricks, die wir anwenden oder auch nicht: Sie ist eine Lebensschule. Sie funktioniert deshalb so gut, weil ein Clown jeden Nachteil in einen Vorteil verwandeln kann und auf diese Weise im Laufe des Lebens ein unendlich großes Selbstvertrauen erwirbt. Mit der Clownmethode finden wir zum Lachen, auch wenn uns ursprünglich nicht danach zumute ist.

Die Clownmethode zeigt uns einen Weg, wie wir uns neu orientieren können. Dabei spielt es keine Rolle, wann wir uns dazu aufmachen. Um unser wahres Selbstvertrauen zu finden und unser Potenzial zu wecken, ist es nie zu spät.

Eine erste Lektion ist: Der Clown überzeugt nicht durch Können, er überzeugt durch Sein. Denken ist nicht so wichtig, Fühlen dagegen umso mehr. Deshalb fühlen wir uns von nun an in unser Gegenüber ein.

Aus diesem Grund fragen wir uns auch nicht länger, was die anderen von uns halten, sondern wie sie sich fühlen. Das schaffen wir, weil sich Körperspannungen von Menschen übertragen und wir dafür sensibel werden.

Diese Sensibilität erarbeiten wir uns, indem wir in uns eine innere Achse bilden. Mit ihr brauchen wir auch Druck nicht länger auszuweichen. Ganz im Gegenteil: In der Clownmethode suchen wir den Druck sogar.

Über Probleme oder Konflikte grübeln wir nicht länger nach, sondern widmen unsere Energie ganz der Erforschung unserer Gefühle, die im Konfliktfall aufsteigen. Sobald wir uns über sie im Klaren sind, kommt die Lösung wie von selbst. Dann brauchen wir nur noch den Applaus entgegenzunehmen. Auch das schaffen wir, weil unser wahres Selbstvertrauen gestärkt ist.

Kapitel 2:
Wie Sie sich stabilisieren

Lernen Sie einen mächtigen Verbündeten kennen: Ihre Atemsäule

Ich wurde immer als sensibles Kind beschrieben, das in unserer Familie den Kontakt zwischen den einzelnen Familienmitgliedern herstellte. In der Chemie hätte man mich wohl als Bindungsenergie bezeichnen. Dazu war ich neugierig, sobald Emotionen sicht- oder hörbar wurden. Gab es mal Streit, war ich besonders aufmerksam. Wer seine Berufung zum Clown erlebt, wird bald sein Interesse an der Krise entdecken. Schließlich steckt ein Clown ständig darin. Selbst wenn es ihm gelingt, fünf Stühle aufeinanderzustellen um auf dem obersten zu balancieren, geht er trotz dieses Erfolges davon aus, dass die nächste Krise schon auf ihn wartet. Anders als der »normale Mensch« wird er sie jedoch freudig begrüßen, auf seine Art und Weise meistern und an ihr wachsen. Denn er weiß, er hat einen mächtigen Verbündeten, mit dem ihm nichts wirklich Schlimmes geschehen kann. Die Rede ist von der im vorigen Kapitel mehrfach erwähnten inneren Achse.

Bei der inneren Achse geht es um die Bündelung unserer Energie, darum, sie nach innen zu lenken, statt sie nach außen abzugeben. Am besten, wir probieren das gleich einmal mit einer kleinen Übung aus.

Übung 5: Die innere Achse

Bei dieser Übung geht es um die energetische Aufladung durch eine zielgerichtete Atemführung. Dabei dient uns der Atem als »Vehikel«, um die Energie in unserem Körper zu stabilisieren und zu verstärken. Mit jedem Atemzug nehmen wir auch Energie auf und geben Energie ab. Beginnen Sie mit einem tiefen Atemzug. Fühlen Sie sich dabei wie ein Pfannkuchenteig in der Pfanne, der langsam auseinanderfließt, während Sie sich vorstellen, dass beim Einatmen die Luft in alle Poren Ihres Körpers dringt. Wenn Sie jetzt ausatmen, blasen Sie die Luft nicht einfach nach außen, so wie wir es gerne machen, wenn wir das Gefühl haben, wir müssten Druck ablassen. Das Problem ist, mit dem »Druckablassen« verlieren wir auch Energie. Schicken Sie stattdessen Ihre Atemenergie nach innen, in ihre Körpermitte, nicht nach außen, wie wir das gewohnt sind. Mit dem Ausatmen speichern Sie die Energie und geben sie nicht ab. Das braucht ein bisschen Übung, doch schon bald werden Sie einen wunderbaren Effekt spüren. Mit jedem Atemzug verdichtet sich die Energie in Ihnen und wird zur stabilen inneren Achse. Ihr Ausatmen kommt Ihnen vor wie ein zweites energetisches Einatmen. Die Luft scheint in Ihnen zu bleiben und sich nicht im Außen zu verlieren.

Atmen Sie auf diese Weise ganz locker weiter. Erleben Sie Ihren Atem als Ausdruck Ihres Daseins und mit ihm Ihre Verbundenheit nach innen und nach außen. Lassen Sie, während Sie beim Ausatmen Ihre Vorstellungskraft über den Atem in Ihrer Körpermitte bündeln, mithilfe dieser Vorstellungskraft eine Atemsäule in Ihnen entstehen, die schon bald von den Füßen bis zum Scheitelpunkt Ihres Kopfes reicht. An ihr können Sie sich innerlich aufrichten. Bitte behalten Sie den Kontakt zu dieser Atemsäule und schauen Sie nach außen. Blicken Sie erst auf den Boden vor sich. Sie schauen jetzt von innen nach außen. Betrachten Sie dann den Raum um Sie herum, nehmen Sie Gegenstände wahr. Achten Sie darauf, weiterhin den Kontakt zu Ihrer inneren Achse zu halten. Es kommt Ihnen so vor, als ob Ihre innere Achse auf alles schaut. Beobachten Sie, wann der Kontakt verlorengeht und wie Sie ihn wieder aufbauen.

Diese Atemtechnik trainiert Ihre innere Achse, die wir auch Atemsäule nennen. Sie ist kein starres Gebilde, sondern äußerst beweglich, gibt uns aber gleichzeitig ein Gefühl der inneren Verankerung. Mit jedem Atemzug wächst diese Säule an und mit ihr unser Körpergefühl der Stabilisierung. Damit schaffen wir uns einen Ort, an dem wir unser Selbstvertrauen konkret ausrichten können.

Je deutlicher wir den Kontakt zu unserer inneren Achse wahrnehmen, umso stabiler ist unser Selbstvertrauen.

Den Unterschied zwischen Selbstkontakt und Selbstverlust können Sie leicht überprüfen, indem Sie kurz Ihr Handy zur Hand nehmen und die aktuellen Nachrichten checken. Wo ist jetzt Ihre innere Achse? Sobald wir uns ablenken, verliert sich unsere Energie im Nirgendwo. Das merken wir auch am Ende eines Tages, wenn wir feststellen: »Ich habe eigentlich nichts getan und fühle mich trotzdem ganz erledigt.« Dem können Sie mit ein wenig Übung entrinnen, denn schon bald sind Sie dazu in der Lage, Ihre innere Achse mit nur einem einzigen Atemzug wiederherzustellen. Wenn Sie möchten, probieren Sie es gleich nochmal aus, gerne mit dem Handy in der Hand. Achten Sie darauf, dass Sie beim Ausatmen Ihre Konzentration nach innen lenken. Sie sehen zwar Ihr Handy, doch die Energie fließt nicht von Ihnen weg.

In der Clownmethode nennen wir dieses Gefühl: der Blick von innen nach außen. Er stärkt unsere Wahrnehmung und damit unser Selbstvertrauen.

Dafür ist die klare Unterscheidung zwischen innen und außen wichtig. Besonders in Situationen, in denen wir uns überlastet fühlen, sollten wir darauf achten, den Selbstkontakt zu bewahren, indem wir Energie nach innen lenken. So können wir energetisch nicht »auslaufen«.

Doch was bedeutet das eigentlich, wenn wir Energie verlieren? Begleiten Sie mich doch einmal kurz zu Laura, eine meiner Profischülerinnen an der Schule für Clowns. Diese erhalten bei uns Unterricht in Musik und Stimmbildung, sie büffeln Clowntheorie, lernen alles über die Commedia dell'arte, üben Pantomime, Tanz, Improtheater und Jonglage. Nach drei Jahren sind sie als staatlich anerkannter

Clown, Komiker und Comedydarsteller reif für jede öffentliche Bühne. Es ist eine umfassende Ausbildung, die wie jedes Studium schon frühmorgens beginnt. Laura aber war ein echter Morgenmuffel. »Kaum mache ich die Augen auf«, sagte sie, »habe ich schon schlechte Laune«. Nun, ein Clown ohne Problem hat ein Problem, doch dieses wuchs sich zu einer handfesten Krise aus. Ihr Freund durfte sie weder ansprechen noch berühren, was ihn sehr belastete. Und Laura selbst litt natürlich ebenfalls unter ihrer schlechten Laune, war sich aber sicher, nichts dagegen ausrichten zu können.

»Wenn ich aufwache, fühle ich mich wie leer. Und dann bin ich halt besonders empfindlich«, sagte sie. Ein Umstand, mit dem sie beileibe nicht alleine ist. Eine Umfrage der Krankenkassen ergab, dass sich ein Drittel aller Deutschen als Morgenmuffel bezeichnet. Tipps und Tricks, wie man diesem Dämon Herr wird – das war der Ausdruck, den Laura verwendete –, scheinen nur wenig zu fruchten. »Versuche es doch mal mit der inneren Achse«, empfahl ich ihr. Als Clownschülerin hatte Laura den Vorteil, dass sie darin schon etwas geübt war. Trotzdem war der Effekt verblüffend: Schon am nächsten Morgen konnte sie einen großen Erfolg vermelden. War es ihr bisher unendlich schwergefallen, aus den Federn zu kommen, ging es diesmal viel schneller. Auch ihre Stimmung war stabiler. Das kam daher, dass sie durch die Achsenübung in Übung 5 ihren Selbstkontakt hergestellt hatte. Viele Menschen brauchen morgens Zeit, um nach dem Schlaf »bei sich selbst anzukommen«. Ich bin da auch keine Ausnahme. Daher gönne ich mir ein regelmäßiges Morgenritual, indem ich erst über die innere Achse meditiere und anschließend etwas Körpertraining mache oder joggen gehe. Damit bin ich geerdet und stabilisiert für den Tag.

Probieren Sie es selbst aus, und erleben Sie den Unterschied, wenn Sie den Tag zentriert beginnen, oder sich einfach hineinstürzen und bei der ersten Gelegenheit aus Ihrer Achse fallen. Diese Atemtechnik schafft eine Basis, um auch in schwierigen Situationen »bei sich zu bleiben«. Während alles um Sie herum aus der Balance gerät, bewahren Sie einen klaren Kopf.

Ursprünglich habe ich diese Technik für die Profiausbildung zum Clown entwickelt. Der Grund dafür ist, dass für einen Clown als Exzentriker die Zentrierung besonders wichtig ist. Ohne kann er gar nicht auf der Bühne stehen. Ihre Bühne ist der Alltag, doch allzu oft bemerken wir gar nicht, wie wir in eine exzentrische Haltung hineinrutschen.

Das Käsetheken-Syndrom

Das haben Sie bestimmt auch schon erlebt: Sie stehen in einem Geschäft vor der Theke und werden einfach nicht bedient. Nach einer Weile schwillt Ihnen der Kamm, aber es hilft nichts, für die Verkäuferin sind Sie einfach nicht existent. Schon der x-te Kunde, der nach Ihnen hereinkam, kam an die Reihe. Ich kenne das auch, und nenne es das Käsetheken-Syndrom, wahrscheinlich deshalb, weil ich als Liebhaber exquisiten Käses häufiger dort anzutreffen bin. Warum wir nicht bedient werden, liegt auf der Hand: Wir sind in diesem Augenblick nicht bei uns. Und Sie sehen, auch mir kann das mitunter noch passieren. Doch die Sache ist ernst – so wenig, wie wir uns selbst wahrnehmen, nehmen uns die anderen wahr. Worauf sich im Umkehrschluss ergibt:

Wollen wir wahrgenommen werden,
müssen wir uns erst selber wahrnehmen.

Egal, ob sich ein Mensch in der Ausbildung zum Clown befindet, in einem Kommunikationstraining steckt oder sich
in der Meditation übt: Die Atemtechnik der inneren Achse
als Mittel der Zentrierung dient immer als Orientierung für
das innere und äußere Erleben. In dem Maße, in dem Sie Ihre
innere Achse trainieren, wird der Unterschied zwischen innen und außen immer deutlicher werden. Auch Lauras Mor-
genmuffel-Problem hatte diesen Ursprung: Nach dem Aufwachen konnte sie diese Unterscheidung noch nicht machen.
Deshalb fühlte sie sich leer und reagierte gereizt auf An-
sprache und Berührung.

Vielleicht gehören Sie wie ich zu den Menschen, die sich
gerne draußen in der frischen Luft aufhalten. Dann möchte
ich Ihnen folgende Übung mit auf den Weg geben:

Übung 6: Das Innen und das Außen

Falls Sie gerne joggen, Nordic Walking betreiben oder
einfach nur ein wenig flotter gehen als bei einem
Schaufensterbummel, achten Sie beim nächsten Mal
darauf, Ihren Blick nicht fixiert nach vorne zu richten.
Dann macht sich unser Unterbewusstsein nämlich
selbstständig, was dazu führt, dass Ihnen ständig
ungefragt irgendwelche Gedanken durch den Kopf
schießen. Schauen Sie sich ganz bewusst um und benennen Sie, was Sie gerade sehen. Sehen Sie einen

Baum, sagen Sie leise zu sich: Baum. Einen Strauch: Strauch. Eine Parkbank: Parkbank. Geben Sie den Dingen ihren Namen. Mit der Zeit werden Sie einzelne Bäume unterscheiden: Laubbaum, Tanne, vielleicht sogar Buche, Fichte, Ahorn. Bei jeder Nennung atmen Sie energetisch nach innen, so wie wir es in Übung 5 praktiziert haben. Wenn Sie zum Beispiel einen Baum sehen, atmen Sie ein und denken dabei »Ich«. Beim Ausatmen denken oder sagen Sie »Baum«. Achten Sie darauf, dass Sie beim Ausatmen und beim Benennen darauf nicht den Kontakt nach innen verlieren. Durch den Atem verinnerlichen Sie das Gesehene und stellen gleichzeitig eine bewusste Unterscheidung her. Vielleicht kommt Ihnen das am Anfang etwas seltsam vor, doch das gibt sich schnell. Das Entscheidende dabei ist, dass Sie auf diese Weise Ihre Wahrnehmung wechselseitig nach innen und nach außen lenken. Wenn Sie diese Übung immer mal wieder machen, sind Sie in Krisensituationen besser gewappnet, denn in Krisensituationen verlieren wir zuerst den Kontakt zur inneren Achse und dann die Unterscheidungsfähigkeit zwischen innen und außen, zwischen innerer Stabilisierung und äußerer Wahrnehmung.

Wenn in Kassel die weltberühmte Kunstausstellung, die documenta, stattfindet, bin ich gerne vor Ort, und nicht nur, weil ich selbst schon aktiv daran teilgenommen habe. Ich erinnere mich noch gut an ein Erlebnis, das ich dort hatte und das mich letztendlich dazu gebracht hat, mich intensiver mit der äußeren Wahrnehmung und unserer inneren Stabilisierung zu beschäftigen. Damals hatte ein Künstler in einem großen, runden Saal ein besonders edles Auto platziert, ein echtes Objekt der Begierde. Während der Wagen prominent mitten im Raum stand, mussten sich die Besucher in einem sehr engen Gang an der Wand entlangschlängeln. Trotzdem starrten alle wie gebannt auf das Automobil. Man konnte fast ihre Gedanken lesen: »Das könnte ich mir nie leisten!« und »Wie gerne würde ich damit mal eine Runde drehen!«. Doch ihre Wünsche galten nichts, denn sie selbst galten nichts, zusammengedrängt an der Wand. Was hier passierte, war das Gegenteil unserer Übung. Mit einem Schlag wurden alle Besucher aus ihrer Achse katapultiert. Sie waren völlig minderwertig im Vergleich zu dem ausgestellten Objekt. Ich beobachtete, wie die Zuschauer nach einer Runde an der Wand entlang bedröppelt den Saal verließen. Nur wenige holten danach draußen erst einmal tief Luft, um ihre Stabilität wiederzugewinnen. Für die meisten war der Tag gelaufen, und sie wussten nicht einmal, warum sie plötzlich schlechte Laune hatten.

Die Psychologie spricht in diesem Fall von »Fragmentierung«. Damit ist gemeint, dass wir in Krisen reflexartig »uns selbst verlassen«. Wenn wir uns also am meisten brauchen, sind wir nicht am Platz. Sie kennen das vielleicht von Ihrem Computer. Ab und an müssen wir diesen defragmentieren, weil einzelne Dateien nicht zusammengehörend abgespeichert wurden und damit viel Speicherplatz in Anspruch nehmen. Unser Computer hat dafür ein Programm, und wir haben das auch. Wir sind ebenfalls in der Lage, Dinge dahin zu rücken, wo sie hingehören. Die Klarheit dafür verschafft uns die Zentrierung durch die innere Achse. Mit ihrer Hilfe sorgen wir dafür, dass unser »innerer Computer« nicht irgendwann einmal abstürzt.

Entspannung ist nicht gleich Entspannung

»Wie entspannen Sie sich?«, frage ich meine Seminarteilnehmer gerne, und oft bekomme ich zur Antwort: »Im Sessel / auf dem Sofa / bei uns auf der Terrasse, wenn die Sonne untergeht«. Doch in Wahrheit entspannen wir da meistens nur unseren Augendruck. Wir sehen »ins Leere«, wofür die Muskeln rund ums Auge sehr dankbar sind. Doch diese Methode hat einen nicht zu unterschätzenden Nachteil: Im Sessel oder auf dem Sofa ist die Gefahr groß, energetisch auszulaufen und den Kontakt nach innen zu verlieren. Wir kommen erschöpft nachhause, plumpsen in den Sessel, atmen kräftig aus und lassen alles los.

Leider lassen wir dabei wirklich alles los. Um zu verstehen, was genau ich damit meine, schlage ich Ihnen vor, dass Sie, während Sie weiterlesen, ein paar Mal hintereinander kräftig ausatmen. Halten Sie sich nicht zurück. Blasen Sie die Luft wie ein Blasebalg aus sich heraus. Was spüren Sie nun? Je nachdem, wie es um Ihre Kondition und Ihren Blutdruck steht, stellen Sie fest, dass Ihnen leicht schwindlig wird. Spüren Sie genau hin, fühlen Sie sich auf einmal wesentlich kraftloser und leerer. Ich kann gut verstehen, wenn Sie in bestimmten Situationen, wo Sie sich unter Druck fühlen, diesen Druck ablassen möchten. Mit der »Sessel-Technik« verlieren Sie allerdings auch Energie, und zwar mehr, als Sie gewinnen. Denn leider sind wir nicht dazu in der

Lage, die giftigen Bemerkungen von Kollegen, Kunden, Geschwistern und Nachbarn einfach auszuatmen.

Wenn wir Druck von außen bekommen, spannen wir uns an und verlieren dadurch den Kontakt zum Körper. Wir fragmentieren und verlassen ihn reflexhaft, weil wir den Vorwürfen ausweichen wollen. Sicher haben Sie das an sich oder anderen schon beobachtet: Sobald Druck entsteht, weichen wir aus, indem wir ins Leere schauen oder an irgendetwas herumspielen. Es ist die Vogel-Strauß-Methode: »Wenn ich nicht da bin, kann ich auch nicht gemeint sein«. Doch hinterher bleibt eine Verkrampfung durch den Ärger über den äußeren Angriff.

Wenn es also nichts hilft, im Sessel zu versinken, mit einem Bierchen in der Hand und der Entspannungszigarette, ist es dann besser, den Sandsack zu malträtieren und sich in der Muckibude richtig auszupowern? Mit anderen Worten, den äußeren Druck zu entladen und ihm in Zukunft einen gestählten Körper entgegenzustellen? Davon abgesehen, dass diese Variante nicht selten in gesundheitsgefährdender Überanstrengung endet, führt auch dieser Weg weit weg vom Körperbewusstsein und der inneren Stabilisierung. Der Königsweg heißt, mithilfe der inneren Achse das äußere und das innere Erleben auszubalancieren.

Daher lade ich Sie dazu ein, nach einem stressvollen Tag die Achsenübung auszuführen. Am besten, Sie suchen sich einen angenehmen Ort, der Ihnen wohl bekommt. Dort nehmen Sie Platz und atmen in Ihre innere Achse. Anstatt alles von sich zu strecken, zentrieren Sie sich. Sie werden staunen, wie schnell Sie neue Energie durch Präsenz bekommen, egal, wie erschöpft Sie waren. Es kann gut sein, dass Ihnen immer noch der Ärger durch den Kopf schwirrt. In diesem

Fall nehmen Sie Ihre Gedanken ebenso wie die Energie des Atems in Ihre innere Achse auf; je stärker sich die innere Achse aufbaut, desto mehr fällt der äußere Stress ab, und die Gedanken werden weniger. Ihr inneres Erleben trennt sich vom äußeren Erleben – Sie werden zu Ihrem eigenen Beobachter. Die Gefühle sind zwar noch da, überfluten Sie aber nicht mehr.

Als ich kürzlich ein Seminar gab, erzählte mir ein Teilnehmer von seinen Ängsten im Aufzug. Kaum ging die Tür zu, geriet er in Panik. Ihm wurde siedend heiß, er stand kurz vor einer Ohnmacht. Durch das regelmäßige Üben der Atemtechnik zur Stabilisierung der inneren Achse gelang es ihm nach ein paar Wochen, einen Aufzug ohne Panikattacken zu benutzen. Er nahm wahr, wie jedes Mal die Energie erst aus seinen Füßen und dann aus dem ganzen Körper weggeflossen war. Diesen Prozess konnte er durch die Atemsäule umkehren. Durch die Konzentration auf die innere Achse entstand in ihm ein fühlbarer Ort der Sicherheit und des Selbstvertrauens.

In Momenten der Panik verwischt unsere präsente Wahrnehmung, und an sich harmlose Ereignisse können bedrohlich werden. Alltägliche Stresssituationen empfinden wir dann als derart erdrückend, dass sie körperliche und emotionale Symptome hervorrufen, die uns in einen blockierenden Angstzustand führen. Je deutlicher wir die innere Achse als spürbare Instanz in uns tragen, umso größer ist unser Selbstbewusstsein, um auch in diesen Situationen den Boden unter den Füßen zu behalten. In der Clownmethode trainieren wir diese Erdung regelmäßig mit zwei Übungen:

Übung 7: Das IH-HU-Manöver

Stellen Sie sich stabil auf beide Füße. Achten Sie darauf, dass beide Beine gleich viel Körpergewicht tragen. Jetzt atmen Sie über die Vokalstellung »Ih« ein und nehmen gleichzeitig Ihre Arme hoch. Nun atmen Sie auf die Vokalstellung »Hu« aus und nehmen dabei die Arme wieder runter. Während Sie atmen, stellen Sie sich vor, wie sich Ihre Atemsäule durch den Atem über »Ih« einmal nach oben und über »Hu« einmal nach unten mit Energie füllt. Achten Sie bei dieser Übung auf Ihr Körpergefühl. Nehmen Sie wahr, wie die Energie in Ihrem Körper parallel zu Ihren Armbewegungen nach oben und unten wandert. Diese Übung ist dann besonders geeignet, wenn Sie mehr Bodenkontakt spüren wollen.

Ebenfalls eine Übung zur Erdung, allerdings mit einem gegenteiligen Effekt, ist eine Variante des IH-HU-Manövers, bei der Sie die beiden Silben in umgekehrter Reihenfolge sagen.

Übung 8: Der Paternoster

Dieses Mal atmen Sie über die Vokalstellung »Hu« ein. Gleichzeitig nehmen Sie die Arme hoch. Dann atmen Sie auf die Vokalstellung »Ih« aus und senken dabei die Arme ab.

Den Effekt, den wir damit erzielen, nenne ich den Paternostereffekt. Wie bei dem berühmten Aufzug im Umlaufbetrieb geht eine Seite nach oben, während die andere nach unten strebt: Mit dem »Ih« steigt unsere Atemenergie nach oben, während die Körperbewegung den Energiefluss nach unten drückt. Umgekehrt wandert mit »Hu« die Atemenergie nach unten, während wir mit der Armbewegung nach oben auch den Energiefluss im Körper nach oben ziehen. In der Clown-Fachsprache sprechen wir von einer Oppositionsbewegung. Diese bewirkt immer, dass sich die Energie in unserem Körper in zwei entgegengesetzte Richtungen ausrichten kann. Damit steigern Sie auf ganz subtile Weise Ihre körperliche, energetische und emotionale Wachsamkeit.

Vielleicht erinnern Sie sich noch an die kleine Geschichte vom großen Clown Grock, der sich mit einem Satz zurück auf die Stuhllehne katapultierte. Was ihn dazu befähigte – auch im hohen Alter von über 70 Jahren –, war das bewusste Spiel mit dem Energiefluss in seinem Körper. Auch wenn Ihnen die Übungen am Anfang vielleicht etwas schwerfallen, bleiben Sie dran. Das zu trainieren, braucht eine gewisse Zeit, weil uns störende Gedanken schnell vom Körper und damit von unserer inneren Achse trennen. Im weiteren Verlauf des Buches erfahren Sie, welche Vorteile Ihnen die Wahrnehmung der Energiebewegungen im Körper noch bringt. Lassen Sie sich also nicht entmutigen. Einen guten Clown erkennt man daran, dass er selbst in schwierigen Situationen wieder aufsteht und mit einen tiefen Atemzug nach innen das nächste Abenteuer startet. Das können Sie auch!

Wie wir uns einen Schutzraum schaffen

»Ich glaube, der Beruf ist nichts für mich«, sagte Georg zu mir, ein Referendar im Lehramt, kurz vor dem Zweiten Staatsexamen. Er war niedergeschlagen, denn Lehrer war eigentlich sein Traumberuf, und so wie ich ihn erlebt hatte, wäre es schade, wenn er ihn nicht ergreifen würde. Doch seit einiger Zeit plagten ihn regelrechte Angstattacken, sobald er das Klassenzimmer betrat. Weiche Knie und Schweißausbrüche sind nicht förderlich, wenn man einer Gruppe Halbwüchsiger entgegentreten muss. Die Clownausbildung begann er, »um wieder mal was Lustiges zu machen«. Die Erkenntnis, dass es bei uns ziemlich ernst zuging, war fast schon ein weiterer Schock. Doch dann, in der Präsenzübung, ging Georg ein Licht auf. Zum ersten Mal erfuhr er, was es bedeutet, auf den eigenen zwei Beinen stabil im Kontakt mit der inneren Achse zu stehen.

»Du kannst dabei eine klare Grenze um dich ziehen«, sagte ich ihm. »Es geht um nichts anderes als eine klare Trennung zwischen innen und außen. Um eine deutliche Unterscheidung zwischen dem, was um dich herum im Klassenzimmer geschieht und dem, was du in dir wahrnimmst.«

Bisher war Georg das nie gelungen. Freche Bemerkungen seiner Schüler konnten ungehindert in ihn eindringen, weil das Außen und das Innen für ihn gleich waren. Jeder, der einmal als Clown in einer Fußgängerzone, beim Kinderfest oder der Party eines Großunternehmers aktiv war, kennt das aus eigener Erfahrung: Wir sind in solchen Momenten vielen äußeren Impulsen ausgesetzt und nicht alle sind angenehm. Vielleicht mögen ein paar Anwesende keine Clowns? Dann ist die Bemerkung »komm, hau ab« noch eine freundliche.

In diesem Fall braucht der Clown eine klare Grenze. Er kann aber auf keinen Fall jedem Zuschauer erklären, was dieser darf und was nicht, so wenig, wie das Georg seinen Schülern klarmachen kann. Die innere Achse ist schon einmal eine sehr gute Voraussetzung dafür, Angriffe nicht persönlich zu nehmen. Doch um sie an sich abprallen zu lassen, braucht es noch eine Grenze um uns herum. Ich nenne sie die *Atemblase*. Sie ist unser persönlicher Schutzraum, den wir energetisch für uns beanspruchen. Durch ihn dringt nichts, was wir nicht wollen.

Bilden Sie Ihre Atemblase

Ihre Atemblase können Sie sich wie einen Luftballon vorstellen, der Sie voll und ganz umhüllt. Allerdings besteht diese Hülle nicht aus Gummi, sondern aus Atemenergie. Trotzdem ist ihre Grenze für jeden erfahrbar. Die Soziologen sprechen in diesem Zusammenhang gerne von der Body Buffer Zone, also einer Schutzzone. Damit ist der Bereich rund um unseren Körper gemeint, bei dem wir es als unangenehm empfinden, wenn jemand einfach so in ihn eintritt. Uns umgangssprachlich gesagt zu nahe kommt. In unseren Seminaren ist das leicht erlebbar. Christiane beispielsweise hatte am Anfang der Ausbildung kein Gefühl für ihre innere Achse und damit auch keinerlei Vorstellung davon, wo diese ominöse Atemblase sein sollte. Ich fragte sie, ob ich es ihr spielerisch zeigen dürfe, und sie war damit einverstanden. So stellte ich mich in einiger Entfernung von ihr hin und näherte mich ihr langsam. An einem bestimmten Punkt bekam sie ein mulmiges Gefühl. »Du bist mir jetzt zu nahe«, sagte sie, und auf meine Frage, wo der Punkt liege, an dem es ihr mulmig werde, streckte sie den Arm aus. Sie konnte ihn genau definieren. Das war ihre Body Buffer Zone, und es war gleichzeitig auch die Grenze ihres Atemraumes. Ich gab ihr die Aufgabe, von nun an beim Ausatmen genau diesen Punkt im Raum zu erspüren. Schon bald konnte sie mit ihrem Atem diese Grenze bestimmen. Dann fragte ich, ob wir noch ein Spiel spielen könnten, und sie war einverstanden. Wieder stellten wir uns voreinander, wieder ging ich auf sie zu, und dieses Mal über die Grenze hinweg. Sie wich einen Schritt zurück, aber ich bat sie, das nächste Mal stehen zu bleiben und zu erspüren, wie sich das anfühlt.

»Etwas in meinem Körper verlangt danach, dass ich dir ausweiche«, sagte sie. Was sie hier spürte, war ihre innere Achse, die sie zum Ausweichen anregte. Nun ließ ich Christiane ihre Atemblase mit Atemenergie füllen (wir sprechen gleich darüber, wie das geht), und wir wiederholten das Spielchen. Ich kam ihr immer näher, und siehe da, sie musste nicht mehr ausweichen. Mehr noch, mir selbst fiel es schwer, in ihre Body Buffer Zone einzudringen. Da war etwas, das mich daran hinderte, und zwar Christianes Atemblase.

Übung 9: Wo ist meine Body Buffer Zone?

Für diese Übung brauchen Sie keinen Partner, Sie können sie alleine durchführen, ein wenig Fantasie reicht dazu aus. Stellen Sie sich vor, jemand betritt das Zimmer, in dem Sie sich befinden. Wir haben ja bereits darüber geredet, dass sich in so einem Moment die Atmosphäre verändert, zum Guten oder weniger Guten. Nun stellen Sie sich weiter vor, diese Person tritt langsam an Sie heran. Wo ist die Grenze, bei der Sie sagen, das ist mir jetzt zu nahe? Womöglich ist sie zwischen vier und sechs Schritte von Ihnen entfernt. Hier rufen Sie unwillkürlich: »Stopp!« Der Raum bis zu dieser Grenze ist Ihre Body Buffer Zone, und gleichzeitig Ihre Atemblase.

Samstag in der Fußgängerzone, zur Rushhour in der U-Bahn oder sonstwo in einem Menschengedränge betreten andere ständig diese Zone. Das ist der Grund, weshalb wir uns danach erschöpft fühlen. Unser Energieraum wurde ständig verletzt. Wir brauchen ihn zur Wahrung der Distanz zwischen dem inneren und dem äußeren Erleben. Das Fehlen dieser Distanz wurde Georg zum Verhängnis.

Die Atemblase lässt sich so stark trainieren, dass Sie selbst in großen Menschenansammlungen genug Raum für sich haben. Einige meiner großen Clownkollegen wären energetisch in der Lage, in der Rushhour einen halben U-Bahn-Wagen für sich zu beanspruchen, wenn sie es darauf anlegen. Dazu braucht es allerdings jahrelanges intensives Training – aber Sie wissen ja, jede Reise beginnt mit dem ersten Schritt.

Übung 10: Das Training meiner Atemblase

Nachdem Sie Ihre innere Achse durch Atmung errichtet und stabilisiert haben, lenken Sie beim Ausatmen mit ganzem Bewusstsein die Atemenergie nach außen. Sie können diese energetische Bewegung unterstützen, indem Sie mit Ihren Händen einen Raum um sich herum bilden – so, als ob Sie pantomimisch Wände formen. Achten Sie dabei darauf, dass Ihre Atemblase nirgends ein Loch hat und Sie voll und ganz umgibt. Dann stellen Sie sich ruhig hin und schauen Sie sich in Ihrem imaginären Atemraum um. Alles, was jetzt von außen auf Sie zukommt, muss erst diese unsichtbare Grenze überwinden. Es liegt allein an Ihnen, was Sie hereinbitten und was nicht. Auch wenn kein anderer Mensch Ihre Atemgrenze sieht, spürt er sie – genauso, wie Sie die Person auf sich zukommen spüren und Ihre Body Buffer Zone betreten.

Der Gang durch die Fußgängerzone

Ich schlage Ihnen ein kleines Experiment vor: Wenn Sie in einer Stadt mit Fußgängerzone wohnen, nehmen Sie sich einen besonders belebten Tag vor. Falls es in Ihrem Ort keine gibt, suchen Sie sich einen anderen Platz aus, an dem viele Menschen zusammenkommen. Dort wollen wir Ihren neuen

Atemraum einem Test unterziehen. Gehen Sie durch die Menschenmenge, ganz ohne innere Achse und ohne Atemblase. Vorsicht! Sie werden womöglich mit dem einen oder anderen Zeitgenossen zusammenstoßen oder ständig ausweichen müssen. Jedenfalls wird es etwas anstrengender werden. Ziehen Sie sich dann in ein geschütztes Eckchen zurück, atmen in Ihre Achse und bilden Sie Ihre Atemblase. Und dann geht's zurück ins Gemenge! Der Unterschied ist verblüffend. Sie durchschreiten die Menge, die sich vor Ihnen wie durch Zauberhand teilen wird. Wer Ihnen entgegenkommt, weicht aus. Sie haben im wahrsten Sinne des Wortes freie Bahn.

Erinnern Sie sich, als wir im ersten Kapitel Julia begegnet sind? Sie wollte einen Termin bei ihrer Chefin, und war gewillt, sich nach allen Regeln der Kunst darauf vorzubereiten. Dann bekam sie spontan einen und reagierte vorbildlich darauf. Sie verschwand kurz auf der Toilette und bereitete sich dort vor. Was sie dort tat, ist Ihnen jetzt sicher klar: Sie atmete in ihre innere Achse und bildete um sich herum eine feste Atemblase. So war sie gewappnet, um das wichtige Gespräch so zu führen, dass sie immer bei sich bleiben konnte. Alle Hektik, die sie früher oft an den Tag gelegt hatte, fiel von ihr ab. Die Verhandlung verlief zu ihrer vollsten Zufriedenheit.

Nutzen Sie die innere Achse und die Atemblase als Vorbereitung für jede Form von Präsentation, Unterricht, Verhandlung, für jedes wichtige Gespräch, oder einfach nur, um Ihren Tag präsent und mit stabilem Selbstvertrauen zu beginnen.

Mit der Wahrnehmung Ihrer eigenen inneren Achse und Atemblase erwerben Sie auch die Fähigkeit, diese bei anderen zu erkennen. Dadurch verändert sich Ihre Kommunikation, weil Sie zwischen sich und Ihrem Gegenüber einen Raum lassen, der es Ihnen erlaubt, sich selbst und den anderen aus unterschiedlichen Blickwinkeln wahrzunehmen. Sie kommunizieren »von Achse zu Achse«, was nichts anderes heißt, als den Partner energetisch zu respektieren. Das Gegenteil erleben Sie dann, wenn Ihnen jemand energetisch auf die Pelle rückt.

Davon berichtete mir Birgit: Sie arbeitet in einer Spedition, zusammen mit einem Kollegen, der sie häufig mit anzüglichen Bemerkungen provozierte. Als ob das nicht schon genug wäre, kam er ihr auch körperlich zu nahe, ohne das geringste Gespür für ihre Grenze. Selbst die klare Ansage, er solle bitte Abstand halten, zeigte nur kurzfristig Wirkung. Die dummen Anmachen wirkten sich bald negativ auf Birgits Leben aus. Es gelang ihr nicht, ihn ins Leere laufen und abblitzen zu lassen. Im Gegenteil, er missinterpretierte ihre Gegenwehr sogar noch als Interesse. Ich übte mit ihr die Achsenatmung und die Atemblase. »Verblüffend!«, sagte sie zu mir kurz darauf, »Es ist, als ob sich eine undurchsichtige Schicht zwischen uns gelegt hat«. Daraufhin gab ich ihr eine weitere Empfehlung: »Wenn der Kollege auftaucht, richte deine ganze Konzentration nach innen. Damit entziehst du ihm Energie.« Tatsächlich sorgte das dafür, die Übergriffe zu stoppen. Der Kollege verlor jegliches Interesse an Birgit.

Kontrollieren Sie die Energie, die Sie abstrahlen

Auch das gehört dazu, wenn wir uns stabilisieren wollen: Wir können wie Birgit unsere eigene Energie nach innen richten, um beispielsweise übergriffige Mitmenschen zu stoppen. Was aber passiert, wenn sich andere Menschen von uns zurückziehen? Haben wir dann zu viel Energie abgestrahlt?

Siegfried, ein Lehrer an einer Berufsschule, hatte damit zu kämpfen. Er ist ein sehr engagierter Typ, und es störte ihn, dass einer seine Schüler immer völlig abwesend war. Alle seine Versuche, diesen zu erreichen, waren im Nichts versandet. Je mehr Siegfried sich anstrengte – je mehr Energie er aussandte –, desto mehr zog sich der Schüler in einen Raum zurück, den niemand anders erreichen konnte. Clowns bringen solche Situationen gerne auf die Bühne, weil die Zuschauer die Problematik deutlich erkennen können und deshalb darüber lachen. Denken Sie nur mal an Oliver Hardy und Stan Laurel, die zwei Herren Dick und Doof. Der eine ist immer übergriffig, der andere weicht immer aus, und am Ende geht alles schief. Dieses Prinzip erklärte ich Siegfried: »Dein Schüler hat eine innere Achse, du hast eine innere Achse. Je mehr du ihn energetisch verfolgst, um so mehr weicht er zurück. Was ist die Konsequenz? Ihr verliert beide die Balance.« In solchen Situationen denken wir oft, unser Gegenüber würde uns nicht mögen und sei bockig. Tatsächlich schützt es sich nur, weil wir exzentrisch werden. Energetisch gesehen verhielt sich Siegfried sehr exzentrisch – wie Stan Laurel, der Oliver Hardy ständig aus dem Gleichgewicht bringt. Sein Schüler konnte gar nicht anders, als energetisch zu flüchten. Als Siegfried das verstand, änderte er sein Verhalten und sprach den Schüler auf eine Weise an, bei der er selbst den Kontakt zu seiner inneren Achse nicht verlor. Dadurch war er nicht mehr exzentrisch, und der Schüler hatte keinen Grund mehr, ihm auszuweichen. Siegfried spürte außerdem, dass er auf einmal nur noch die Hälfte seiner Energie aufwenden musste.

> Wenn Sie selbst innerlich stabil sind,
> werden auch Ihre Mitmenschen stabiler.

Diese Erfahrung machte auch Siegfried. »Er ist nicht einer meiner besten Schüler geworden«, sagte er, »aber er ist präsent und beteiligt sich am Unterricht. Es ist kein Vergleich zu früher.«

Die goldene Regel im Umgang mit Konflikten

Für uns beginnt ein Konflikt in der Regel mit einer Meinungsverschiedenheit. Am Anfang können wir damit vielleicht noch ganz gut leben. Doch schauen wir das aus der Psychologie bekannte neunstufige Modell der Konflikteskalation nach Friedrich Glasl an, läuft es uns kalt den Rücken herunter. Ein Konflikt entwickelt sich nämlich immer nach dem gleichen Muster:

1. Stufe – Verhärtung: Zwei Parteien haben unterschiedliche Standpunkte. Die Meinungen prallen aufeinander. Noch besteht die Überzeugung, Meinungs-

verschiedenheiten durch Gespräche lösen zu können.

2. Stufe – Debatte: In den folgenden Debatten polarisieren sich die Meinungen. Die Verhandlungspartner denken schwarz-weiß. Es geht nicht mehr um die Sache, es geht um Status: Wer ist überlegen, wer ist unterlegen?

3. Stufe – Taten statt Worte: Reden hilft nicht weiter – nun müssen Taten sprechen. Gespräche werden abgebrochen. Es gibt kein Mitgefühl mehr für die andere Partei.

4. Stufe – Koalitionen: Die Parteien manövrieren sich endgültig in negative Rollen und bekämpfen sich. Beide werben um Anhänger ihrer Position.

5. Stufe – Gesichtsverlust: Beide Parteien versuchen durch Drohungen und direkte Angriffe, beim Gegner einen Gesichtsverlust zu erzielen.

6. Stufe – Drohstrategien: Drohungen und Gegendrohungen. Konfliktbeschleunigung durch das Setzen von Ultimaten.

7. Stufe – Begrenzte Vernichtung: Der Gegner wird nicht mehr als Mensch gesehen. Beide Parteien wählen die Strategie der begrenzten Vernichtungsschläge. Ein eigener kleinerer Schaden wird als Gewinn bewertet.

8. Stufe – Zersplitterung: Das Ziel ist die Zerstörung der anderen Partei.

9. Stufe – Gemeinsam in den Abgrund: totale Konfrontation. Es gibt keinen Weg zurück. Die Selbstvernichtung wird um der Vernichtung des Gegners willen billigend in Kauf genommen.

Kommt Ihnen das bekannt vor? Schalten wir den Fernseher an oder schlagen wir die Zeitung auf, bekommen wir diese Konflikteskalation tagtäglich präsentiert. Dabei könnten wir sie bereits auf Stufe eins beenden – vorausgesetzt, wir sind an der Konfliktentschärfung tatsächlich interessiert.

In einem Konflikt geht es zwar immer um Meinungsverschiedenheit, doch energetisch gesehen ist er ein Verlust von Orientierung, Erdung und Selbstwahrnehmung. Daher ist es ratsam, im Konfliktfall auf jede Form der Diskussion und Rechtfertigung zu verzichten – und damit auf alle weiteren Stufen der Konflikteskalation. Denn wenn sich unser Konfliktgegner mit hochrotem Kopf im fragmentierten Zustand der Auflösung befindet, helfen wir ihm und uns am besten, indem wir seine verrutschte Achse stabilisieren. Das machen wir mithilfe der Zwillingstechnik, also dadurch, dass wir alles, was er gerade erlebt, wiederholen und damit verdoppeln. Diese Technik funktioniert aber nur, wenn wir die nötige Empathie an den Tag legen. Doch dann ist sie eine wunderbare Methode, um auch scheinbar völlig verfahrene Situationen wieder ins Lot zu bringen.

Wie kommen wir zu dieser Empathie? Indem wir verstehen, um was es in dem Konflikt wirklich geht. Am besten, Sie erinnern sich daran, wie es Ihnen in ähnlichen Situationen selbst ergeht. Wenn Sie mal so richtig »aus dem Häuschen sind«, was hilft dann? Ganz klar, Sie wollen auf dem kürzesten Weg ins Häuschen zurückfinden, mit anderen Worten: Sie haben keine Lust auf lange Diskussionen. In der Regel aber hält Ihr Konfliktpartner voll dagegen, und damit steuern Sie schnurstracks auf die nächste Eskalationsstufe zu. Nun stellen Sie sich einmal vor, das wäre nicht der Fall, sondern Ihr Konfliktpartner würde sich voll und ganz auf Ihre Seite schlagen. Auf einmal bekämen Sie, was Sie tatsächlich am meisten brauchen: Stabilisierung.

> Stellen wir uns voll und ganz auf die Seite eines Partners, verschafft das beiden eine innere Stabilisierung.

Die Meinungsverschiedenheit diskutieren können Sie später noch. In der Regel ist das aber gar nicht mehr nötig. Wahres Selbstvertrauen muss nicht immer Recht haben. Wahres Selbstvertrauen sorgt stattdessen dafür, Stabilität zu verleihen, wenn unsere Mitmenschen aus ihrer inneren Achse fallen.

Mit der Zwillingstechnik können Sie unmittelbar Einfluss nehmen: Sie können so Ihre eigenen Gefühle und Empfindungen stärken und damit auch die Ihres Gegenübers. Da die Atemblase den energetischen Raum um uns herum steuert, können wir die Stimmungen, die zwischen uns und dem anderen aufkommen, dadurch beeinflussen, dass wir mehr oder weniger energetische Aufmerksamkeit auf ihn lenken. Diese Technik nutzen die besten Clowns der Welt, um ganz spielerisch und so schnell wie ein Fingerschnippen den Kontakt zu ihrem Publikum herzustellen – und ihn auch wieder zu lösen, wenn sie die Bühne verlassen. Vielleicht ist der energetische Raum der Atemblase noch ein wenig »unfassbar« für Sie. Aber keine Sorge, die nächste Übung bringt Sie der Sache einen Schritt näher.

Sie wissen ja bereits, dass ich morgens gerne jogge. Ich tue aber noch etwas anderes, ich beginne jeden Morgen mit etwas, das wir Clowngymnastik nennen können. Dafür lege ich meine Lieblingsmusik auf und schnappe mir ein Handtuch. Das brauchen wir jetzt. Das Handtuch wird zu unserem wichtigen Spielpartner.

Übung 11: Abgesetzte Bewegungen

Abgesetzte Bewegungen nennen wir in der Clownmethode eine Wahrnehmungstechnik, die es uns gestattet, uns selbst und unser Tun mehr in den Fokus zu rücken. Dadurch kann sich Grundlegendes in unserem Leben ändern: Durch den Fokus stellen Sie sich selbst in den Mittelpunkt des Geschehens, was dazu führt, dass Sie sich selbst viel besser wahrnehmen können. Und dazu brauchen Sie zunächst tatsächlich nichts weiter als ein Handtuch – und nach dem nächsten Duschen ein paar Minuten Zeit.

Es ist ganz einfach: Wenn Sie sich abtrocknen wollen, machen Sie zwischen jeder neuen Bewegung eine kleine Pause von ein bis zwei Sekunden. Diese Pause kennzeichnen Sie durch das Wort »Stopp«.

Sie schauen nach dem Handtuch – Stopp – Sie greifen nach dem Handtuch – Stopp – Sie nehmen das Handtuch – Stopp – Sie trocknen sich den Rücken ab – Stopp – Sie trocknen Ihre Arme ab – Stopp – Sie trocknen Ihre Beine ab – Stopp – usw., bis Sie ganz trocken sind – Stopp – Sie krönen das Ganze mit einer kleinen Tanzeinlage – Stopp – und zum Abschluss eine kleine Drehung.

Sich selbst in den Fokus rücken

Davon abgesehen, dass Sie den Tag beschwingt beginnen, wenn Sie sich auf diese Weise abtrocknen, trägt die Fokusübung dazu bei, dass Sie Ihre Energie bereits am Morgen auf sich bündeln – eben fokussieren. Natürlich können Sie dieses Prinzip auf alles Mögliche übertragen, vom Zähneputzen bis zur Zubereitung des Frühstücks. Auch den Tag über können Sie diese Übung immer mal wieder durchführen. Dabei ist eines ganz wichtig: Folgen Sie jeder Ihrer Bewegung mit Ihrem Blick und schenken Sie ihr damit Ihre Aufmerksamkeit. Also nicht durch die Gegend gucken, sondern mit dem Blick der Hand folgen, die nach dem Handtuch greift. Ohne dass Sie es bewusst darauf anlegen, wird sich mit diesen Wahrnehmungssequenzen rasch Ihre Art verändern, die täglichen Dinge des Lebens anzugehen.

> Rücken wir uns in den Fokus, entwickeln wir damit
> unser maximales Selbstinteresse.

Bitte schrecken Sie vor diesem Begriff nicht zurück. Die Entwicklung von maximalem Selbstinteresse hat nichts mit der Stärkung unseres Egos zu tun, ganz im Gegenteil:

> Je mehr Sie sich selbst wahrnehmen, umso weniger
> sind Sie darauf aus, dass es andere tun.

Menschen mit einem ausgeprägten Ego brauchen dagegen ständig das Lob ihrer Mitmenschen. Dieses Belohnungssystem ist aber nicht von langer Dauer: schon bald braucht der Egoist neues Lob, allerdings in einer immer höheren Dosis.

Bis das System irgendwann zusammenbricht. Das maximale Selbstinteresse dagegen steigert unsere Selbstwahrnehmung. Und es kommt noch etwas hinzu: Indem Sie sich selbst Aufmerksamkeit schenken, bekommen Sie die Aufmerksamkeit der Menschen, die Sie umgeben. Das Prinzip dazu lautet: »Wo du hinschaust, schauen auch die anderen hin.« Dies ist eines der Geheimnisse, wie Clowns auf der Bühne ihr Publikum in Bann ziehen: Sie schenken sich selbst maximales Interesse, und die Menschen im Saal schließen sich ihnen an. Der Umkehrschluss macht deutlich, was geschieht, wenn wir diesem Prinzip nicht folgen: »Wenn du dich nicht für dich selbst interessierst, interessiert sich auch sonst keiner für dich!«

Wie maximales Selbstinteresse zu spielerischem Erfolg führt

Diese kleine Weisheit legte ich Claudia ans Herz. Sie war – und ich bin froh darüber, dass ich heute »war« statt »ist« schreiben kann – eine von den Mitarbeiterinnen in ihrer Firma, die immer nur im Hintergrund wirken. Das fleißige Bienchen. Ging es um eine Gehaltserhöhung oder eine besondere Zulage, wurde sie regelmäßig übersehen. Das störte sie in einem immer größeren Maße. Ich verordnete ihr die Clownmethode, ganz nach dem Motto: statt sich zu ärgern, spielerisch zum Erfolg kommen.

»Claudia«, sagte ich, »denk dir eine kleine Tanzsequenz aus, die du je nach Lust und Laune jeden Tag ein bisschen änderst. Wichtig ist, dass du abgesetzte Bewegungen einbaust und sie in deinen Fokus rückst. Also nicht rumzappeln wie in der Disco, sondern schön den Blick auf deine Tanzschritte richten.« Publikum, das sie loben konnte, gab es keines, wenn man ihren Kater Maunz ausnimmt, der ihr jedes Mal ganz begeistert zwischen den Füßen herumschnurrte. Und trotzdem war die Veränderung verblüffend: Claudia gewann durch den Fokus, in den sie sich selbst rückte, mehr und mehr Freude an ihren Bewegungen. Sie hatte Spaß und wurde allgemein lustvoller, was sich am Ende auch in ihrer Art sich zu kleiden niederschlug. Ihr Selbstvertrauen stabilisierte sich, und auf einmal wurde sie wahrgenommen; »wo du hinschaust, schauen auch die anderen hin«, und da Claudia auf sich schaute, tat es ihre Umgebung ebenfalls. Die graue Maus von damals gab es nicht mehr. Als ihr Chef eine persönliche Assistentin suchte, fiel plötzlich ihr Name. »Ein paar Wochen zuvor hätte er wahrscheinlich Stein und Bein geschworen, dass es mich in seiner Firma gar nicht gibt«, scherzte Claudia.

> Wie wir von unserer Umwelt wahrgenommen werden,
> hängt allein davon ab, ob diese spüren kann,
> dass wir Lust aufs Leben haben und hinter dem
> stehen, was wir sagen und tun.

Gerade hier zeigt die Clownmethode ihre besondere Wirkung. Schließlich tappen wir Clowns von einem Fettnapf in den nächsten und werden trotzdem geliebt. Das liegt daran, dass wir die Lust am Leben verkörpern und unsere Fettnapftreterei nicht verleugnen, sondern zu unserem Ungeschick stehen.

Allerdings genügt es nicht, all das einfach zu behaupten. Kraftsätze und Affirmationen helfen leider überhaupt nicht weiter, wenn wir unsere Lebenslust nicht in unserem Körper als echte Erfahrung verankert haben. Dazu trägt »sich selbst in den Fokus rücken« ganz wesentlich bei. Damit verhindern wir, dass unsere Energie von uns wegwandert. Sicher haben Sie beim Üben wahrgenommen, dass diese Technik auf dem stabilen Selbstkontakt durch die innere Achse und Ihrer Atemblase als persönlicher Grenze beruht. Im clownesken Handtuchtanz gelingt es Ihnen durch die abgesetzten Bewegungen, Ihr Handeln bewusst wahrzunehmen. Indem Sie immer wieder Stopps einlegen, unterbrechen Sie den üblichen Ablauf und lernen durch kleine Variationen neue Perspektiven kennen. Zudem erfahren Sie eine weitere Qualität, mit der Sie ganz wunderbar Situationen neu erleben können. Die Rede ist von der Fähigkeit, »die Zeit anzuhalten«. Jedes Mal, wenn Sie sich dafür entscheiden, einen Stopp einzulegen, machen Sie sich klar, dass Sie alleine die Abläufe bestimmen.

Mit anderen Worten: Sie werden Ihr eigener Chef, oder, wenn Sie so wollen, Ihr eigener Chefclown, schließlich sind wir ja unter uns. Das riet ich Kerstin, als sie mit ihren Sorgen zu uns ins Seminar kam. Sie arbeitete als Texterin in einem Team junger Werbefachleute. Ihr Chef war kaum älter als sie, was ihr einerseits angenehm war, andererseits aber dafür sorgte, dass ihr seine saloppen Kritiken sauer aufstießen. Dafür brachte er kein Gefühl mit; immer wieder schoss er übers Ziel hinaus und wurde beleidigend. Als ich Kerstin die Atemblase beibrachte, wurde es zwar besser, doch ich schlug ihr vor, noch einen Schritt weiter zu gehen: »Stell dir ganz bildlich vor, wie seine Bemerkungen an deiner Atemblase hängen bleiben«, riet ich ihr. »Dann halte durch eine ausgedehnte abgesetzte Bewegung – ein großes Stopp, wenn du so willst – die Zeit an. Schau dir seine dumme Rede kurz an und dann lass sie einfach platzen wie einen Luftballon.«

Diese bildhafte Vorstellung erlaubte Kerstin, aus ihrem üblichen »Ich fühle mich verletzt«-Schema auszusteigen und sich mit Mitgefühl, aber auch amüsiert, selbst zu betrachten. Das alles passierte in wenigen Sekunden. Nach ein paar Dutzend geplatzter Luftballons – Beleidigungen, die einfach verpufften – änderte ihr Chef sein Verhalten. Kerstin hatte ihn nicht mehr in den Fokus gerückt. Damit verlor er die Freude daran, sich mit ungebührlichem Verhalten in den Mittelpunkt zu stellen.

Wecken Sie in sich das Gefühl der inneren Stärke

Ich möchte Ihnen eine Technik ans Herz legen, mit der Sie sich selbst innere Stärke verleihen. Die Übung können Sie im Sitzen oder im Liegen praktizieren. Ähnlich wie bei unserer Achsenübung dient wiederum der Atem als Gefährt, um unser Bewusstsein in den Körper zu lenken und dort spazieren zu führen. Wir beginnen wieder mit dem Einatmen. Doch diesmal kommt es sehr darauf an, *wie* Sie einatmen.

Übung 12: Unser Torso-Atem

Wir beginnen, indem wir nacheinander folgende Vokale formen: ein U, ein geschlossenes O (Otto-O), ein offenes O (Mischung aus A und O), ein A, ein E und ein I. Artikulieren Sie die Vokale deutlich. Probieren Sie das ruhig erst ein paar Mal aus. Je exakter Sie mit Ihrem Mund die unterschiedlichen Stellungen formen, umso wirkungsvoller ist die Übung.

Nun atmen Sie über die Vokalstellung ein – Also über U, die beiden O, über A, über E, und über I. Auch das sollten Sie ruhig ein wenig üben, schließlich braucht das etwas Praxis. Wenn Sie sich dann sicher fühlen, kommen wir zur eigentlichen Übung. Es geht dabei nicht darum, einen Ton zu erzeugen. Die artikulierte Vokalstellung öffnet im Körper den Atemvokalraum. Damit verändern sich auf subtile Weise unsere Konzentration im Körper und die innere Ausrichtung.

Jedes Mal, wenn Sie über einen bestimmten Vokal ein- und ausatmen, lenken Sie Ihre Atemenergie ganz bewusst in einen ganz bestimmten Körperbereich. Und zwar genau in dieser Reihenfolge:

U – ins Becken

Geschlossenes O – in den Bauch und den unteren Rücken

Offenes O – ins Zwerchfell und den mittleren Rücken

A – in die Brust und den oberen Rücken

E- in den Schultergürtel

I – in die Stirn

Ich empfehle Ihnen, diese Körper-Atemübung regelmäßig zu praktizieren. Wenn Sie etwas Übung haben, können Sie die Technik überall umsetzen. Zum Beispiel beim Autofahren, im Zug oder wenn Sie irgendwo warten. Mit der Zeit werden Sie die Wirkung ganz deutlich spüren. Jedes Mal, wenn Sie durch die entsprechenden Vokale atmen und sich dabei auf Ihren Körper konzentrieren, verstärkt sich die Energie in den entsprechenden Körperregionen. Wahrscheinlich stellen Sie fest, dass es mit dem einen oder anderen Vokal etwas schwieriger ist. Lassen Sie sich davon nicht entmutigen. Am besten, Sie atmen am Anfang immer dreimal über jeden Vokal ein und aus. Gehen Sie auf diese Weise alle Vokale durch. Natürlich können Sie diese Übung hervorragend mit dem Achsenatem und Ihrer Atemblase verbinden. Ich selber praktiziere diese Technik zweimal am Tag, einmal morgens und einmal abends. Zuerst atme ich in die Achse und dann schaffe ich mir meinen sicheren Atemraum, um anschließend durch die Vokale zu atmen.

Verkörpertes Handeln – ohne Atmung geht nichts

Nur das, was wir in unserem Körper als echte Erfahrung verankern, schafft wahres Selbstvertrauen. Affirmationen helfen da nicht weiter. Daher sagen amerikanische Psychologen auch gerne den Satz »action builds charakter«. Gemeint ist, nicht das, was wir *sagen*, schafft unser Selbst und damit unser Selbstvertrauen, sondern das, was wir *tun*. In der Clownmethode nennen wir diesen tatkräftigen Weg zur Verstärkung unseres wahren Selbstvertrauens das verkörperte Handeln. Auf dieser Grundlage üben wir, wie es sich anfühlt, wenn wir zu uns selber stehen. Auch das möchte ich mithilfe einer kleinen Übung mit Ihnen ausprobieren.

Übung 13: Clown-Tai-Chi

Heben Sie Ihre rechte Hand, während Sie gleichzeitig einatmen. Und dann senken Sie die Hand wieder, während Sie ausatmen. Indem Sie Ihren Atem, Ihre Bewegung und Ihren Blick synchronisieren, bündeln Sie Ihre Aufmerksamkeit. Sie können diese Übung auch mit anderen Körperteilen durchführen: linke Hand, linker Fuß, rechtes Bein, linke Schulter, Hüftbewegungen ... was immer Ihnen in den Sinn kommt. Der wesentliche Unterschied zum Thai-Chi ist, dass wir Clowns keinen festgelegten Formen folgen. Jede x-beliebige Bewegung ist uns recht.

Hauptsache, diese Bewegungen kommen aus Ihnen selbst, und Sie vertrauen ihnen. Ich möchte den Unterschied noch einmal verdeutlichen: Probieren Sie die gleichen Bewegungen einmal aus, während Sie über die Vokale atmen, und einmal, ohne dass Sie das tun. Spüren Sie, wie sich dabei die Qualität der Bewegung verändert? Vertrauen entsteht, wenn die Bewegung von innen geführt und begleitet wird. Mit anderen Worten: wenn Sie über die Vokalatmung energetisch und emotional mit dem verbunden sind, was Sie da gerade tun. Damit wird Ihr Körper zum Ausgangspunkt Ihrer Gefühle, und diese wiederum zur Ressource, die dafür sorgt, dass wir nicht alleine sind.

Wie wir einem anderen Menschen die Hand geben

Ihr wahres Selbstvertrauen, das Sie über die Körperarbeit finden, zeigt sich schon bald als hervorragender Türöffner. Wie geben Sie einem anderen Menschen die Hand? Es macht einen wesentlichen Unterschied, ob Sie Ihre Hand einfach nur hinstrecken, mit der Einstellung »hier, nimm sie, oder lass es bleiben, mir ist es egal«, oder ob Sie Ihre Hand bewusst geben und gleichzeitig den Kontakt nach innen spüren. Nun probieren wir einmal etwas aus, was einer ganz typischen Clownmethode entspricht: Bringen Sie diese Geste des Handgebens in Verbindung mit Ihrer Brust. Sie strecken Ihre Hand hin, aber das Gefühl ist in der Brust. Wenn das ein Clown auf der Bühne praktiziert, lachen die Menschen, weil sie sehen: Der Clown reicht eigentlich seine Brust, und nicht die Hand. Wie er das macht, versteht das Publikum nicht – Sie jetzt schon: Er tut das rein übers Gefühl. Sie können Ihre Hand auch geben, indem Sie die Geste mit dem Kopf verbinden. Oder mit den Schultern. Es macht enormen Spaß herauszufinden, wie sich der Ausdruck des Händereichens durch die im Körper verankerte Energie verändert. Auf diese Weise schulen Sie Ihre Körpersprache. Und schaffen damit einen überzeugenden Ausdruck, von dem der Volksmund sagt. »Da steckt etwas dahinter« oder »Da ist Herz dabei«.

Ein wichtiges Prinzip:
Legen Sie nicht gleich los

Darum geht es: In unserem Tun und Sein »muss etwas dahinterstecken«. Das spürt Ihre Umgebung, spiegelt es wider, und damit wächst Ihr Selbstvertrauen. Es ist ein sogenannter Aufschaukelungskreis – es wird immer besser, je konsequenter Sie dranbleiben. Dazu gehört, nicht gleich wie die Feuerwehr loszulegen, nur weil Ihnen jemand eine Aufgabe überträgt, einen Befehl gibt oder einen Wunsch äußert. Stellen Sie immer erst Ihre innere Verbindung her. Spüren Sie nach, wo Sie diese Aufgabe, dieser Befehl oder dieser Wunsch berührt, und mit welchem Teil Ihres Körpers Sie in Resonanz gehen wollen. Wenn ich Sie bitte, mir einen Kaffee einzuschenken, macht es einen wesentlichen Unterschied, ob Sie mit Ihrem Herzen in Verbindung gehen, mit Ihrem Becken oder mit Ihrem Kopf. Auch wenn es sich am Anfang etwas ungewohnt anfühlt, denken Sie bitte daran:

Bewegen Sie sich erst,
wenn Sie bewegt sind.

Denn dann fällt Ihnen alles leichter, getragen durch Ihre eigene innere Kraft. Unsere reiche Gefühlswelt, die vor allem im Torso gespeichert ist, beeinflusst die Qualität unseres Handelns und unseres persönlichen Erlebens.

Welchen Unterschied das machen kann, erlebte Judith, die schon seit vielen Jahren in der Verwaltung einer mittelgroßen Kreisstadt arbeitet. Die Routine ihrer Tätigkeit empfand sie mittlerweile als sehr belastend, den immer gleichen Abläufen, Sitzungen und Telefonaten konnte sie nichts mehr abgewinnen. Da war kein Herz mehr dabei – wer konnte es ihr verdenken? Als ich ihr vorschlug, ihre gewohnten Tätigkeiten nach der Clownmethode abzuändern, war sie mehr als skeptisch. »Ich kann doch nicht in der Verwaltung den Clown machen«, sagte sie. Ich lachte. Die Vorstellung hätte mir schon gefallen, doch tatsächlich hatte ich etwas anderes im Sinn.

»Wie viele Telefonate führst du am Tag?«, fragte ich sie.

»Schwer zu sagen. Viele. Das Telefon läutet eigentlich dauernd. So vierzig, fünfzig werden es sein.«

Gerade die Telefonate empfand Judith als einen großen Energiefresser. Also empfahl ich ihr, wann immer sie zum Telefonhörer griff, über den Vokal »A« in die Brust zu atmen. Nicht mehr, aber auch nicht weniger. Schon eine Woche später war sie wie ausgewechselt.

»Ich habe plötzlich so ein Gefühl der Weite«, sagte sie. Und berichtete, dass sie auf einmal viel freundlicher klang. Ihre Begrüßungsformel – es waren immer noch dieselben Worte – hieß den Anrufer tatsächlich willkommen. Das bekam sie natürlich sofort gespiegelt, was ihre Stimmung noch mehr anhob.

»Hast du Lust, das auszubauen?«, fragte ich. Nach diesem ersten Erfolgserlebnis war Judith gleich mit dabei. Ich schleppte Aktenordner heran und ließ sie üben, diese auf die Vokale »U« oder »I« zu öffnen. Auf diese Weise gingen wir einige ihrer üblichen Tätigkeiten durch, bis sie das Prinzip verinnerlicht hatte. Dann gingen wir noch einen Schritt weiter. Ich ließ sie büroübliche Gesten mit dem Kopf verbinden, den Schultern, der Brust, der Hüfte, den Beinen und den Füßen. Danach übten wir das Gleiche im Gehen. An dem Tag, als Judith zur Mittagszeit durch die Kantine ging und dabei ihr ganzes Gefühl in die Schultern transportierte, hatte sie die Aufmerksamkeit aller Kollegen.

»Also innerlich haben die applaudiert«, erzählte sie mir. »Und ein paar meinten: ›Du bist heute so anders. So ganz bei dir.‹«

Das haben die Kollegen gut erkannt. Judith hat durch die Clownmethode gelernt, bei sich zu sein – selbst bei einer Arbeit, die vor allem aus Wiederholungen bestand. Ähnliches berichtete mir auch Emilia, obwohl sie in einem ganz anderen Bereich arbeitet. Als Pfarrerin betreut sie mehrere Gemeinden und ist daneben auch als Klinik- und Altenheimseelsorgerin tätig. In einem meiner Clownseminare kam sie mit den Übungen »Abgesetzte Bewegungen« und »In den Fokus rücken« in Berührung, was ihr eine ganz neue Präsenz verlieh. »Als Pfarrerin habe ich die liturgische Präsenz in allen Gottesdienstformen erst durch die Clownarbeit erlernt«, sagte sie mir später. »Ich habe zum Beispiel verstanden, dass das Segnen mit meinem Körper geschehen kann und nicht nur in meinem Kopf abläuft. Durch die energetische Verstärkung fühle ich mich nun wesentlich wohler bei der Arbeit. Dazu nehme ich meine Gemeinde auch viel bewusster wahr. Ich beginne jetzt keinen Gottesdienst mehr, ohne aufmerksam in die Runde zu blicken und die Menschen zu *sehen*. Durch die Zwillingstechnik kann ich jetzt Begegnungen und Kommunikation auch ohne Worte in Gang bringen, was in der Altenseelsorge und bei schwierigen Trauerfeiern ein wunderbares Geschenk ist.«

Durch die Clownmethode verändern wir das eigene Erleben, steigern das Selbstvertrauen und entwickeln eine ganz neue Qualität von Absicht und Ausrichtung in der Kommunikation. Dadurch machen wir unsere Mitmenschen zu Zeugen unseres Tuns, was diese wiederum positiv bewerten. Die wichtigste Voraussetzung dafür ist:

> Wir sind nicht länger in Gedanken verloren, sondern lenken unsere Gedanken aktiv auf unser Tun.

So entstehen Klarheit und Entschiedenheit. Indem Sie im sprichwörtlichen Sinne hinter Ihren Aussagen stehen, bekommen diese eine ganz neue Wirkung. Egal, ob Sie einen Vortrag halten oder eine Rede, ob Sie Mitarbeiter ansprechen oder sich einfach nur in der alltäglichen Kommunikation positionieren wollen, immer kommt es darauf an, dass Sie dem, was Sie sagen, Raum und Resonanz geben. Das schaffen Sie dadurch, dass Sie jedem wichtigen Wort eine Art inneres Echo verleihen, indem Sie es im Körper schwingen lassen und ihm nachspüren, nachdem Sie es ausgesprochen haben.

> In der Clownmethode nennen wir diese rhetorische Technik das Echoprinzip.

Dabei macht es einen gravierenden Unterschied, ob Sie das Echo in der Brust oder im Bauch schwingen lassen. Gute Erfahrungen werden Sie auch machen, wenn Sie das, was Sie sagen wollen, verbunden mit einem Atemimpuls zunächst innerlich spüren, denken und hören. Entscheidend ist, dass Sie ein konkretes Körpergefühl zu allem, was Sie tun, entwickeln.

Genau darum ging es auch bei Christoph. Er ist in seiner Firma für das Projektmanagement verantwortlich. Dabei muss er schnell wichtige Entscheidungen treffen, allerdings häufig, ohne über die dazu eigentlich nötigen Informationen zu verfügen.

»Das hat mich im Lauf der Jahre derart unter Druck gesetzt, dass ich tatsächlich kurz vor dem Burn-out stand«, sagte er. »Als mir ein Kollege die Clownmethode empfahl, dachte ich, jetzt will der mich auch noch verarschen! Clownmethode, was soll das denn sein?!«

Doch Christophs Leidensdruck war so groß, dass er es auf einen Versuch ankommen ließ. »Und den habe ich nicht bereut«, lacht er heute. Die Stabilisierungsübungen und der Torso-Atem brachten ihn zurück ins Lot. Die Probleme des Tages mit der Energie des Beckens »anzuschauen« oder mit der Brust in Resonanz zu gehen, war eine Offenbarung für ihn. Von nun an nimmt er sich jedes Mal, wenn eine Entscheidung getroffen werden muss, die Zeit, die damit verbundene Frage in seinem Körper schwingen zu lassen. Auf diese Weise schafft Christoph sich ein klares körperliches Gefühl, was ihm die Antwort schon vorgibt. Dazu hat sich auch im Außen einiges für ihn geändert: »Auf einmal spüren alle, dass ich hinter meinen Entscheidungen stehe«, sagt er. »Das schafft eine ganz andere Akzeptanz.«

Unsere Fähigkeit, durch »innere Resonanz« Entscheidungen zu treffen und andere Menschen zu motivieren, hängt von unserer Bereitschaft ab, uns berühren zu lassen. Die gute Nachricht ist: Wir können diese Fähigkeit trainieren. Lassen Sie einfach ein wenig Fantasie walten. Vor Kurzem beschwerte sich Simone bei mir, dass ihre Schüler einer Werksrealschule »sich für nichts mehr interessieren, außer für ihr blödes Smartphone«. Ich erzählte ihr von der Technik der inneren Resonanz, und wir überlegten gemeinsam, wie wir diese ihrer Klasse schmackhaft machen konnten. Sie erwähnte ein großes Gewächshaus in ihrer Stadt. Ich schlug ihr einen Besuch vor. »Aber nicht nur angucken! Jeder deiner Schüler soll ausprobieren, wie es sich anfühlt, mit den Pflanzen in Resonanz zu gehen. Stelle ihnen die Aufgabe, verschiedene Pflanzen mit dem Atem in sich aufzunehmen. Den stachligen Kaktus »einzuatmen«, die wuchernden Schlingpflanzen und die schönen Orchideen. Danach beschrieben die Halbwüchsigen, wo in ihrem Körper sie die Pflanzenqualitäten gespürt hatten. Simone ließ sie ihre Lieblingspflanzen mimisch vorführen. Alle hatten einen Heidenspaß, während zwei Dinge passierten. Das Smartphone blieb in der Tasche und, ganz wesentlich: Die Jugendlichen lernten, was innere Resonanz bedeutet. Auch Simone lernte dazu: »Mir war vorher nicht klar, dass wir unsere Gefühlswelt körperlich verankern müssen. Das mache ich jetzt immer, bei meinen Schülern und bei mir selbst.«

Sie hat sich angewöhnt, bei Konzertbesuchen noch genauer darauf zu achten, wo sie die Musik berührt, und wenn sie mit Schülern ins Museum geht, zu beschreiben, was sie persönlich empfindet, wenn sie sich ein Bild anschaut und es auf sich wirken lässt.

Wahres Selbstvertrauen zeigt sich nicht nur darin, wie wir empfinden. Viele Kommunikationskonflikte basieren darauf, dass sich die beteiligten Personen nicht klar ausdrücken. Und wir uns keine Zeit für die innere Resonanz nehmen. Viel zu schnell legen wir Argumente und eigene Erfahrungen auf den Tisch. Dabei genügt es in vielen Fällen, einfach zu wiederholen, was unser Gegenüber gesagt hat. Dann erleben wir das Gefühl von Resonanz. Dieser Widerhall sorgt dafür, dass wir uns gehört und verstanden fühlen. Am deutlichsten können wir das erleben, wenn die äußere

Reaktion mit dem inneren Impuls übereinstimmt. In der Clownmethode sprechen wir davon, »sich direkt an die innere Resonanz zu wenden.« Übertragen auf den Alltag wird daraus das Spiel des Zwillings, von dem Sie schon öfter gehört haben: Setzen Sie sich mit Ihrem Partner erst einmal zusammen, bevor Sie sich mit ihm auseinandersetzen. Hören Sie ihm mit Ihrem Herzen, Ihrem Bauch und Ihrem Becken zu. Lassen Sie es schwingen. Spüren Sie in sich selbst, was ihn bewegt. Wenn Sie das tun, können Sie sich sicher sein, dass er bereit ist, auch Sie zu verstehen. Nichts wirkt nachhaltiger auf die Bereitschaft, äußere Impulse aufzunehmen, als die Gewissheit, dass die innere Wahrnehmung damit übereinstimmt. Bei der Zwillingstechnik brauchen wir auch nicht immer Worte. Um den Kontakt zur inneren Resonanz herzustellen, wiederholen wir, was unser Gegenüber in diesem Moment *erlebt*. Das wiederum gelingt uns am besten, wenn wir uns seinem Atemrhythmus und seiner Atemtiefe anpassen. Damit können wir seinen körperlichen und emotionalen Zustand nachvollziehen.

Das pure Spiel in der Clownmethode

Auch die Zwillingstechnik stärkt unser wahres Selbstvertrauen, indem sie uns ein Stück näher an das pure Spiel bringt. Diesen Ausdruck verwenden wir in der Clownmethode, wenn vom absichtslosen Tun die Rede ist. Ich kann mich noch sehr gut daran erinnern, wie ich selbst zu diesem puren Spiel gefunden habe.

Eines Tages stand ich im Proberaum meiner ersten Clownschule, die sich damals noch in Mainz auf dem Gelände einer ehemaligen amerikanischen Kaserne befand. Es waren wunderbare Räumlichkeiten, wo sich meine Schüler so richtig austoben konnten. Der Proberaum, ein großer, leerer und an manchen Tagen sehr kalter Saal, hatte es allerdings in sich: denn betritt man eine Bühne ohne Idee und ohne Konzept, kann einen so ein großer Raum ganz schön auf sich selbst zurückwerfen. Genau das passierte mir auch. Ich stand auf der Bühne, atmete, blickte mich in dem leeren Saal um und fühlte mich genauso leer. Dann richtete ich meine Aufmerksamkeit plötzlich auf meine Hände. Meine Arme hingen am mir herab, irgendwie nutzlos, und doch war da etwas, denn meine Finger schienen plötzlich ein Eigenleben zu führen. Sie spielten ihr eigenes Spiel, zappelten herum, vollführten ein kleines Tänzchen. Das geschah ganz unbewusst, während ich angestrengt darüber nachdachte, was ich mit mir auf der leeren Bühne anfangen sollte. Während der ganzen Zeit, in der ich mir den Kopf zerbrach, was ich spielen sollte, fand das Spiel schon statt. Es brauchte nur noch meine Aufmerksamkeit, meine Begeisterung und mindestens einen Zuschauer.

Unser wichtigstes Mantra lautet:
Ich finde es gut!

Seit diesem Tag lehre ich allen meinen Schülern das Vertrauen auf die kleinen Impulse. Nehmt sie an, spielt damit und vor allem: Findet es gut! Bei mir wurde das kleine Fingerspiel die Basis vieler erfolgreicher Clownnummern. Einer meiner Profistudenten überzeugte mit einer ähnlichen Darbietung die kritische Jury beim Casting des weltbekannten Cirque du Soleil.

Die Kunst liegt in der Einfachheit.

... und sie liegt in unserem Vertrauen darauf. Diese Weisheit gilt natürlich beileibe nicht nur für Clowns. Sie gilt für uns alle, wenn wir mal wieder daran zweifeln, ob wir den eigenen Impulsen vertrauen sollen. Das passiert vor allem dann, wenn andere Menschen mit ins Spiel kommen. Jeder meiner Clownschüler kennt das Problem: Kommt ein zweiter Spieler auf die Bühne, sackt die eigene Energie ganz schnell ab. Auf einmal reagiert man nur noch auf die Impulse des anderen, während die eigenen verlorengehen. Da es dem zweiten Spieler ebenso geht, stirbt das Spiel einen raschen Tod. Im wahren Leben kennen wir das aus vielen Situationen im Arbeitsleben oder in der Familie, selbst unter Freunden beim Plausch in der Kneipe oder im Restaurant. Dann sagen wir: »Irgendwie ist es anstrengend. Nach ein paar Minuten haben wir uns einfach nichts mehr zu sagen.« Das passiert, weil jeder auf den Impuls des anderen wartet.

Die Clownmethode lehrt uns, aktiv statt reaktiv zu sein. Ein Clown ist immer ein Brückenbauer. Sein verbindendes Element ist das »große Ja«. Es hält alle Spielpartner zusammen und den kreativen Fluss in Bewegung.

Mit dem »großen Ja« sind Sie für alle
Herausforderungen gewappnet.

Unser größter Gegner ist immer der Zweifel. Weil wir ihn ständig bei uns tragen, projizieren wir ihn auf unser Gegenüber. Da dieser dasselbe mit uns tut, gewinnen in der Regel die Nörgler und Bremser das Oberwasser. Um dem Zweifel ein Schnippchen zu schlagen, wählen wir in der Clownmethode eine spielerische Lösung. Wir nennen sie die Fokusbeziehung.

Mit der Fokusbeziehung dem Zweifel ein Schnippchen schlagen

Unser Zweifel gründet sich vor allem auf unserer Angst vor der Bewertung durch andere Menschen. Dagegen hilft die Fokusbeziehung. Anstatt uns auf den anderen zu fixieren, lenken wir unsere Aufmerksamkeit auf den Fokus. Das heißt, auf das, was unser Gegenüber tut oder bewegt. Das, was die Person sonst ausmacht – ihre Kleidung, ihre Haarfarbe oder was immer wir in eine Bewertung aufnehmen – lassen wir dabei außen vor.

Ich gebe Ihnen ein kleines Beispiel aus dem Clownalltag. Zwei Clowns treffen sich im Supermarkt vor dem Regal mit den Waschmitteln.

»Ah«, sagt der eine. »Du auch OMO?«

»O ja«, antwortet der andere. »Ich auch OMO!«

Beide richten ihre Fokusbeziehung nur auf das, was der andere tut: nämlich ein Waschmittel namens OMO zu kaufen. Dass jeder von ihnen tollpatschige Schuhe trägt und seinen Clownkittel falsch zugeknöpft hat, wird weder wahrgenommen noch bewertet. Auf den Alltag übertragen bedeutet das: indem wir die Person aus dem Spiel lassen, gibt es nichts, dessentwegen sie sich angegriffen fühlen kann. Daher bietet sich die Fokusbeziehung in idealer Weise für die erste Form der spielerischen Annäherung an. Sie bereitet uns auf unserem Weg von der Selbstwahrnehmung zum Selbstausdruck behutsam auf die nachfolgenden

Beziehungsangebote vor. In der Regel folgt dann der Zwilling.

Der Zwilling

Als ich vor vielen Jahren begann, das Prinzip der *5 Räume des Lachens* zu formulieren, war der Zwilling von Anfang an mit dabei. Er ist ein Grundelement des erfolgreichen Clownspiels, und er taucht in unserem Alltag sehr häufig auf. Wenn wir ihn aktiv nutzen, ist er ein ganz hervorragender Motivator, weil er, wie wir schon wissen, alles imitiert, was der andere tut, und damit den Impuls verdoppelt. Da spielt es auch gar keine Rolle, wer von den Spielpartnern den Impuls einbringt. Beim Zwilling lautet die Verabredung:

Ich folge dir, egal, wohin du gehst
und was du tust.

Ganz egal, ob es sich um eine pure Bewegung, eine skurrile Körperhaltung, eine Äußerung, eine Aktion oder um eine Emotion handelt, der Zwilling ist immer dabei, und zwar ohne Wenn und Aber. Deshalb muss ich mir als Partner keinerlei Gedanken machen, ob es dem anderen gefällt oder nicht. Ich muss auch nicht befürchten, dass er mich blockiert, hintergeht oder mir widerspricht. Die Energie, die ich dadurch nicht verliere, kann ich stattdessen voll und ganz ins Spiel einbringen.

Wir folgen jedem Impuls, allerdings müssen wir ihn auch lesen können. Daher ist es wichtig, dass wir deutliche Signale aussenden, klare Richtungen und Entscheidungen vorgeben und dabei gleichzeitig offen und durchlässig bleiben für einen Impuls des anderen. Denn jeder der Zwillinge kann durch einen neuen Impuls bestimmen, wo es langgeht. So kann auch keiner von beiden behaupten, er müsse tun, was der andere will. In der Zwillingsbeziehung gibt es weder Führen noch Folgen. Damit fördert der Zwilling ungemein unser Selbstvertrauen, weil wir unseren Partner als Verstärker unseres Selbstausdrucks erleben. Keine Kritik! Keine Diskussionen! Keinen Streit! Eine Zwillingsbeziehung ist der Beweis, wie schön das Leben sein kann, und wie einfach.

Auch wenn Zwillinge dasselbe tun, machen sie nicht das Gleiche. Imitieren bedeutet nicht Kopieren! Während der eine der Spielpartner eine Bewegung langsam ausführt, kann der andere dieselbe Bewegung schnell machen. Oder größer. Oder kleiner. Diese »verstärkende Imitation« kann also aus einem schwachen Impuls einen starken machen. Die Zwillingsbeziehung fördert daher selbst dann den Selbstkontakt und Selbstausdruck, wenn sich einer von beiden schwertut, eigene Impulse zu entwickeln.

Wenn wir wissen wollen, wie es dem anderen geht, gehen wir wie er. Wenn wir wissen wollen, wo er steht, stellen wir uns daneben. Auf diese Art lösen wir die Distanz auf. Die Zwillingsbeziehung beschert uns Harmonie durch Gleichheit.

In der Clownmethode lernen wir Stabilisierung durch Körperbewusstsein, Atemführung und energetische Kommunikation. In dieser Übung fassen wir alle drei Elemente zusammen.

Übung 14: Ich bin

Bitte atmen Sie tief ein, wie bei der Achsenübung. Während Sie das tun, gehen Sie zwei oder drei Schritte nach vorne. Gehen Sie genau so lang, wie Sie atmen, damit Bewegung und Atem eine Einheit sind.

Während Sie gehen und einatmen, denken Sie das Wort »Ich«.

Spüren Sie, wie der Atem in Sie einströmt und Ihren ganzen Körper ausfüllt. Spüren Sie gleichzeitig, wie sich, begleitet vom Atem, das »Ich« in Ihrem Körper ausbreitet.

Nun bleiben Sie stehen. Atmen Sie in die Achse aus und denken Sie das Wort »bin«.

Spüren Sie, wie sich das »bin« in Ihrer Achse verankert.

Wiederholen Sie die Schritte, so oft Sie wollen.

Mit dieser Übung können Sie sich ganz leicht in jedem Raum platzieren, denn Sie geben ein klares Statement nach außen. Sollte Sie bei der Aussage »Ich bin« etwas irritieren, lassen Sie es zu, aber gehen Sie nicht in einen inneren Dialog über diese Irritation. Halten Sie den Kontakt zu Ihrer inneren Achse und üben Sie auf diese Weise, sich selbst zu vertrauen.

Mit der nächsten Übung wollen wir die Clownmethode zur Stabilisierung abrunden. Wir setzen damit einen Abschluss und würzen unser neu gewonnenes Selbstvertrauen mit einer kraft- und humorvollen Pointe.

Übung 15: Ich finde es gut!

Atmen Sie tief ein und lassen Sie sich vom Atem bewegen. Bewegen Sie sich erst, wenn Sie bewegt werden. Wenn das geschieht, heben und senken Sie mit dem Atem Ihre Arme und Beine. Erfinden Sie kleine Bewegungsspiele oder gar ein Tänzchen. Es genügt aber auch ein Tänzchen mit Ihren Händen oder Fingern. Und dann finden Sie eine kleine Pointe. (Kleine Pointe heißt wirklich klein.) Das ist vielleicht eine Drehung. Oder ein Sprung. Es spielt keine Rolle, was es ist. Wichtig ist nur, dass Sie es aus ganzem Herzen tun. Dadurch erheben Sie es zu Ihrem Kunststück. Krönen Sie Ihre Pointe mit dem Satz: »Ich finde es gut!«

Bitten achten Sie darauf, dass Sie den Satz nicht einfach vor sich hin murmeln. Spüren Sie, wie er in Ihnen schwingt! Auf diese Weise verankern Sie ihn im Körper – dann, aber nur dann, wirken positive Affirmationen. Spüren Sie, wie der Satz zum Beispiel in Ihrer Brust schwingt. Achten Sie darauf, dass er nicht als Frage im Raum steht, sondern als klare Aussage. Ihre Bestätigung finden Sie durch die innere Resonanz in sich selbst.

Als Variante dieser sehr kraftvollen Übung können Sie jede Aussage bis hin zu einer ganzen Rede in derselben Weise durchführen. Stellen Sie sich dabei ein Gegenüber vor. Achten Sie darauf, dass Ihre Aussage nicht einfach aus Ihnen herauspurzelt. Auch wenn Sie besonders engagiert sind, kann es passieren, dass Ihre Atemachse nach vorne kippt. Sie kennen das, wenn uns andere Menschen mit Ihren Ideen energetisch geradezu anspringen – und wir nur noch an Flucht denken, und an »halt mal den Ball flach«. Das passiert, wenn alle Energie nach außen geht. Doch wir haben ja gelernt, unsere Energie nach innen zu schicken. Sie merken den Unterschied schnell und werden davon profitieren. Ihr »Ich finde es gut!« sorgt dafür, dass Sie keinen mehr überzeugen müssen. Es genügt, wenn Sie Ihr ehrliches »Ich finde es gut!« zeigen.

Keine Sorge, wenn das nicht von Anfang an gut klappt. Als ich diese Übung erfand und das erste Mal in der Gruppe ausprobierte, stellte ich fest, dass ich bei einigen Menschen kein Problem hatte, ihnen in die Augen zu schauen und zu sagen: »Ich finde es gut!«. Andere dagegen weckten in mir Zweifel und Unsicherheit. Sollte Ihnen das auch passieren, empfehle ich Ihnen ein paar kleine Notizen. Ich notierte mir immer – und tue es heute noch – mit welchen Menschen ich besser konnte und mit welchen auch gar nicht. Auf dieses Phänomen werden wir dann zurückkommen, wenn es um die Kunst des spielerischen Scheiterns geht.

Was Sie in diesem Kapitel erfahren haben

Je deutlicher wir den Kontakt zu unserer inneren Achse wahrnehmen, umso stabiler ist unser Selbstvertrauen. In der Clownmethode nennen wir dieses Gefühl: den Blick von innen nach außen setzen. Es stärkt unsere Wahrnehmung und damit unser Selbstvertrauen. Denn wollen wir wahrgenommen werden, müssen wir uns erst selbst wahrnehmen.

Verwenden Sie deshalb die innere Achse und die Atemblase als Vorbereitung für jede Form von Präsentation, Verhandlung, wichtigem Gespräch, Unterricht, oder einfach nur, um Ihren Tag präsent und mit stabilen Selbstvertrauen zu beginnen. Wenn Sie innerlich stabil sind, werden auch Ihre Mitmenschen stabiler.

Wie wir von unserer Umwelt wahrgenommen werden, hängt allein davon ab, ob diese spürt, dass wir Lust aufs Leben haben und hinter dem stehen, was wir sagen und tun. Ein wichtiges Prinzip heißt deshalb: Legen Sie nicht gleich los, sondern bewegen Sie sich erst, wenn Sie bewegt sind.

Das schaffen wir, wenn wir uns nicht in Gedanken verlieren, sondern diese aktiv auf unser Tun lenken. Dabei lautet unser Mantra: Ich finde es gut! Dieses »große Ja«, ein als Körpergefühl verankertes »Mir gefällt es!«, sorgt dafür, dass wir nicht länger um äußere Anerkennung betteln müssen, sondern durch Selbstbestätigung wahres Selbstvertrauen haben.

Kapitel 3:
Wie Sie sich vom reinen Funktionieren befreien

Während ich diese Zeilen schreibe, schaue ich aus meinem Bürofenster in der Schule der Clowns in Lorsbach und lausche dem Plätschern des am Haus vorbeifließenden Schwarzbachs. Wir haben das Glück, in einem wunderschönen Theatersaal spielen zu dürfen und auf gleich drei Probebühnen alles Mögliche ausprobieren zu können. Eben komme ich aus einer Unterrichtsstunde mit den angehenden Profi-clowns. Wir hatten uns mit der Frage des Funktionierens beschäftigt, weil das eine Sache ist, die wir Clowns unseren Zuschauern immer wieder vor Augen führen: Wenn wir glauben, dauernd funktionieren zu müssen, funktionieren wir irgendwann nicht mehr richtig, und das lässt sich auf der Bühne auf amüsante Art und Weise darstellen. Auf der Suche nach Lösungen, wie wir dieser Funktionsfalle entkommen können, waren wir schnell bei der Magie des Staunens. Für viele Menschen ist Staunen nur etwas für Kinder, während für Erwachsene die Erkenntnis des Soziologen Max Weber gilt, der von der »Entzauberung der Welt« sprach.

Doch wenn er Recht hat, was ist dann mit dem dreifachen Regenbogen, über den ich gestern staunte? Was ist mit den

Aberhunderten in der Sonne glitzernden Spinnennetzen, die ich heute Morgen sah, als ich mit meinem Hund Sammy unterwegs war? Und mit dem Ameisenhügel am Rande des Weges, errichtet von einem hochintelligenten Millionenstaat, dessen Einwohner durch chemische Duftstoffe miteinander kommunizieren – gibt es nicht überall Anlass zu staunen? Wissenschaftler haben herausgefunden, dass Erwachsene, die noch staunen können, insgesamt großzügiger und rücksichtsvoller gegenüber ihren Mitmenschen sind. Eine Erklärung dafür ist: Diese Menschen haben sich vom reinen Funktionieren befreit. Daher wollen wir uns in diesem Kapitel dem Begriff der Fremdbestimmung und dem der Eigenbestimmung nähern, um zu erkennen, wie das geht.

Fremdbestimmung und Eigenbestimmung

E-Mails, Termine, Telefonate, Meetings – die Liste der Anforderungen, die wir im Arbeitsalltag zu bewältigen haben, ließe sich endlos fortsetzen. Doch auch das private Leben will so einiges von uns, was wir nicht von ihm wollen: nach den neuesten Untersuchungen stresst viele Erwachsene das »Familienfest« am meisten. Auf Platz zwei: das sonntägliche Mittagessen. Das sind keine besonders guten Nachrichten, denn eigentlich sollten wir durch solche Ereignisse im Kreis der Familie Energie bekommen, statt sie zu verlieren. Manche von uns tun das auch. Für sie ist die fröhliche Runde um den Esstisch ein Quell reiner Freude. Und manch andere kommen im Arbeitsalltag durch äußeren Druck erst so richtig in Fahrt.

Das alles hängt davon ab, ob wir uns fremdbestimmt fühlen – »schon wieder ein unnützes Meeting« und: »ich will nicht zu Tante Klaras 72stem Geburtstag« –, oder ob wir darin unsere ganz ureigene Entscheidung wiederfinden. Wenn ja, ist alles gut. Wenn nein, fühlen wir uns fremdbestimmt und von uns selbst getrennt.

> Das Gefühl der Fremdbestimmtheit ist ein Gefühl der Trennung von uns selbst.

Die Frage, ob wir das Gefühl haben, nur noch zu funktionieren, hängt also nicht davon ab, *wie viel* wir tun, sondern *für wen* wir es tun. Sind wir mit diesem »für wen« nicht einverstanden, schleicht sich schnell ein innerer Widerstand ein. Dann fühlen wir uns unter Zeit- und unter Ergebnisdruck.

Die Magie des Staunens

Gerne unterhalte ich mich zu Beginn eines Seminars mit den Teilnehmern über ihre Motivation, ausgerechnet einen Clownkurs zu belegen. Für viele ist das ein großer Schritt. Das war auch für Peter nicht anders. In seinem Beruf als Steuerberater hatte er eigentlich keinerlei Berührungspunkte mit der Clownmethode. Doch dann, erzählte er mir, wurde er immer unzufriedener.

»Tag für Tag nur Zahlen, manchmal völlig unsinnige Paragrafen und permanent neue Vorgaben«, erzählte er. »Ich hatte echt das Gefühl, ich verschwende mein Leben.«

Das war mehr als eine Midlife-Crisis. Das war das traurige Resultat einer Trennung von sich selbst. Die kommt in der

Regel schleichend daher, und wird von uns erst wahrgenommen, wenn das Gefühl der Fremdbestimmtheit schon alles durchdringt. Und doch hatte Peter noch genug Kraft, um einen ganz neuen Schritt im Leben zu wagen.

»Ich habe mir überlegt, was mir Spaß machen könnte«, erzählte er. »Arg viel ist mir da nicht mehr eingefallen. Vielleicht kam ich deshalb auf Clown. Noch vor ein paar Monaten hätte ich mir diesen Gedanken nicht erlaubt.«

Als ich ihn fragte, was er vom Seminar erwarte, beschränkte er sich auf dieses kleine Wort mit den vier Buchstaben: Spaß. Dass es am Ende so viel mehr wurde, konnte er nicht ahnen. Wie auch? Der Ausstieg aus dem Funktionieren beim gleichzeitigen Einstieg in eine neue Welt über den Türöffner Staunen war ein unerwartetes Geschenk für ihn.

Ist es Ihnen schon einmal passiert, dass Sie durch Ihren Wohnort gehen und auf einmal das Gefühl haben, Sie sehen ihn zum ersten Mal? Plötzlich haben Sie einen anderen Blickwinkel und kommen sich fast vor wie ein Tourist? Sie entdecken Details, die Sie bisher übersehen haben und fragen sich vielleicht sogar: »War das schon immer hier?« Wer das erlebt, spürt so ein gewisses Kribbeln in der Magengegend, als wolle eine Stimme sagen: »Es ist wirklich schön, hier zu leben.« Diese Stimme drückt den Zustand des Staunens aus.

Das Aussteigen aus dem Funktionieren beginnt damit, die Fähigkeit zu staunen neu zu entdecken. Das Wort »neu« benutze ich deshalb, weil wir das Staunen nur verlernt haben. Als Kinder hatten wir damit keinerlei Probleme. Es ist aber weiterhin in uns drin, weil es für die Entwicklung von uns Menschen lebensnotwendig ist: durch das Staunen lernen wir, durch das Lernen entwickeln wir uns weiter, durch die Weiterentwicklung sind wir in der Lage, schwierige Situationen zu meistern. Umso wichtiger, dieses etwas verschüttete Gefühl zu neuem Leben zu erwecken. Damit wollen wir gleich beginnen.

Übung 16: Let's staun!

Schauen Sie sich in dem Raum um, in dem Sie sich gerade befinden. Betrachten Sie einen Gegenstand Ihrer Wahl und staunen Sie darüber, indem Sie einen tiefen Atemzug nehmen und dabei über den Vokal »A« einatmen. Spüren Sie, wie sich Ihre Brust weitet und die Atemenergie Ihre Brust aufhellt. Gleichzeitig entspannt sich Ihr Gesicht, und Sie fangen an zu strahlen. Beim Ausatmen lenken Sie diese »erstaunte« Energie direkt in Ihre Atemsäule. Spüren Sie jetzt, wie sich die Energie ganz in Ihnen ausbreitet. Auf diese Weise können Sie gleich den nächsten Gegenstand erstaunt einatmen. Diesmal atmen Sie über den Vokal »O« und anschließend über den Vokal »I«. Jedes Mal verändert sich Ihr Staunen, je nachdem, über welchen Vokal Sie einatmen. Kristallisiert sich dabei ein Lieblingsvokal heraus?

Ihr Staunen ist die Wertschätzung des Augenblicks

Staunen verlängert diesen Augenblick über seine eigentliche Dauer hinaus. Außerdem fühlen wir uns, wenn wir staunen, ständig überrascht, weil sich permanent etwas verändert. Durch das Einatmen über die Vokale verbinden wir uns mit diesem stetigen Wandel. Schon allein deshalb ist es unmöglich, alles zu kennen.

Sicher kennen Sie diese Menschen, die alles schon gesehen und alles schon ausprobiert haben. Es gibt nichts, was für sie neu wäre. Sie sind arm dran, denn sie haben das Staunen verlernt. Das geht so weit, dass sie sogar glauben, Dinge zu kennen, die sie in Wahrheit noch nie gesehen oder ausprobiert haben. In diesem Fall sprechen wir von Vorurteilen. Der größte Schaden von Vorurteilen ist, dass sie uns von der Wirklichkeit trennen. Wer mit seinen Vorurteilen lebt, wird stets die gleichen Erfahrungen machen.

Das kann einem Clown nicht passieren, denn er weiß, dass jede Erfahrung anders, dass jede Erfahrung neu ist. Vorurteile wollen uns einflüstern, was wir können und was nicht, was funktioniert und was nicht, was schön ist und was hässlich, und so weiter und so fort. Am Ende besitzen wir einen großen Setzkasten mit vorgefassten Meinungen und – Sie können es sich vorstellen – das ist das Letzte, was ein Clown will. Daher haben Clowns keinerlei Vorurteile.

Als Peter, der Steuerberater, mir von seinen Problemen erzählte, von seinem Gefühl, Tag für Tag in Zahlen zu ertrinken und von unsinnigen Paragrafen bestimmt zu werden, fragte ich ihn, ob er Lust auf eine kleine Hausaufgabe verspüre.

»Bis wir uns nächste Woche wiedersehen«, gab ich ihm mit auf den Weg, »stellst du dir jeden Tag die Frage: Worüber kann ich heute staunen?«

Als wir uns wieder trafen, sprudelte Peter geradezu vor staunendem Glück. Er hatte einige tolle Geschichten auf Lager, weil er auf einmal gemerkt hatte, dass hinter all den Zahlen und Paragrafen Menschen stecken. Menschen mit ihren Geschichten, Ängsten und Wünschen, die er in den letzten Jahren immer mehr ausgeklammert hatte. Das war am Anfang seiner Karriere noch anders gewesen, und deshalb, sagte er mit einem Lachen, »habe ich diese Woche nicht schlecht gestaunt!«

Weil ihm das Staunen als Ausstieg aus dem Funktionieren so gut gefiel, gab ich Peter gleich noch eine zweite Technik mit an die Hand. Diese können Sie ebenfalls benutzen, wann immer Ihnen danach ist.

Das Loch in der Tasche – sich selbst und andere anders erleben

Keine Angst, auch wenn wir unter Clowns sind, müssen Sie sich jetzt kein reales Loch in Ihre Hosentasche schneiden. Das Loch in der Tasche ist symbolisch gemeint, es soll uns, ähnlich wie der Knoten im Taschentuch, an etwas erinnern. Nämlich daran, das wir Clowns gerne die Möglichkeit nutzen, jeden Raum und jede Situation zu wechseln. Wir schlüpfen wie durch ein Loch im Universum und landen in einer Parallelwelt. Diesen Weltenwechsel können wir auch mit dem Bild einer imaginären Tür in uns verankern. Die *5 Räume des Lachens* sind durch diese Türen getrennt, doch der Clown ist in der Lage, sie jederzeit zu öffnen, um von einem Raum in den anderen zu gelangen. Der 2. Raum des Lachens steht dabei für den Raum der Vorstellungskraft. Wie er aussieht, hängt ganz davon ab, wie wir ihn sehen wollen. Unser Türöffner ist das Staunen. Mit ihm – das haben wir in Übung 16 erfahren – erhalten wir ein Gefühl von Weite. Unsere staunenden Augen entdecken überall Fülle und finden immer neue Überraschungen. Die erste ist, dass uns dieser Raum willkommen heißt. Der Raum ist unser Freund. Weil das vielleicht in Ihren Ohren noch etwas fremd klingt, wollen wir es einmal ausprobieren.

Übung 17: Sich willkommen fühlen

Machen Sie einen Schritt in dem Raum, in dem Sie sich gerade befinden, schauen Sie sich dabei um und atmen Sie ein. Nehmen Sie sich Zeit und spüren Sie, wie Sie diesen Raum »einatmen«. Nehmen Sie seine Energie in sich auf. Durch das »Einatmen des Raumes« laden Sie sich selbst mit Energie auf. Ihre stabile Atemachse und Ihr innerer Atemraum erlauben Ihnen, sich für den äußeren Raum zu öffnen.
Sich Energie von außen zu holen, heißt, konkret zu sein. Schauen Sie sich daher alles ganz genau an und entscheiden Sie sich dafür, offen zu sein. Das «Innen» als Achse ist immer da, nur das «Außen» des Raumes verändert sich. Öffnen Sie sich für dieses «Außen» und machen Sie es sich zum Freund. Suchen Sie sich dafür ganz konkrete Punkte, die Sie betrachten und Gegenstände, die Sie an-

fassen. Gehen Sie davon aus, dass Sie willkommen sind und erwartet werden. Stellen Sie sich vor, Sie werden wie von einem unsichtbaren Faden gezogen. Bei jeder Bewegung, die Sie tun, beziehen Sie den Raum mit ein.

Diese Übung kann Ihnen im Alltagsleben sehr nützlich sein. Das konnte mir Irene bestätigen, die als Sachbearbeiterin in der Zentrale eines großen Baukonzerns arbeitet. »Klar, in der Branche muss man klotzen statt kleckern, aber mich hat die Architektur unseres Gebäudes geradezu erschlagen«, sagte sie. »Wenn ich morgens beim Pförtner vorbeikam, fühlte ich mich schon ganz klein. Bis ich im Aufzug stand, hatte ich die Hälfte meiner Energie verloren.«

Dieses Gefühl kenne ich nur zu gut. Jeder, der einmal als Clown auf der Bühne stand, weiß, dass sich diese Bühne als Feind oder als Freund entpuppen kann. Wir selbst entscheiden, auf welche Seite sie sich schlägt. Ich riet Irene also dazu, sich den Raum zum Freund zu machen, was in diesem Fall einiges an Arbeit bedeutete, schließlich ging es um ein ganzes Gebäude. Irene begann mit dem Foyer, einem mit schwarzem Marmor verkleideten Raum von der Größe einer Bahnhofshalle. Jeden Tag suchte sie sich eine Stelle aus, über die sie staunte (natürlich, ohne dass es die anderen bemerkten). So wurde der morgendliche Gang durch das Foyer zu einem Erlebnis, denn tatsächlich gab es einiges, über das sie staunen konnte. »Dinge, die ich nie wahrgenommen hatte«, sagte sie, »weil ich wie mit Scheuklappen an den Augen daran vorbeigeeilt bin.«

Als Nächstes kam der Besprechungsraum an die Reihe, der auf ihrer Energieräuberliste ebenfalls ganz oben stand. Bevor sie ihren üblichen Platz einnahm, blieb sie in der Tür stehen, um zu atmen und zu sehen, was heute anders war als sonst. Dieses Staunen brachte noch einen sehr willkommenen Nebeneffekt mit sich. »Ich habe mir immer viele Gedanken darüber gemacht, was die anderen wohl von mir halten«, berichtete Irene. »Je mehr ich staunte, desto mehr verschwanden diese Gedanken.«

Wir gewinnen neues Selbstvertrauen, wenn wir die
Welt mit unseren eigenen Augen betrachten.

Wo immer Sie sich befinden und unwohl fühlen, steht Ihnen Ihr Loch in der Tasche zur Verfügung. Holen Sie es hervor und verändern Sie mit ihm Ihre Vorstellung von den Dingen. Nichts muss bleiben, wie es ist. Manchmal sehen wir die Dinge erst durch einen Perspektivenwechsel im richtigen Licht. Vertrauen Sie dabei Ihrer Wahrnehmung und erlauben Sie sich, verrückte Perspektiven einzunehmen. »Manchmal sehe ich unser Foyer als einen heiligen Ort. Am nächsten Tag nehme ich es wie ein Kasperletheater wahr«, sagt Irene und lacht. »Natürlich, es ist ein Spiel. Doch wenn ich in meiner stabilen Atemsäule bin und ich mich mit staunenden Augen umblicke, ist das Lachen niemals weit.«

Sobald das Lachen an die Oberfläche tritt, füllen Sie jeden Raum mit Ihrer eigenen Imagination. Gleichzeitig erkennen Sie sein Eigenleben. Alles, was uns umgibt, sendet permanent Informationen aus. In der Clownmethode lassen wir uns auf eine Kommunikation ein, denn unser Körper und unsere Emotionen gehen in Resonanz mit dem Außen. In der Art, wie wir darauf reagieren, finden wir heraus, was uns bewegt. Je mehr wir uns auf das Außen einlassen können, umso mehr Impulse erhalten wir. Mit der Fülle dieser Eindrücke wächst der äußere Raum. Zum Ausgleich vergrößern wir auch unseren »inneren Raum«. Wenn Sie sich von einem Raum »erschlagen« fühlen, wie es Irene lange Zeit erging, liegt es daran, dass Ihre Atemsäule und Ihre Atemblase energetisch nicht ausreichen, um alle Impulse aufzunehmen und zu verarbeiten. Solange wir glauben, immer funktionieren zu müssen, wollen wir diese Impulse immer sofort verstehen. Dabei brauchen wir Zeit, um sie auf uns wirken zu lassen.

Wir lassen uns Zeit, um Impulse aufzunehmen.
Wir lassen uns nicht hetzen.

Wann immer Sie das tun, werden Sie sich selbst anders erleben, und alle anderen um sich herum ebenfalls.

Wie vergrößere ich meinen inneren Raum?

Die energetische Wirkung ist am größten, wenn es uns gelingt, einen großen inneren Raum wahrzunehmen, der alles aufnehmen kann, was wir uns wünschen. Dieser Raum ist bereits vorhanden, aber möglicherweise spüren wir ihn nicht. In der gleichen Weise, wie Sie Ihre innere Resonanz durch das Erspüren der Atemvokalräume entdeckt haben, können Sie auch diesen Raum wahrnehmen und ausdehnen. Erinnern Sie sich, wie Christine ihre Atemblase entdeckte? Ich ging immer näher auf sie zu, bis sie eindeutig fühlte, dass es ihr ab jetzt zu nahe war. Das war ein konkretes körperliches Gefühl, weil ich mit meiner Energie ihre Atemblase berührt hatte. Wenn wir jetzt gleich zur nächsten Übung schreiten, kommt es darauf an, dass Sie Ihre Konzentration auf die energetischen Räume ausrichten, die Sie umgeben. Stellen Sie sich das wie ein Wärmebild vor, das Ihre energetische Ausstrahlung sichtbar macht.

Um Ihnen ein wenig Hilfestellung bei dieser für Sie vielleicht ungewöhnlichen Übung zu geben, vermittle ich Ihnen bestimmte Bilder, die meiner energetischen Wahrnehmung entsprechen. Dabei entsteht eine energetische Gestalt, die ich das Energiewesen nenne.

> Unser Energiewesen verstärkt unsere Kraft und
> festigt das Selbstvertrauen.

Auch wenn diese Atem- und Körperübung für Sie herausfordernd sein kann, möchte ich Sie dazu einladen, sie immer wieder durchzuführen. Sie werden dadurch eine enorme Verstärkung Ihrer energetischen Kraft erleben und ein großes Wachstum Ihres Selbstvertrauens.

Übung 18: Ihr Energiewesen

Wir beginnen im Sitzen. Bitte atmen Sie in Ihr Becken. Nehmen Sie dazu einen tiefen Atemzug wie bei der Übung zur Torso-Atmung und atmen Sie als Erstes über den Vokal »U« ein und aus. Spüren Sie, wie sich die Atemenergie in Ihrem Becken bewegt und pulsiert. Stellen Sie sich vor, dass Sie mit Ihrem Atem einen Raum einnehmen, der weit über den begrenzenden Ort Ihres Stuhles oder Ihrer Sitzfläche reicht. Vielleicht möchten Sie sogar aufstehen und sich bewegen? Nur zu. In der Clownmethode brauchen Sie nicht am Stuhl zu kleben. Lassen Sie dabei auch Ihre Atembewegungen größer werden, indem Sie über »U« ein- und ausatmen und das Becken mitbewegen. Verfolgen Sie mit Ihrem Blick diese Bewegungen, die von Ihrem Po ausgehen. Stellen Sie sich vor, wie Ihre Pobacken anschwellen. Sie bekommen einen riesigen Hintern, groß wie der eines Sumo-Ringers. Ähnlich wie diese Ringer das tun, wenn sie sich in die Hocke setzen, können Sie jetzt Ihren »Energiehintern« wieder auf dem Stuhl platzieren.

Als Nächstes atmen Sie über das geschlossene O. Konzentrieren Sie sich während des Atmens auf Ihren unteren Rücken. Bewegen Sie nun diese Partie der Wirbelsäule. Machen Sie die Bewegungen immer größer, während sie gleichmäßig über das O ein- und ausatmen. Spüren Sie, wie sich an der Stelle des unteren Rückens die Energie auswölbt und einen energetischen Fortsatz bildet. Das nennen wir in der Clownmethode den Dinosaurierschwanz. Zu ihm erzähle ich Ihnen nach der Übung noch eine erstaunliche Geschichte.

Nun kommt das offene O an die Reihe. Während Sie über das offene O ein- und ausatmen, konzentrieren Sie sich auf Ihre Körpermitte, auf Ihr Zwerchfell und

Ihren mittleren Rücken. Ich empfehle Ihnen, die Atmung wieder durch leichte Bewegungen zu unterstützen, die allmählich größer werden. Auf diese Weise
atmen und bewegen Sie eine Region, die für unsere
energetische Kraft von ganz besonderer Bedeutung
ist. Vielleicht haben Sie schon mal einen Kampfsportler beobachtet. Jede seiner Bewegung kommt exakt
aus diesem Körperbereich und wird von dort energetisch getragen. Auch bei Sängern ist das so: Sie bauen
rund um das Zwerchfell ihre sogenannte Stütze auf,
ohne die professionelles Singen gar nicht möglich
wäre. Auch der Geigenspieler führt seinen Bogen aus
dieser Körperregion. Indem Sie dorthin Ihre Atemenergie lenken, nehmen Sie Kontakt zu Ihrem inneren
Kraftwerk auf. Während Sie über das offene O intensiv
ein- und ausatmen, verbinden Sie sich mit der Vorstellung, an dieser Stelle eine goldene Schüssel zu besitzen, die mit glühendem Magma gefüllt ist. So, wie
Magma in der Erde brodelt, spüren Sie es in Ihrer
Körpermitte, gehalten durch die goldene Schüssel,
die Sie hin- und herbalancieren. Spüren Sie die Hitze
und die Kraft, die in Ihnen aufsteigen.
Als Nächstes gehen wir ein Stockwerk höher. Atmen
Sie nun über den Vokal A. Gleichzeitig bewegen Sie
Ihre Brust und den oberen Rücken. Mit dem Atmen
wird Ihre Brust weit und hell. Sie spüren, wie ein Licht
mit jedem Atemzug in Ihrer Brust heller und heller
wird, bis ein mächtiger Scheinwerfer aus Ihrer Brust
strahlt und alles erleuchtet, was Sie damit berühren.

Nun kommen wir zum Vokal E. Atmen Sie intensiv über diese Vokalstellung ein und aus. Je deutlicher Sie artikulieren, umso stärker baut sich die Energie auf. Wir bewegen die Schultern einzeln und dann den ganzen Schultergürtel. Schauen Sie dabei auf die Bewegungen Ihrer Schultern. Lassen Sie diese größer werden und auf Arme und Hände übergehen. Stellen Sie sich vor, wie Sie links und rechts neben Ihren Armen riesige Flügel bewegen. Erkennen Sie durch die Gestalt der Flügel die Energie, die Sie umgibt und die von Ihnen selbst ausgeht. Sie können diese Energie bewegen und sich davon bewegen lassen, wie von Flügeln in der Luft getragen. Nutzen Sie Ihre Vorstellungskraft und fliegen Sie eine Runde.

Nun atmen Sie über die Vokalstellung I ein und aus. Als Erstes spüren Sie, wie sich Ihr Gesicht aufhellt und das sogenannte dritte Auge, der Punkt auf Ihrer Stirn zwischen den Augen, zu pulsieren beginnt. Lenken Sie dann Ihre Atemkonzentration auf Nacken, Hinterkopf und Schädeldecke. Der Energiebogen, den Sie auf diese Weise trainieren und aktivieren, sieht aus wie ein Hahnenkamm.

Zum Abschluss spüren Sie die ganze Energie, die Ihren Körper durchflutet. Wahrscheinlich kribbelt es, wahrscheinlich verspüren Sie Lust, sich zu bewegen. Nur zu! Gönnen Sie sich ein kleines Tänzchen!

Nun haben Sie alle Atemenergie-Übungen kennengelernt. Vielleicht stellen Sie fest, dass Ihnen die eine oder andere Übung leichterfällt oder mehr Freude bereitet. Neben ihrer energetischen Wirkung dienen uns diese Energieräume als Ausdehnung der inneren Resonanz. Dadurch können wir äußere Impulse aufnehmen, ohne uns »erschlagen« zu fühlen. Wir können diesen äußeren Ereignissen unsere neu gewonnene innere Kraft entgegenstellen. Außerdem verfügen wir so über einen Raum, in dem sich unsere Kreativität sammelt und nach außen strahlen kann. Hier wirken Denken, Fühlen und Handeln als ganzheitlicher Vorgang zusammen. Auf der Basis von Selbstkontakt, Selbstvertrauen und dem darauf aufbauenden Selbstausdruck sind wir nun in der Lage, innere und äußere Impulse aufzunehmen und zu verwandeln.

Wie ich dies ganz konkret bei Rückenschmerzen angewendet habe, will ich Ihnen anhand der Geschichte vom Dinosaurierschwanz erläutern.

Während eines Sommerurlaubs mit meiner Frau Lea wachte ich eines Morgens im Hotel auf und verspürte sofort einen stechenden Schmerz im unteren Rücken. Ein Hexenschuss, womöglich ein Bandscheibenvorfall! Anstatt in Panik zu geraten, ging ich mit meiner Aufmerksamkeit und meinem Atem an die Stelle, wo der Schmerz am größten war. Ich spürte, wie sich dort die Energie verkrampfte und nach innen zog. Behutsam berührte ich mit meiner Atemenergie diese Stelle, also die Stelle des Dinosaurierschwanzes, und versuchte, die Richtung umzukehren. Mit anderen Worten, ich gab der zusammengezogenen Energie eine Möglichkeit, nach außen zu entweichen. Es dauerte eine Weile, dann konnte ich aufstehen und das Energiespiel durch sanfte Bewegungen unterstützen. Mittlerweile war meine Frau aufgewacht und sah meinem grotesken Ausdrucktanz zu. Zum Glück ist sie mit der Clownmethode vertraut und weiß als ausgebildete Körperpsychotherapeutin um ihre Wirksamkeit. Sie ließ mich also gewähren, während ich Millimeter für Millimeter daran arbeitete, die Energie nach außen zu lenken und aus dem Körper herauszuziehen. Nach innen gerichtet hätte sie nicht nur unseren Urlaub beendet, sondern wahrscheinlich eine lange Leidensgeschichte eingeleitet. Fehlgeleitete Energie kann großen Schaden anrichten, in die richtige Richtung gelenkt wird sie hingegen zu einer großen Kraft.

Überhaupt hat es der untere Rücken in sich. Es gibt kaum einen Menschen, bei dem es an dieser Stelle nicht immer mal wieder schmerzt und zieht. »Ich habe Rücken«, ist zum geflügelten Wort geworden. Aber warum ist das so? Er werde zu wenig gestärkt, lautet eine gängige Meinung, und sie ist sicher nicht falsch. Doch vor allem ballt sich hier unsere Energie zusammen – im Zwerchfell und am Ansatz der Wirbelsäule – und braucht unsere Unterstützung. Die Vorstellung vom Dinoschwanz kann dabei förderlich sein. Wenn Sie ihn am Anfang nicht richtig spüren, beginnen Sie damit, Ihre Hand an die Stelle zu legen und atmen Sie dabei intensiv über den Vokal O ein und aus. Damit stärken Sie den Rücken, während sich Ihr Bauch entspannt und Energie befreit wird. Auf diese Weise können Sie sich selbst stärken und begleiten.

Unsere Energiequelle sitzt im unteren Rücken.
Durch Berührung können wir diese Partie stärken.

Wenn Sie das nächste Mal Rückenschmerzen haben, probieren sie es aus. Eine Hand am Rücken wirkt entkrampfend auf die Muskulatur. Ihr unterer Rücken – Ihre Energiequelle – wird es Ihnen danken!

Über die Kunst, sich inspirieren zu lassen

Kennen Sie das? Sie sitzen in einem Meeting oder einer Ausbildungsgruppe, und keiner traut sich, etwas zu sagen, aus lauter Angst, sich zu blamieren. Selbst die Aufforderung des Chefs oder Ausbilders, »sich ruhig mal etwas zu trauen«, bringt nichts Verwertbares. Eher im Gegenteil. Unsere Furcht, nicht richtig zu sein, sitzt tief. Kein Wunder, dass wir es selten schaffen, die Pfade des gewohnten Denkens und Handelns zu verlassen. Unser innerer Zensor hat uns im Griff. Doch wenn wir alles beim Alten lassen, wie kommen wir dann zu Neuem?

Durch die Magie des Staunens wächst die Erkenntnis,
dass uns Fragen weiterbringen.

Die Lösung ist, sich von dem Zwang zu verabschieden, alles wissen zu müssen. Wenn wir stattdessen staunen und Fragen stellen, eröffnen sich uns dadurch völlig neue Perspektiven, und wir finden überall Inspirationen. Anstatt liefern zu müssen, erhalten wir Impulse. Wir können, was von außen auf uns zukommt, als Möglichkeit unserer Selbstentfaltung erleben. Denn die Kunst der Inspiration ist nichts anderes als die Fähigkeit, Impulse aufzunehmen, in uns schwingen zu lassen, mit unseren Erfahrungen zu vermischen und wieder auszusenden. Unser Körper dient uns dabei als Werkzeug.

Im lateinischen Wort Inspiration steckt der Ausdruck *inspirare*, also einatmen.

Mit der Entwicklung unseres energetischen Atemraums haben wir einen Ort geschaffen, wo uns diese Inspiration berühren kann. Dazu kommt, dass wir in unserem Torso Erlebnisse als Gefühle gespeichert haben. Diese Gefühle werden von äußeren Impulsen berührt. Indem wir diesen Prozess bewusst wahrnehmen, können wir ihn beeinflussen. So entstehen unterschiedliche Eindrücke, die wir anschließend wieder nach außen tragen. Ob sich diese Inspiration als Sprache, Bewegung oder kreativer Einfall äußert, spielt keine Rolle. Entscheidend ist nur, wie der Impuls entsteht und von welcher inneren Instanz er begleitet wird.

Kreativität ist ein Körpergefühl.

Auch Kreativität können wir uns nicht erarbeiten, sondern uns nur für sie öffnen. Daraus entsteht ein Körpergefühl, dass wir mit allen unseren Sinnen erspüren. Wir suchen nach etwas und sind bereit zu finden, wonach wir nicht gesucht haben. Dabei lernen wir durch kreatives Fragen neue Sichtweisen kennen. Doch dieses Fragen will gelernt sein. Stellen Sie intellektuell Fragen, bekommen Sie intellektuelle Antworten. Doch Kreativität hat nichts mit der Anhäufung von Wissen zu tun, sondern damit, Ihre eigenen Erfahrungen in ungewöhnliche Verbindungen zu bringen. Kreativität ist also die Kunst, neue Bezüge herzustellen. Das Entscheidende an der Clownmethode ist, dass Sie diese Bezüge und Verbindungen nicht im Außen finden wollen, sondern sich an Ihre eigene Resonanz wenden. Daher lenken wir Clowns unsere Fragen nach innen. Anstatt Antworten zu suchen, lassen wir uns von ihnen berühren. Unsere Kreativität wächst, wenn wir uns energetisch ausdehnen. Damit gelangen wir zu unserer wesentlichen Gestaltungskraft: unserer Fähigkeit, uns berühren zu lassen und dem zu vertrauen, was wir in uns wahrnehmen.

Was berührt uns, wo berührt es uns, wie berührt es uns?

Die einfachste Methode, um sich berühren zu lassen, besteht also darin, nicht auf intellektuelle, sondern auf sinnliche Art und Weise Fragen zu stellen. Der Grundgedanke dahinter ist: Anstatt sofort zu funktionieren, lassen wir die Frage für uns arbeiten. Wie das geht, möchte ich Ihnen gerne anhand einer kleinen pantomimischen Übung demonstrieren:

Übung 19: Fragen auf sinnliche Art und Weise stellen – Teil 1

Es geht uns darum herauszufinden, was wir fühlen, wenn wir an eine bestimmte Frage denken. Nehmen Sie etwas, das Sie gerade beschäftigt. Das kann von »Was koche ich mir morgen?« über »Wo würde ich gerne meinen nächsten Urlaub verbringen?« bis zu »Soll ich einen neuen Job annehmen?« reichen. Wie immer Ihre Frage lautet: Greifen Sie in die Luft und nehmen Sie sie zwischen die Finger. Halten Sie sich Ihre Frage pantomimisch vor Augen und schauen Sie sie an. Damit meine ich aber nicht nur mit den Augen. Schauen Sie sie auch mit Ihrer Brust an. Nehmen Sie dazu einen tiefen Atemzug über den Vokal A. Was fühlen Sie, jetzt, wo Sie Ihre Frage sprichwörtlich in Händen halten und über Ihren Atem eine körperliche Verbindung hergestellt haben?

Durch den Atem und Ihre körperliche Ausrichtung erhalten Sie Informationen, die Sie durch Nachdenken und Grübeln nicht bekommen würden. Sie erfahren etwas über Ihre Haltung und Ihre innere Einstellung dazu. Deshalb wollen wir weitere Fragen stellen. Sie brauchen bloß darauf zu achten, nicht abzuschweifen und sich in Gedanken zu verlieren. Suchen Sie immer wieder den unmittelbaren Kontakt zu Ihrem Körper. Konzentrieren Sie sich auf Ihre Gefühle. Wenn Sie nichts spüren, fragen Sie noch einmal sinnlich nach, indem Sie tief über das A einatmen. Manchmal sind es nur kleine Impulse. Vielleicht spüren Sie eine Schwere in der Brust, wenn Sie atmend an die Frage denken. Vielleicht erleben Sie auch ein Gefühl der Leichtigkeit oder müssen spontan lachen.

Übung 19: Fragen auf sinnliche Art und Weise stellen – Teil 2

Jetzt fragen Sie weiter. Spielen Sie mit Ihrer Frage, die Sie noch immer in der Hand halten. Bewegen Sie sie! Ziehen Sie daran, drücken Sie die Frage pantomimisch zusammen. Schieben Sie sie durch den Raum, gewinnen Sie die Oberhand, indem Sie mit ihr tun, was immer Sie wollen. Wahrscheinlich merken Sie jetzt schon, wie sich Ihre innere Haltung zu der Frage ändert. Egal, um was es geht, Sie suchen nach dem Spaß! Sie müssen keinen logischen Schluss ziehen, Sie müssen die Frage nicht beantworten. Clowns können ihr Spiel jederzeit beenden, indem sie das Loch in der Tasche herausziehen und hindurchschlüpfen. Aber vielleicht wollen Sie ja noch ein bisschen weiterfragen. Dann stellen Sie Ihre Frage mitten in den Raum. Gehen Sie drum herum. Nehmen Sie Kontakt auf, indem Sie daran klopfen. Daran schnuppern. Vielleicht riecht die Frage bitter oder süß? Wie hört sie sich an? Klingt sie schrill, klingt sie fein? Ertasten Sie Ihre Frage, und Sie werden rasch spüren, ob sie sich unangenehm oder angenehm anfühlt. Vielleicht zerrinnt sie zwischen Ihren Fingern? Oder fühlt sie sich stabil an? Gehen Sie in Resonanz zu Ihrer Frage. Bewegen Sie sie weiter, denn nur, wenn Sie selbst bewegt sind, können Sie etwas bewegen.

Und der Clown fragt weiter

Der Volksmund sagt, wir stellen uns einer Aufgabe. In der Clownmethode nehmen wir das wörtlich und kommen zum zweiten Teil des clownesken Fragespiels. Die nächste Frage lautet: »Wie geht es Ihnen, wenn Sie an Ihre Frage denken?« Wenn uns etwas sehr beschäftigt, gehen wir gerne etwas umher. Meist ziellos, weil wir eigentlich nur Stress abbauen wollen. Dieses Umhergehen können wir uns auch in der Clownmethode zunutze machen.

Übung 19: Fragen auf sinnliche Art und Weise stellen – Teil 3

Ich lade Sie dazu ein, sich Ihrer Frage bewusst körperlich zu nähern und mit ihr einige Schritte durch den Raum zu gehen. Vielleicht gehen Sie vorsichtig und zaghaft und stellen fest, wie unsicher Sie sind. Vielleicht gehen Sie hart und zackig und merken, wie ärgerlich Sie sind. Dann verändern Sie einmal Ihre Gangart. Probieren Sie Varianten aus. Gehen Sie schnell, dann wieder langsam, behutsam, dann rasch nach vorne strebend. Indem Sie Ihre Frage, Ihre Aufgabe oder Ihr Projekt sinnlich und körperlich bewegen, kommen Sie in Kontakt mit Ihrer eigenen Haltung dazu. Die Gefühle, die dabei hochkommen, spiegeln Ihnen, was Sie in diesem Zusammenhang tatsächlich bewegt.

Wenn wir bedenken, dass alles, was wir tun, davon abhängig ist, wie es uns damit ergeht und wie wir dazu stehen, erhalten wir durch diese Übung sehr wertvolle Informationen. In der Regel bleiben uns unsere inneren Beweggründe unklar – das wird jetzt anders. Indem Sie Ihre Frage bewegen und damit sich selbst, erlauben Sie sich einen tiefen Blick auf Ihre innerste Motivation.

Möglicherweise hat sich Ihre Gangart während des Spaziergangs durchs Zimmer verändert, und Sie spüren auf einmal den Mut und die Entschiedenheit, die Dinge auf Ihre eigene Art anzugehen. Durch eine veränderte Haltung verändert sich auch Ihr weiteres Vorgehen – und zwar ohne dass Sie sich etwas vornehmen oder einreden müssten!

Unsere veränderte Haltung ändert unsere Vorgehensweise, ohne dass wir uns zu etwas zwingen müssen.

Damit sind Sie vorbereitet für die nächste Runde, um Ihre Frage spielerisch zu bewegen. Nun geht es darum herauszufinden, welchen Nutzen die Antwort mit sich bringt. Halten Sie sich dabei vor Augen, dass egal, was Sie tun, es Ihrem Selbstausdruck dient. Manchmal müssen wir uns das in Erinnerung rufen, so wie Peter, als er die Menschen hinter den Zahlen erkannte.

Finden wir also heraus, um was es für Sie geht. Beantworten Sie die folgenden Fragen gerade dann, wenn Sie das Gefühl haben, dass sie abwegig sind. Das Ziel ist nicht, dass Sie eine klare Antwort erhalten. Ich möchte Sie dazu ermutigen, die Nähe zum Imaginären und Zauberhaften zuzulassen und die Existenzform des Wunderbaren kennenzulernen. Die Clownmethode dient uns als Brücke zur Welt der Fantasie. Nehmen Sie sich bei jeder Frage genügend Zeit, um sie körperlich und damit emotional schwingen zu lassen. Beantworten Sie die Fragen nicht intellektuell. Lenken Sie die Fragen in Ihren Körper und spüren Sie Ihre innere Resonanz. Auf diese Weise finden Sie zu einem spielerischen Stimmungsbild und erhalten zusätzlich Impulse, auf die Sie sonst nicht kommen würden.

Übung 19: Fragen auf sinnliche Art und Weise stellen – Teil 4

Wenn die Frage, die Sie beschäftigt, ein Schmuckstück wäre – wie würde es aussehen? Spüren Sie in sich hinein, wie sich dieses Schmuckstück anfühlt. Ist es geschmeidig? Ist es aus einem harten Material? Glänzt es?
Was wäre, wenn sie ein Fortbewegungsmittel ist? Kann sie Sie bewegen? Können Sie sie bewegen? Geht das schnell, geht das langsam? Nochmal zur Erinnerung: Es geht nicht darum, diese Fragen im Verstand zu beantworten, sondern mit Ihrem Körpergefühl.
Was ist, wenn sie ein Werkzeug wäre? Oder ein Spielzeug. Wie können Sie sie nutzen? Welche Spiele lassen sich damit spielen? Wenn sie ein Sportgerät wäre, welchen Sport würden Sie damit treiben? Oder ein Musikinstrument? Wie klingt die Musik, die Sie darauf spielen? Wenn sie ein rituelles Objekt wäre, welche Zeremonie würden Sie mit ihr abhalten? Wenn es eine Behausung wäre, wie würden Sie darin wohnen? Wenn sie ein Lebensmittel wäre, wie würden Sie sie zubereiten? Wäre sie wohlschmeckend oder nicht? Wenn sie etwas wäre,

das Sie moralisch auf- oder abwertet? Was würden Sie
mit ihr erleben und wie würde es Ihnen dabei ergehen?

Wenn Sie sich diese Gefühlsfragen zum ersten Mal stellen,
dauert es in der Regel eine Weile, bis sich konkrete Ergeb-
nisse einstellen. Haben Sie Geduld! Am Ende belohnt uns die
Clownmethode mit sehr tiefen Erkenntnissen.

Das muss sich auch der Vorstandsvorsitzende eines Welt-
marktführers für Medizintechnik gedacht haben. Er kannte
meine Clownschule und war fasziniert von den »anderen
Möglichkeiten«, welche die Clownmethode im Vergleich zu
den üblichen Managementtools bietet.

»Wir haben unser jährliches Team-Meeting mit 400 Teilnehmern aus aller Welt«, sagte er. »Wollen Sie als Unterneh-
mensnarr beim Treffen mit dabei sein?«

Die Einladung erfreute mich, dennoch sagte ich nicht
gleich zu. Wenn Sie das Buch aufmerksam gelesen haben,
wissen Sie: Kein Clown stürmt sofort los, um einen Auftrag
zu erledigen. Wir bewegen uns erst, wenn uns etwas bewegt.

»Habe ich freie Hand?«, fragte ich, und bekam sie. Dazu
die Information, dass der Jahresabschluss die gesetzten
Ziele weit übertreffe, aber trotzdem keiner so richtig begeistert sei.

»Warum das so ist«, sagte der Vorstandsvorsitzende,
»kann vielleicht nur ein Narr beantworten.«

Jetzt war ich bewegt! Und musste lachen. »Da irren Sie
sich«, erwiderte ich. »Ihre Mitarbeiter können es. Nur muss
sie der Narr dazu bringen.«

Bei der Jahrestagung mischte ich mich unter die Leute. Ich merkte schnell, dass die Mitarbeiter ausschließlich auf ihre Produkte fixiert waren und keinen persönlichen Bezug zu ihrer Arbeit herstellen konnten. »Es ist halt alles technisch bei uns«, bekam ich zu hören. Keiner konnte fühlen, wie sehr ihre Produkte den Menschen halfen. Damit meine ich nicht den intellektuellen Zugang. Der Hinweis, dass man Medizintechnik doch in jedem Operationssaal brauche, war nicht das, was sich der Vorstandsvorsitzende von seinem Narren erhoffte. Die Mitarbeiter waren von ihren Gefühlen abgespalten, dagegen sollte ich etwas tun.

Wir begannen mit den Atemübungen, die auch Sie schon kennengelernt haben. Dabei ging es auch hier darum, sich in seinem Körper zu spüren, um so Zugang zu der eigenen Gefühlswelt zu erlangen. Danach ermutigte ich die Teilnehmer, Anekdoten zu erzählen, die um ihre Arbeit kreisen. Allerdings brauchten es keine wahren Gegebenheiten zu sein, und sie mussten auch keinen Sinn ergeben. So etwas war natürlich keiner gewohnt, daher galt anfangs, einige Hürden zu überwinden. Doch kommt das Spiel erst einmal ins Laufen, kennt die Begeisterung schnell keine Grenzen mehr. Schon bald hatten die Redner jede Menge Spaß, während ich die Zuhörer dazu ermunterte, jeden Spruch und jedes Geschichtchen mit einem enthusiastischen »Ja, genau!« zu begleiten. Eigentlich sollten wir beim Abendessen damit durch sein, doch die Energie hielt an. Baron Münchhausen hätte seine Freude gehabt.

Als wir am nächsten Tag mit einer erneuten Fragerunde die Probe aufs Exempel machten, hatte sich die Situation verändert. Mit den Fantasiegeschichten waren die Gefühle gekommen – auf einmal fühlten sich die Mitarbeiter identifiziert mit ihrem Unternehmen. Einige Monate später stellten wir durch einen Feedbackbogen fest, dass die Narretei des Nachmittags nachhaltig gewirkt hat. Wenn wir den Zugang zu unserer körperlichen Gefühlswelt geschafft haben, verankern wir Empfindungen. Diese Verankerung wirkt für lange Zeit.

Auch in der Medizin ist der spielerische Ansatz oft genau der richtige. Das wissen wir nicht erst, seit Klinikclowns nachweislich zum Wohlbefinden von Patienten beitragen. Kürzlich war ich zu einem medizinischen Symposium geladen. Das Thema war Krebs. Dazu einen Narren aufs Podium zu bitten, zeugte vom Mut, aber auch vom Weitblick der Veranstalter. Die Stimmung unter den Teilnehmern war erwartungsgemäß ernst. Ich begann meine Rede in einer clownesken Fantasiesprache, in die ich medizinische Fachbegriffe mischte sowie die Beschreibung von Sportgeräten, Musikinstrumenten und Kochrezepten. Zunächst hielt sich die ernste Stimmung im Auditorium, doch irgendwann erreichte meine Clownrede das Körpergefühl der Zuhörer, und ich vernahm das erste laute Lachen. Es dauerte nicht mehr lange, und die Stimmung schlug komplett um. Auf einmal waren alle heiter und gelöst. Mein Auftritt nahm der Veranstaltung die Schwere, indem sie Humor ins Spiel brachte. Es änderte sich zwar nichts an der Ernsthaftigkeit des Symposiums, doch die Teilnehmer konnten nun entspannter arbeiten und waren kreativer beim Auffinden von Lösungen. Darin liegt der Sinn und Zweck der Clownmethode: Sie hilft uns, aus alten Mustern auszubrechen und festgefahrene Sichtweisen zu ändern.

Durch die Clownmethode entspannen wir uns und bekommen damit den Zugang zu neuen Perspektiven jenseits des reinen Funktionierens.

Die beseelte Welt des Clowns

Für einen Clown ist die Welt in ihrer Gesamtheit beseelt. Er macht keinen Unterschied zwischen Mensch, Handlung und Objekt und ähnelt damit einem Schamanen. Für ihn befindet sich alles in einem ständigen Wechselspiel, das die unterschiedlichsten Dinge miteinander verwebt. Auf den ersten Blick »tote« Gegenstände und Objekte lädt er mit Emotionen und Aufmerksamkeit auf und erweckt sie damit zum Leben. Auf diese Weise können selbst die Dinge des Alltags neue Handlungen in Gang setzen.

> Die Clownmethode beleuchtet das energetische
> Wechselspiel zwischen Menschen und Objekten.
> Dadurch gewinnen wir eine völlig neue Sicht
> auf das Leben.

Dass auch in unserem Alltag Objekte manchmal ein Eigenleben haben und uns vielleicht sogar an der Nase herumführen, wird uns in dem Moment bewusst, in dem wir an den verschwundenen Autoschlüssel denken. Wo haben wir ihn nicht überall gesucht! Am Ende lag er dort, wo er immer liegt, nämlich auf dem Schränkchen im Hausflur. Wir aber schwören Stein auf Bein, ein halbes Dutzend Mal dort nachgeschaut zu haben. Und er war nicht dort, oder? Er hatte sich sprichwörtlich aus dem Staub gemacht.

Ein Mensch, der nach der Clownmethode lebt, sieht sofort das große Ganze. Welche Rolle spielt der verlorene Schlüssel in seinem Leben? War schließlich ganz schön ärgerlich, die Sache, denn sie sorgte dafür, dass wir nicht wegfahren konnten und deshalb unsere Verabredung verpasst haben, was einen Rattenschwanz lästiger Folgen nach sich zog. Womöglich wollte uns der Schlüssel eine kleine Lehrstunde erteilen, nach dem Motto: »Du funktionierst ja schon wieder, lebst ganz nach den Wünschen anderer«. Und wer weiß? Vielleicht hat unser Unterbewusstsein den Schlüssel ja dazu gebracht, für eine Zeitlang unauffindbar zu sein. Weil wir im Grund unseres Herzens nicht funktionieren wollen, und damit eine gute Ausrede bekamen: »Sorry, dass ich nicht kommen konnte. Ich hab den verflixten Autoschlüssel nicht gefunden.«

Für einen Clown liegt das im Bereich des Möglichen, weil die Welt um ihn herum lebt. Deshalb ärgert er sich auch nicht über einen verlorenen Schlüssel, sondern fängt an zu staunen. Tatsächlich ist das der entscheidende Unterschied. Wer mit Humor sein Leben führen möchte, wer mit Humor zu neuen Perspektiven kommen will, wer mit Humor spielerisch leicht Entscheidungen trifft, findet seine Inspiration immer und immer wieder im Staunen.

Durch das Staunen bekommen wir Ideen. Das Staunen erweckt die Dinge zum Leben – je nachdem, was wir uns erlauben, in ihnen zu sehen. Staunen ist grenzenlos. Es erlaubt uns, das zu sein, was wir uns wünschen. Es lässt Gefühle in uns erwachen. Es bringt uns ins Spiel. Staunen macht aus Gegenständen Partner, aber auch Gegner. Staunend erkennen wir das Wunder der Schöpfung. Staunend können wir über alles reden, staunend kommen wir in den Austausch. Durch Staunen können wir alles größer und kleiner, schneller und langsamer machen. Mit dem Staunen kommt das Lachen, und mit dem Lachen kommt der Humor. Staunen führt uns zu der Erkenntnis, dass das, was uns bewegt, auch andere bewegt.

Die Kunst, andere Menschen zu inspirieren

Fragt man erfolgreiche Menschen nach den Gründen ihres Erfolgs, ringen sie oft um eine Antwort.

»Disziplin«, sagen sie dann. »Ich arbeite ziemlich hart, weißt du, auch zu Zeiten, wenn sich andere Freizeit gönnen.«

Da ist sicher etwas dran. Trotzdem ist jedem klar, dass das allein nicht der Grund sein kann.

»Ach ja«, fügen die erfolgreichen Menschen dann gerne hinzu, »ich habe auch viel Glück gehabt.«

Jetzt wird die Sache noch schwammiger. Was ist schon Glück? Zur richtigen Zeit am richtigen Ort die richtigen Leute zu treffen? Auch dazu müssen wir erst einmal aktiv werden, dem Glück quasi auf die Sprünge helfen.

Ich stelle dann gerne die Frage: »Nehmen wir an, der Tag draußen ist grau und kalt und nass. Was motiviert dich, morgens aus den Federn zu springen?«

Und auf einmal sprudeln meine Gesprächspartner los. *Darauf* haben sie immer eine Antwort: Sie erzählen, was sie gerade umtreibt, was sie planen, welche Ziele sie verfolgen, und dass es nichts Schöneres gibt, als diese umzusetzen. Sie sind voller Tatendrang und wollen loslegen, und zwar sofort. Über den grauen, kalten, nassen Tag draußen verlieren sie kein Wort. Er ist nicht wichtig. Wichtig ist ihre Inspiration, Ziele in Taten umzusetzen. Am Ende macht sie das erfolgreich. Denn Inspiration hat eine magnetische Wirkung auf andere Menschen.

> Durch Ihre Fähigkeit, sich inspirieren zu lassen,
> werden Sie selbst zur Inspiration.

Kürzlich bekam ich Besuch von einem Mann mit einem außergewöhnlichen Beruf. Markus schreibt Reden. Für die Großen und Mächtigen der Republik, für Politiker, Gewerkschaftsbosse, Unternehmer. Er legt ihnen die Worte in den Mund, die am Ende im ganzen Land viele Räder bewegen. Ein verantwortungsvoller und vor allem inspirierender Beruf, nicht wahr? Aber genau da war Markus anderer Meinung.

»Deshalb bin ich doch hier«, sagte er. »Was meine eigene Inspiration angeht, da spüre ich ein Defizit. Ach, was rede ich, eine Riesenlücke. Wie ein schwarzes Loch.«

Markus hatte schlicht und einfach das Staunen verlernt. Zu Beginn seiner Karriere hatte er es noch gekonnt, doch nun hatten ihm die immer selben Worthülsen jegliche Begeisterung geraubt.

»Ich glaube, ich habe eine Lösung für dich«, sagte ich. »Hör mal auf, mit dem Mund zu fragen. Nutze den Rest deines Körpers.«

Wir lachten über Markus' verdutzten Gesichtsausdruck. Dann erklärte ich ihm die Technik des sinnlichen Fragestellens innerhalb der Clownmethode.

»Das wird mir nicht leichtfallen«, meinte Markus. »Als Mann des Wortes bin ich es gewohnt, mit Worten zu arbeiten.«

»Um so wichtiger«, erwiderte ich, »dass du aus dem reinen Funktionieren ausbrichst und dir neue Perspektiven schaffst. Wollen wir es ausprobieren?«

Es kann in der Tat Überwindung kosten, sinnliche Fragen an ein Objekt zu stellen. In den Clownseminaren üben wir das gerne mit einem Besenstiel oder einem Stuhl. Auch Markus führte ich an diese Aufgaben heran, nachdem wir mit den bekannten Körperübungen seinen energetischen Zugang zur Inspiration geöffnet hatten. Als er nach einigen Übungsstunden Vertrauen in seinen Körperausdruck gefunden hatte – verbunden mit viel Spaß und jeder Menge Gelächter – ging ich auf seine berufliche Tätigkeit ein.

»So, Mann des Wortes«, begann ich. »Finden wir zurück zum Wort.«

Ich gab ihm die Aufgabe, eine spontane Rede zu halten über das Thema: »Deichbau in Nordfriesland«. Anschließend kam: »Neue Erkenntnisse über das Blumenbinden« an die Reihe und dann: »Über den Vorteil, in Fußgängerzonen lieber links als rechts zu gehen«. Um ihn davor zu bewahren, trotz dieser Nonsens-Themen ins Nachdenken abzurutschen, gab ich ihm einige Orientierungen an die Hand.

»Wie bewegst du dich auf das Thema zu? Zeige es mir!

Was berührt dich an diesem Thema? Wie riecht es, klingt es, schmeckt es, wie fühlt es sich an? Das will ich von dir sehen!

Wie stehst du zu diesem Thema? Welche Haltung nimmst du ein? Ich möchte erkennen können, wie es dir damit geht!

Welchen Nutzen kann dieses Thema für die Menschheit haben? Zeig es mir! Zeig mir Assoziationen und Varianten! Stelle Bezüge zu anderen wichtigen Menschheitsthemen her. Zeige mir den Transfer!«

Mit anderen Worten: Ich führte Markus ins Spiel und in die Gefühlswelt. Durch die emotionalen Vorlagen konnte er sich leicht ins Thema *einfühlen*, statt sich »einzudenken«. Diese neue Technik begeisterte ihn. »Damit«, meinte er, »kann ich komplexe Themen tatsächlich auf viel emotionalere Weise rüberbringen!«

In der Clownmethode ist das »Wie«
wichtiger als das »Was«.

Damit ist sie eine wunderbare Ergänzung für die Bereiche in unserem Leben, in denen das »Was« so wichtig ist. Durch die Clownmethode wecken wir nicht nur unsere eigene, sondern auch die Begeisterung anderer Menschen, mit anderen Worten: Wir inspirieren sie. Mir persönlich bleiben bei komplexen Vorträgen vor allem die Stellen in Erinnerung, an denen ich mich berührt fühlte. Sie motivieren mich zum Nachfragen oder dazu, mir später selbst mehr Informationen zu besorgen. Die besten Redner dieser Welt schaffen es, ihre Zuhörer so zu inspirieren, dass sie am Ende ganz wild darauf sind, sich in das Thema zu vertiefen. Sie können ihr Auditorium bewegen, weil sie selbst bewegt sind, und sie berühren uns, weil sie selbst berührt sind.

Warum klappte das bei Markus so gut? Der Funke sprang über, als er Spaß dabei empfand, sich den Nonsens-Themen spielerisch zu nähern. Dann stellte er noch viel mehr sinnliche Fragen. Er wurde körperlicher und damit auch immer emotionaler, bewegte sich und bewegte mich als seinen Zuhörer. Dadurch knüpfte er ein Beziehungsband zwischen uns. In der Clownmethode ist das der nächste Schritt, um aus dem reinen Funktionieren herauszufinden.

Welches Beziehungsangebot mache ich?

Betrete ich als Clown die Bühne, ist entscheidend, ob es mir gelingt, Kontakt zum Publikum aufzubauen. Schon in dem Augenblick, wenn ich hinter dem Vorhang hervortrete und meine Zuschauer anblicke, entscheidet sich, welches Beziehungsangebot ich mache: den Komplizen, den Zwilling? Oder vielleicht eine Statusbeziehung? Dabei überlasse ich nichts dem Zufall, denn ich habe ein großes Interesse daran, meine Zuschauer ins Herz zu schließen. In der Clownmethode sprechen wir davon, das Publikum zum Komplizen zu machen. Komplizen sind für uns hervorragende Mitspieler, denn egal, was passiert, sind sie durch das »große Ja« immer mit uns verbunden.

Das Versprechen des Komplizen lautet daher:
Ich bin bei dir und halte zu dir, egal was du tust.
Dabei verstehe ich, was du tust, auch wenn
ich es nicht verstehe.

Aus diesem uneingeschränkten Ja wird ein enges Beziehungsband, das niemals reißt. Durch Ergänzen und Variationen bestätigen und inspirieren sich die Komplizen gegenseitig. Ihr Einverständnis besteht auch dann, wenn Handlung und Inhalt unklar sind – sie also gar nicht verstehen, was der andere tut. Die spieltötende Frage »Was machst du denn da Komisches, ich kapier das nicht?« ist ihnen fremd. Stattdessen überbrücken sie einfach jedes Loch im spielerischen Handlungsstrang durch ein entschiedenes »Ja, genau!«. So eine Bestätigung von einem Komplizen zu erhalten, ist ein ganz wunderbares Mittel zur Stärkung des Selbstvertrauens. Anders herum stärken wir das Selbstvertrauen unseres Komplizen, wenn wir ihm mit unserem uneingeschränkten »Ja, genau!« zur Seite stehen.

Es wundert mich nicht, dass ich häufig Lehrer in den Seminaren habe, die mir von ihren Problemen in den Klassen berichten. Der Schulalltag ist hart, Lehrer müssen viele Defizite aus dem häuslichen Umfeld kompensieren, außerdem gehört in vielen Schulen leider noch der Frontalunterricht zum Alltag, selbst wenn er eigentlich längst überholt ist.

Auch bei Marion war das nicht anders. Sie unterrichtet in einer Werksrealschule, wo es gang und gäbe war, sich stets genau an die Unterrichtsvorbereitung zu halten. Daher tickte in jeder Stunde eine Uhr in ihrem Hinterkopf, was sie hemmte und eine kreative Schulstunde unmöglich machte. Kein Wunder, dass sie ihre Schüler als unkooperativ und blockierend erlebte. »Schon am Sonntag denke ich daran, dass ich morgen wieder zur Schule muss«, sagte sie. »Und dann ist das Wochenende gelaufen.«

»Deinen Schülern wird es nicht anders ergehen«, erwiderte ich. »Vielleicht ist es an der Zeit, etwas auszuprobieren.« Und damit schlug ich ihr ein Komplizenspiel vor. Komplizen hecken gemeinsam etwas aus. Sie haben ein Projekt. Marion gefiel die Idee. Sie ließ sich die Sache von ihrem Schulleiter absegnen und suchte mit ihrer Klasse nach einer Projektidee, hinter der alle stehen konnten. Danach sprach sie mit ihnen über die Spielregeln: »Komplizen nehmen auf, was der andere sagt oder tut«, begann sie. »Aufnehmen bedeutet, wir treiben diesen Impuls voran, indem wir ihm sinnliche Fragen stellen.« Sie erklärte der Klasse, was damit gemeint ist, und anschließend überlegten sie, wie man das alles noch variieren oder durch neue Bedeutungen und Funktionen ergänzen könnte. »Daraus werden Geschichten entstehen«, schloss Marion. »Und das probieren wir jetzt aus.«

Das ausgewählte Projekt behandelte das wichtige Thema der globalen Erderwärmung. Durch die Clownmethode konnten sich die Schüler nun selbst einbringen und informierten sich eigenständig. Als Komplizen bestätigten sie sich immer wieder aufs Neue und feuerten sich begeistert gegenseitig an. »Nach dieser Erfahrung habe ich meinen ganzen Unterrichtsstil geändert«, sagte Marion mir. »Es war wie eine Befreiung.«

Auch das Komplizenspiel braucht eine gewisse Übung, denn wir haben den Kritiker doch ziemlich fest in unserem Kopf verankert. Und ein Kritiker bringt ein »Ja, genau!« nicht über die Lippen. Doch probieren Sie es aus, es lohnt sich. Gute Komplizen verstehen sofort, um was es geht. Sie machen alles mit und setzen immer noch eins drauf. Auf diese Weise unterstützen und ergänzen sie das Tun, Denken, Fühlen und Handeln ihres Mitspielers. Sie wiederholen und imitieren sich nicht nur wie Zwillinge, sondern schmücken das Thema selbst aus und ergänzen es durch eigene Ideen. Damit verstärken sich Komplizen in ihren Einfällen und ihrer Fantasie. So entsteht ein humorvoller Fluss, und das Spiel erhält eine bedeutungsvolle Qualität.

Ich als Komplize anderer Menschen

Wenn Sie mit einem Spielpartner eine Komplizenschaft vereinbaren, erleben Sie Harmonie durch Ergänzung, Erweiterung und Verknüpfung. Auf einmal wird alles, was vorstellbar ist, machbar. Sie finden durch unkonventionelle Ideen neue Wege und fördern Ihr Selbstvertrauen, auch gegen den Strom zu schwimmen. Komplizen lassen selbstbewusste Persönlichkeiten reifen, die sich immer wieder neu orientieren können. Das Einzige, was Sie dafür verinnerlichen müssen, ist ein von Herzen kommendes »Ja, genau!«

Sind Sie dazu bereit?

Ja, genau!

In den vielen Jahren, in denen ich die Clownmethode entwickelt und verfeinert habe, sind auch die Beispiele für erfolgreiche Komplizenspiele immer zahlreicher geworden. Ich staune manchmal selbst darüber, in welch unterschiedlichen Lebensbereichen der Komplize seine Stärke ausspielen kann. So ärgerte sich ein Freund von mir über seinen Sohn, weil dieser in der Schule immer schlechter wurde. Als alleinerziehender Vater fühlte er sich von den Anforderungen, die ihm im Job gestellt wurden, und denen, die er zuhause zu bewältigen hatte, mehr und mehr überfordert. Gerade dann ist die Zeit gekommen, vom »Müssen« ins »Wollen« zu wechseln, vom »Funktionieren« ins »Spielen«, und den Komplizen ins Leben einzuladen. »Mach deinen Sohn zum Komplizen«, forderte ich ihn auf. »Er hat Probleme mit Fremdsprachen? Versuche es doch mal damit...«

Ich erläuterte ihm das Komplizenspiel mit seinen Möglichkeiten, Impulse groß oder klein zu machen, langsamer oder schneller. Das brachte meinen Freund dazu, das Vokabelspiel zu erfinden: Als Komplizen regten er und sein Sohn sich gegenseitig an, die neuen Wörter mal langsam und mal schnell, mal ganz laut und mal ganz leise auszusprechen. Daraus entstand ein Lied, bei dem die Vokabeln gerappt wurden. Immer neue Spielvarianten entstanden, und am Ende stellte mein Freund verblüfft fest, dass nicht nur sein Sohn viel Neues gelernt hatte, sondern auch er selbst.

Carsten arbeitete in einer Firma, die Präzisionswerkzeuge herstellt. Dort leitete er eine Projektgruppe, die sich mit der Entwicklung neuer Produkte befasste. »Das sind gute Leute«, sagte Carsten. »Aber manchmal habe ich schon das Gefühl, ich müsse sie zum Jagen tragen. Das ist ganz schön anstrengend.« Eigentlich sollte die Projektgruppe durch ihre Ideen andere staunen lassen, doch das gelang ihr nicht, weil sie es selbst nicht konnte. Das leuchtete Carsten ein. Ich sagte ihm, so, wie man sich selbst zum Staunen bringe, könne man auch andere zum Staunen bringen. Komplizen staunen liebend gerne, und deshalb lieben Komplizen Geheimnisse. Je größer das Geheimnis, umso mehr sprechen sie darüber. »Überlege dir mal«, schlug ich vor, »wie du aus dem nächsten Treffen ein Geheimnis machen kannst.«

In bester Komplizenlaune besprachen wir ein paar Ideen. Zum nächsten Meeting brachte Carsten drei undurchsichtige Gefäße mit. In einem waren Schrauben, im zweiten Watte und im dritten ein zusammengeknüllter Zettel. Er stellte die Gefäße auf den Tisch und ließ sein Team der Reihe nach hineingreifen und raten, was sich darin jeweils befinde. Körperlich werden, etwas fühlen, das provoziert bei Menschen, die sonst ausschließlich denken, ganz erstaunliche Effekte. Die unterschiedlichen Antworten veränderten schlagartig die Stimmung. Auf einmal waren alle viel präsenter und wacher. Am Schluss lüftete Carsten das Geheimnis, fischte den Zettel aus dem letzten Gefäß und las vor, was daraufstand: Es war der Name einer neuen Produktidee. Alle lachten und folgten diesem Komplizenimpuls. Ganz von selbst variierten sie diesen Impuls, machten ihn größer und variierten ihn. Davon, dass Carsten sein Team zum Jagen tragen musste, war von da an keine Rede mehr.

Wenn wir denken und gleichzeitig spüren,
synchronisieren wir die linke und rechte
Gehirnhälfte und setzen damit neue Ressourcen frei.

Ähnliche Probleme auf ganz anderem Gebiet beschäftigten Markus. Er war in einer der führenden deutschen Unternehmensberatungen beschäftigt. Die Art der Beratung gefiel ihm allerdings immer weniger. »Hubschraubertechnik« nannte er das: »Wir fliegen ein, wirbeln jede Menge Staub auf, werfen ein paar vorgefertigte Konzepte ab und schon sind wir wieder weg.« Als er beschloss, sich selbstständig zu machen, wollte er grundlegend andere Wege beschreiten. Für Menschen wie Markus ist es immer wieder überraschend, wenn Sie einen Clownkurs beim mir besuchen und dann feststellen, wie viel sie davon auf ihr eigenen Alltag übertragen können. Seit 2001 biete ich eine spezielle Ausbildung an, die die Clowmethode mit Fragen der Kommunikation verbindet. Markus wurde schnell klar, wie viel er in seiner Arbeit vom Clown profitieren konnte. Er absolvierte die Clown- und Kommunikationsausbildung, um sie mit seinem Wissen im Bereich des Managements und der Betriebswirtschaftslehre zu kombinieren. In seinem von Anfang an erfolgreichen Unternehmen nutzen seine Mitarbeiter die Komplizentechnik mit der sinnlichen Fragestellung, um ein Stimmungsbild des Betriebes zu erstellen, den sie beraten. Damit treten zum Beispiel rasch die Ängste und Horrorvorstellungen der Menschen zutage, die allein schon bei dem Gedanken daran, Unternehmensberater im Haus zu haben, kalte Füße bekommen. Normalerweise wird dann sofort abgeblockt, doch Carstens Leute machen sich zu Komplizen. Jeder kann einen Impuls aufnehmen, jeder kann ihn verändern. Damit gibt es auch keine Hierarchie, kein Unten und kein Oben.

Gegen das Misstrauen –
nehmen und loslassen

Der größte Gegner des Komplizen ist das Misstrauen sich selbst und anderen gegenüber. Die Angst zu versagen führt zu dem Druck, alles wissen und alles können zu müssen. Dazu gesellt sich der Zwang, sich zu vergleichen, wobei wir in der Regel nicht besonders gut abschneiden. Es gibt immer jemanden, der scheinbar besser ist als wir selbst.

Das alles bewirkt zum einen, dass wir Dinge, die wir erreicht haben, nicht mehr loslassen können und zum anderen, dass wir lieber die Finger von Neuem lassen. Diese Kombination führt zu Stillstand und oder bestenfalls dazu, dass wir im Status quo funktionieren. Und kaum etwas strengt einen Menschen mehr an als dieses ewige »Funktionieren müssen«.

Neben dem Komplizenspiel gibt es in der Clownmethode eine weitere Möglichkeit, sich davon zu befreien. Es ist eine Technik, die wir »Nehmen und Loslassen« nennen.

Wenn wir im Komplizenspiel – und natürlich auch außerhalb – einen äußeren Impuls spüren, geht es für uns darum, zuzugreifen oder loszulassen. Es gibt zwar immer eine Menge Gründe, *nicht* zuzugreifen, denn zugreifen ist ein Wagnis, doch gleichzeitig bringt es das Spiel in Schwung. Wir müssen uns also trauen. Aber auch loslassen kann bekanntlich schwierig sein. In diesem Zwiespalt sind wir: Wer nicht zugreift, kann nichts bewegen. Wer nicht loslassen kann, wer nichts delegiert, wer nichts abgeben möchte – nun, der muss eben alles selbst anschieben.

Nehmen und loslassen klappt dann am besten, wenn wir die Schritte davor verinnerlicht haben: das Staunen als Türöffner. Den Raum zum Freund machen. In Resonanz gehen und unseren Energiekörper ausdehnen. Sich von einem Impuls berühren und inspirieren lassen. Durch sinnliche Fragen den Impuls verstärken und sich von ihm bewegen lassen. Dadurch andere inspirieren und bewegen.

Wann immer Sie merken, dass Sie bei einem dieser Schritte Schwierigkeiten bekommen, beginnen Sie einfach wieder damit zu staunen. Das hilft uns allen, auch meinen angehenden Proficlowns.

Neulich hatten wir eine Unterrichtsstunde, in der wir das Verhältnis zwischen nehmen und loslassen pantomimisch geübt haben. Die Aufgabenstellung lautete: »Wie lässt sich nehmen und loslassen spielerisch und ohne Konflikte bewerkstelligen?« Keine uninteressante Frage in einer Welt, in der laut der britischen Hilfsorganisation Oxfam ein Prozent der Weltbevölkerung 40 Prozent des Gesamtvermögens besitzt. Was während der Übung geschah, war wie eine Antwort auf die Frage, auf welche Weise dieses Unverhältnis überhaupt zustande kommen kann. Thomas formte ein Objekt, als Gisela – die eigentlich Komplize sein sollte – wie ein Gewitter über ihn kam, um ihm das Produkt seiner Fantasie zu entreißen. Nicht, wie es die Übung erforderte, durch ein Nehmen und Loslassen ohne Konflikt, sondern im Gegenteil: Sie agierte nach dem Motto »Her damit, das gehört jetzt mir!«. Während sie ihre Beute triumphierend in die Höhe streckte, war Thomas geschockt. »Ich bin draußen«, sagte er deprimiert und meinte damit, er sei aus dem Spiel gefallen. »Gisela hat sich nicht an die Regeln des Komplizenspiels gehalten.« Darüber entbrannte eine lebhafte Diskussion. »Die wenigsten halten sich an die Spielregeln«, antwortete ich. »Weil wir sie oft nicht kennen.«

»Aber was hätte ich denn tun sollen?«, wollte Thomas wissen.

Darauf gibt es nur eine Antwort. »Staunen!«

Aggression bringt uns aus dem Konzept. Auf sie folgt eine Blockade, was nichts anderes bedeutet, als dass wir unwillkürlich den Atem anhalten.

»Und staunen heißt ja zunächst einmal tief einatmen«, erläuterte ich. »Bei sich bleiben und die Energie der neuen Situation erfassen. Danach können wir wieder ins Komplizenspiel einsteigen.«

Auch darin liegt die Kraft des Staunens. Es ist nicht nur ein »Wow, toll ist die Welt«, sondern vor allem ein »dabei bin ich ganz bei mir«. Wenn wir staunen, nehmen wir uns auch selber, als der der staunt, intensiver wahr. Es ist nicht nur die Freude über das, was wir sehen.

Bewegen Sie sich im Fluss von Nehmen und Loslassen, ziehen Sie Energie aus allem, was Sie tun. Nehmen, eingeleitet durch ein Staunen, lenkt den Energiefluss zu Ihnen. Lassen Sie sich inspirieren, versuchen Sie nicht, gleich alles zu wissen. Die Anstrengung, etwas wissen zu wollen, verstellt den Blick auf die Wirklichkeit. Sobald Ihr Gegenüber den Impuls übernimmt, lassen Sie los und begleiten Sie sein Tun, indem Sie es ergänzen. Damit bleiben Sie im Geschehen. Der Impuls ist nicht weg, nur weil Sie ihn nicht selbst in Händen halten. Im entscheidenden Moment greifen Sie erneut zu.

Übung 20: Mal was anders tun

Sicher haben Sie längst gemerkt, dass bei einem Clown alles etwas anders läuft. Wir atmen anders, schauen uns anders um, und im Gegensatz zum »normalen Leben« zeichnet sich ein guter Clown dadurch aus, dass er besser wird, je weniger er tut. Ich gehe oft auf die Bühne und tue erst einmal nichts. Ich baue darauf, dass irgendetwas kommt. Und tatsächlich – im Publikum hustet jemand. Das ist mein Impuls. Ich nehme ihn auf und huste auch, dadurch werde ich zum Komplizen. Das Husten mache ich erst kleiner, dann größer. Schließlich werde ich so davon durchgeschüttelt, dass es mich zum Hüpfen bringt. Aus dem Hüpfen wird ein Tänzchen. Dabei huste ich immer noch, bis ich den Husten geradezu ausspucke. Jetzt staune ich: Was liegt denn da vor mir? Ich nehme den Husten auf. Ich ziehe ihn auseinander, ich drücke ihn, ich stelle sinnliche Fragen. Die Zuschauer kugeln sich vor Lachen, denn sie können erkennen, was ich da tue. Für dieses Spiel ist nur eines wichtig: Ich habe mir nicht vorgenommen, es beim ersten Husten zu spielen. Ich habe mir gar nichts vorgenommen. Das Husten war nur der erste Impuls, es hätte auch etwas anderes sein können.

Unser Leben schenkt uns unendlich viele Impulse zum Spielen. Wenn Sie wollen, dass sich in Ihrem Leben etwas ändert, genügen schon einige kleine Schritte abseits des Alltagstrotts, damit sich Impulse einstellen. Probieren Sie es aus: Fangen Sie damit an, wie Sie morgens aus dem Bett steigen. Wenn Sie normalerweise immer links aussteigen, steigen Sie morgen rechts aus. Wenn dort eine Wand ist – prima, schon haben Sie einen Impuls. Liegt da jemand: ein Impuls. Sind Ihre Hausschuhe auf der anderen Seite? Ein Impuls. Machen Sie etwas daraus. Sie wissen schon, variieren, ergänzen. Im Handumdrehen klettern Sie eine Wand hoch. Wer erlebt das schon am frühen Morgen? Als Nächstes können Sie alles andersherum machen. Die Zahnbürste kommt in die andere Hand. Zur Arbeit nehmen Sie nicht das Auto, sondern den Bus. Überall warten neue Impulse! Schenken Sie der Frau an der Supermarktkasse ein Blümchen. Rufen Sie Ihren persönlichen Anders-Tag aus. Wenn Sie ganz mutig sind, machen Sie Dinge, die Sie sonst nie machen würden

Was Sie in diesem Kapitel erfahren haben

Das Gefühl von Fremdbestimmtheit ist ein Gefühl der Trennung von uns selbst. Daher üben wir in der Clownmethode, die Welt mit unseren eigenen Augen zu betrachten. Wir lassen uns viel mehr Zeit als bisher, um neue Impulse aufzunehmen. Nichts und niemand kann uns hetzen.

Damit das gelingt, verbünden wir uns mit unserem Energiewesen – der energetischen Gestalt, die unsere Kraft stärkt und das Selbstvertrauen festigt. Dafür spüren wir auch unsere

Hauptenergiequelle im unteren Rücken. Zu Beginn fühlen wir sie durch Berührung, wir begleiten und stärken uns damit selbst.

Sind wir in unserer Energie, lernen wir die Magie des Staunens kennen. Mit ihr wächst die Erkenntnis, dass uns Fragen weiterbringen. Durch sinnliche Fragen werden wir inspiriert. Inspiration ist Atmen, daher atmen wir die Fragen ein. Das entspannt, und wir erhalten Zugang zu neuen Perspektiven.

Durch unsere Fähigkeit, uns von Fragen inspirieren zu lassen, sind wir selbst eine Inspiration. So können wir auch verstehen, dass in der Clownmethode das »Wie« wichtiger ist als das »Was«.

Auf diese Weise gewinnen wir neue Komplizen. Mit ihnen verbinden wir uns durch ein Versprechen: Ich bin bei dir und halte zu dir, egal, was du tust. Ich unterstütze dich mit meinem uneingeschränkten »Ja, genau!«, und du unterstützt mich mit deinem uneingeschränkten »Ja, genau!«

Derart im Spiel erobern wir neue Welten. Wir machen von nun an viele Dinge anders. Reines Funktionieren ist für uns kein Thema mehr.

Kapitel 4:
Wie Sie äußeren Druck spielerisch nutzen können

»Wir machen von nun an viele Dinge anders – reines Funktionieren ist für uns kein Thema mehr.« Mit diesem so wichtigen Clownsprinzip haben wir das letzte Kapitel abgeschlossen und wollen das neue beginnen. Denn Fremdbestimmung und die dadurch verbundene Pflicht zu funktionieren, empfinden wir als Druck, der auf uns lastet. Von diesem Druck hat sich der Clown befreit. Um das zum Ausdruck zu bringen, gab und gibt es in vielen indigenen Völkern ganz besondere Clownsfiguren. So existierte zum Beispiel im Kulturkreis der nordamerikanischen Dakotavölker der *Heyoka*. Das Wort hat zwei Bedeutungen. Es lässt sich sowohl mit »Clown« als auch mit »Gegensätze« übersetzen. Dieser »Clown der Gegensätze« machte daher alles anders herum. Das fing schon bei seiner Sprache an: Sagte er »ja«, meinte er »nein.« »Komm her« bedeutete bei ihm »geh weg«. Er saß rückwärts auf dem Pferd und wusch sich mit Sand statt Wasser. Die Aufgabe des Heyoka war es, den Menschen zu zeigen, dass es immer noch einen anderen Weg gibt. Verlasse die ausgetretenen Pfade, lass dich nicht von äußerem Druck beherrschen, finde deine eigene Vision. Weil der Heyoka ein Clown war, zeigte er das auf spielerische Weise.

Auf seinen Spuren wollen wir erkennen, wie wir äußeren Druck spielerisch nutzen können.

To do oder to be

Ich weiß nicht, wer die To-do-Liste erfunden hat, doch ich weiß, dass die meisten meiner Seminarteilnehmer ihr Leben nach einer solchen Liste ausgerichtet haben: Was gilt es heute noch zu erledigen? Welche Termine habe ich? Habe ich schon alle E-Mails beantwortet? Welche Telefonate müssen noch getätigt werden? Habe ich die anstehenden Geburtstage im Kopf? Die Liste lässt sich endlos fortsetzen. Natürlich wollen wir alles am liebsten noch heute erledigen, doch wenn wir dabei eine falsche Entscheidung treffen, zieht das einen Rattenschwanz von negativen Folgen nach sich. Und sollten wir etwas nicht hinkriegen, gibt es richtig Ärger. Wir verspüren Druck von allen Seiten, und der macht keinen Spaß. Oder etwa doch? Es gibt Menschen, die fühlen sich von Druck gestresst, während andere dadurch zur großen Form auflaufen.

Stellen Sie sich vor, Sie steigen in einen Zug. Er ist brechend voll, Sie finden keinen Platz für sich und Ihren großen Koffer. Sie arbeiten sich mühsam nach vorne. Was Sie spüren ist der Druck, endlich einen Platz zu finden. Schließlich kommen Sie an der Spitze des Zuges an. Da ist eine Tür, welche die Waggons mit der Lokomotive verbindet und dort gibt es tatsächlich noch einen Platz für Sie: den des Lokführers. So beschließen Sie, den Zug selbst zu steuern. Wohin die Reise geht, ist von nun an Ihre Entscheidung. Verspüren Sie jetzt weniger Druck? Die Sitzplatznot haben Sie clever gelöst, aber nun sind Sie für viele Hundert Reisende verantwortlich. Plötzlich können Sie den Druck fühlen, welchen die verantwortungsvolle Aufgabe eines Lokführers mit sich bringt. Sie merken, egal, welche Lösung Sie anstreben, der Druck bleibt. Und das ist gut so. Denn wenn wir uns von A nach B bewegen wollen, dient uns Druck als Antrieb. (Im letzten Kapitel dieses Buches verrate ich Ihnen, wie Sie sich auch ohne Druck fortbewegen können. Hier sprechen wir erst einmal davon, wie Sie ihn spielerisch nutzen.)

Sie haben ja bereits gemerkt, dass wir Clowns Wert darauf legen, uns nicht gleich ins Getümmel zu stürzen. In der Clownsprache sprechen wir von der »Annäherung ans Objekt«. Dafür nehmen wir uns viel Zeit. denn auf diesem Weg passieren ganz wesentliche Dinge. Werfen wir deshalb noch einmal einen Blick zurück: Welchen Weg haben wir in diesem Buch schon zurückgelegt?

Zunächst ging es darum, zu uns selbst zu finden mithilfe unserer inneren Atemachse und im Schutz unserer Atemblase. Im nächsten Schritt haben wir das Staunen entdeckt und damit die Fähigkeit, uns inspirieren zu lassen. Und nun betreten wir in den *5 Räumen des Lachens* einen neuen Spielraum, den 3. Raum des Lachens. In ihm finden wir die Antwort, wie ein Clown mit Druck umgeht. So viel sei jetzt schon verraten:

Grundsätzlich sagt ein Clown niemals Nein zu Druck.

Er weicht ihm nicht aus, er läuft nicht davon, er vermeidet ihn nicht. Ganz im Gegenteil: Auch hier gilt sein »großes

Ja«. Der Clown lässt sich vom Druck bewegen. Er sucht ihn sogar!

Ein Clown weicht Druck niemals aus. Er sucht ihn.

Keine Frage, das Wort »Druck« ist negativ belegt. Nicht wenige meiner Seminarteilnehmer ziehen die Schultern hoch, verkrampfen die Muskulatur und halten den Atem an, sobald ich es ausspreche. Daher beginnen wir mit der Frage, wo unser Druck eigentlich herkommt. Dazu lade ich Sie wieder zu einem kleinen Spaziergang ein.

Übung 21: Herkunft und Ziel

Wir beginnen ganz harmlos: Sie brauchen nichts anderes zu tun, als ziellos durch die Gegend zu schlendern – einfach der Nase nach, wohin es Sie treibt.
Spüren Sie das Gefühl der Unabhängigkeit, das sich in Ihnen ausbreitet. Können Sie auch die Lust des Komplizen fühlen, der gerne alles ausprobieren will? Geben Sie dieser Lust nach, denn Sie sind frei, unabhängig und selbstbestimmt.
Wenn Sie so eine Zeitlang durch die Gegend spaziert sind, suchen Sie sich einen konkreten Punkt in der Landschaft aus. Steuern Sie ihn an, oder entfernen Sie sich von ihm. Ändern Sie dabei Ihre Gangart, werden Sie forsch, direkt, ergebnisorientiert. Denn nun haben

Sie entweder ein Ziel vor Augen oder eine Herkunft im Rücken. Mit beiden Polen kommt der Druck ins Spiel. Nehmen Sie ihn wahr. Achten Sie auf Ihre Empfindungen. Wie verändert sich Ihr Atem?

Nun werden wir noch konkreter: Wählen Sie einen Punkt in Ihrer Nähe aus, und gehen Sie darauf zu, während sie einatmen. Wenn Sie sich von ihm entfernen, atmen Sie dabei aus. Spüren Sie, wie sich die Dynamik verändert? Drehen Sie den Spieß um: hingehen – ausatmen. Weggehen – einatmen. Auch das wird sich auf Ihre Art zu gehen und die dabei aufsteigenden Gefühle auswirken. Sie stellen fest: Gehe ich auf mein Ziel zu und atme ein, zieht es mich magnetisch an. Gehe ich auf das Ziel zu und atme aus, passiert das Gegenteil. Das Ziel scheint mich abzustoßen.

Diese Dinge laufen normalerweise unbewusst ab, haben aber einen großen Einfluss auf unsere Empfindungen. In der Clownmethode überführen wir solche unbewussten Vorgänge ins Bewusstsein und nutzen die daraus entstehenden Vorteile. Durch unsere Atmung steuern wir unser Körperbewusstsein, locken positive Gefühle hervor und stärken unser Selbstvertrauen. Achten Sie darauf, wie sich Ihre Atmung verändert, wenn Sie eine unangenehme Tätigkeit ausführen. Sie wird flacher und dünner – obwohl wir gerade jetzt viel Sauerstoff brauchen, gönnen wir ihn uns nicht. Wenn Sie in Zukunft Ihre Atmung ganz bewusst einsetzen, halten Sie ein starkes Werkzeug in der Hand, um mit Druck spielerisch umzugehen. Häufig genügen ein paar bewusste Atemzüge und schon sind wir bereit, in der richtigen Haltung die nächste Sache anzugehen. Erst atmen Sie ein, dann gehen Sie los – bitte niemals umgekehrt! – und rufen sich das Gefühl auf, willkommen zu sein. Nun bewegt Sie der Druck dorthin, wo Sie es wollen.

Ich nutze diesen Atemtrick in veränderter Form auch auf der Bühne. Ich trete nach vorne, und das Publikum fängt an zu lachen. Dabei habe ich noch gar nichts gemacht, weder ein Späßchen noch ein Kunststück. Trotzdem lachen alle. Warum? Weil ich »falsch« atme. Ich atme bewusst nicht aufs Ziel hin, sondern vom Ziel weg. Das Publikum spürt das. Mehr noch, die Leute *sehen es mir an*: Da ist einer, der sich nicht traut. Der steht orientierungslos auf der Bühne herum. Der will was vorführen, aber er kann es nicht. Und deshalb lachen sie. Sie lachen den Clown aus.

Wie oft stehen wir genauso »falsch« auf der Bühne unseres Lebens? Allerdings nicht, weil wir absichtlich falsch geatmet haben, sondern weil wir uns dessen nicht bewusst waren. Wenn ich mit meinem Atemtrick die Menschen zum Lachen bringe, fühlt sich das gut an. Wenn uns das unabsichtlich passiert, ist das Gegenteil der Fall. Daher müssen wir wissen, wo wir herkommen, wo wir hinwollen und wie wir dabei atmen. Herkunft und Ziel bringen uns Klarheit und Orientierung.

Ohne eine klare Ausrichtung im Raum durch
Herkunft und Ziel sind wir verloren.

Vor einiger Zeit machte ich einen Kurs mit jungen Arbeitslosen. Der Druck, den sie verspürten, war enorm. In einer Zeit, in der ihre Altersgenossen durchstarteten, befanden sie sich auf der Verliererstraße. Und genauso fühlten sie sich. Verloren auf der Bühne ihres Lebens, ohne klare Ausrichtung und Herkunft, mit völlig nebulösen Zielen. Beste Voraussetzungen also, um die Clownmethode anzuwenden und diesen Druck spielerisch zu nutzen. Als Erstes ließ ich die Gruppe im größten Saal meiner Clownschule spazieren gehen. Wie in unserer letzten Übung sagte ich nicht mehr als: »Schlendert einfach durch den Raum. Ganz so, wie es euch gefällt.« Als Nächstes forderte ich sie auf, sich zwei Bezugspunkte im Raum zu suchen und sich zwischen den beiden hin- und herzubewegen. Ich nannte diese Punkte »Herkunft« und »Ziel«, damit jedem klar war, auf welcher Achse er sich jetzt befand. Das änderte die Lage dramatisch. Nicht wenige Teilnehmer waren plötzlich außerstande, auch nur einen Schritt zu machen. Am ärgsten traf es Georg, der völlig blockiert war.

»Jetzt wollen wir wieder durch die Gegend schlendern«, rief ich, und wie durch Zauberhand kam erneut Bewegung in die Menge. Auch Georg spazierte wieder durch den Raum, als sei nichts gewesen. Forderte ich ihn jedoch auf, zwischen Herkunft und Ziel hin- und herzugehen, war er abermals wie gelähmt.

Natürlich kannte ich seine Geschichte: Er hatte bereits zwei Ausbildungen abgebrochen, weil es ihm jedes Mal »zu eng« geworden war und er immer Krach mit den Ausbildern bekommen hatte. Er wusste nicht, was ihm gefallen könnte und er tun wollte. Sein Körperbewusstsein war schwach, er fühlte sich unsicher, hatte kein Selbstvertrauen. Weil er sich auf sein

Inneres nicht verlassen konnte, orientierte er sich am Außen. Von diesen Reizen wurde er förmlich überflutet und weggeschwemmt und verlor dadurch völlig den Kontakt zu sich. Irgendwann sagte er zu mir: »Ich bin mir selbst ein Rätsel.«

Das Rätsel konnte gelöst werden. Bei der Übung »Herkunft und Ziel« wurde Georg klar, was sein eigentliches Problem war. Mehr noch, er konnte auf ungefährlichem Terrain ausprobieren, wie es sich anfühlt, zwischen einer Herkunft und einem Ziel hin- und herzugehen, ohne sich wie fremdgesteuert zu fühlen. Ich zeigte ihm, dass er jederzeit einen »Stopp« einlegen kann, ohne dabei gleich alles hinzuschmeißen. Natürlich war das keine Sache von heute auf morgen – wer sich ein Körpergefühl erarbeiten muss, darf nicht die Geduld verlieren. Doch es machte Georg Spaß, und dieser Spaß verhalf ihm zu einer inneren Ausrichtung. Kürzlich haben wir uns wiedergesehen: Er hat einen Ausbildungsplatz gefunden, ist im zweiten Lehrjahr, und alles spricht dafür, dass er die Sache diesmal zu Ende bringt. Damit ist er übrigens nicht der Einzige – auch die anderen Gruppenmitglieder haben berufliche Perspektiven entwickelt, einige zum ersten Mal in ihrem Leben.

Der klare Anfang. Und das klare Ende

Bezugspunkte in unserem eigenen Koordinatensystem zu besitzen bedeutet auch, einen Anfang und ein Ende zu erkennen. Für viele Menschen, die sich bei mir mit der Clownmethode vertraut machen, ist das ein großer Augenöffner. Sie erkennen, dass sie Druck empfinden, weil sie nie wissen, wann etwas beginnt und vor allem, wann es zu Ende ist.

Ein treffendes Beispiel war Anne. »Ich bin sehr struktu-riert«, sagte sie mir am Anfang eines Seminars. Trotzdem passierte es ihr immer wieder, dass in Besprechungen, die sie als Chefin eines Altenheimes zu leiten hatte, am Ende das totale Chaos entstand. So nannte sie es: das totale Cha-os. Alle Teilnehmer waren schon auf dem Weg nach drau-ßen, wenn ihr einfiel, dass sie noch etwas zu sagen hatte. Davon bekam die eine Hälfte dann gar nichts mehr mit, und die andere Hälfte ... nun ja, nur noch die Hälfte. Am Ende wusste keiner richtig Bescheid, und Anne hatte das Gefühl, versagt zu haben. Und das, obwohl sie sich für einen gut strukturierten Menschen hielt.

Bei der Übung »Herkunft und Ziel« zeigte sich ihr Problem klar und deutlich: ein Ziel ins Auge zu fassen war für Anne kein Problem. Allerdings kam sie nie dort an. Auf dem Weg dahin fasste sie nämlich immer schon das nächste Ziel ins Auge. Nach einer Weile hatte sie sich in unserem Raum, der offen vor ihr lag, geradezu verirrt. »Das wundert mich nicht«, sagte sie nach der Übung. »So ist das bei mir immer.«

Wir sprechen von Mustern, wenn es um typische Verhal-tensweisen geht, die wir körperlich und emotional abge-speichert haben und die die Dinge immer gleich ablaufen lassen. In der Clownmethode sind uns Muster sehr vertraut. Sie erinnern sich sicher an meine Bitte in den vorigen Kapi-teln, Ihre Gefühle körperlich zu verankern. Was wir damit erreichen wollen, ist, ein positives Muster zu entwickeln, auf das wir uns später verlassen können. Wenn wir es hinge-gen wie Anne mit einem Muster zu tun haben, das wir auflö-sen wollen, weil es uns behindert, besteht der einzige Weg dazu darin, ein anderes Muster einzuüben. Mit der Geh-übung ist das ganz einfach.

»Die kannst du zuhause machen«, riet ich Anne. »Konzentriere dich dabei auf folgende Schritte: Du siehst das Ziel. Du gehst darauf zu. Du kommst am Ziel an. Du wendest dich um. Du siehst deine Herkunft. Du gehst darauf zu. Du kommst bei ihr an. Und dann das Gleiche noch einmal.«

Ich riet ihr zu abgesetzten Bewegungen, um unterwegs nicht zu einem neuen Ziel abzubiegen. Anne folgte meiner Empfehlung. Die Übung veränderte ihr Körpergefühl. Kam sie jetzt am Ziel an oder kehrte sie zur Herkunft zurück, konnte sie loslassen und sich entspannen. Als Nächstes empfahl ich ihr ein kleines Ritual für das Ende ihrer Besprechungen. Sie dachte sich einen »Energiegruß« aus, der von nun an für sie und ihre Kollegen klar und deutlich den Abschluss der Besprechung markierte. Ab da gab es kein Chaos mehr.

Wir finden Orientierung durch einen klaren Anfang
und ein klares Ende.

Wie reagiere ich auf Druck?

Ich brauche in der Regel nicht lange, um herauszufinden, wie es meinen Proficlownstudenten oder meinen Seminarteilnehmern geht. Ich stelle ihnen sinnliche Fragen, während ich sie zum Beispiel bitte, im Übungsraum umherzugehen. Ihre Körpersprache sendet dabei klare Signale aus. An der Art und Weise, wie sie gehen, erkenne ich, welche Gefühle mit unterwegs sind. Fordere ich sie dann auf, zwischen Herkunft und Ziel hin- und herzugehen, setze ich sie damit unter Druck. Ich kann beobachten, wie der eine vorsichtig und ängstlich wird, während sich der andere angriffslustig zeigt. Da kann es dann auch vorkommen, dass einige Teilnehmer unfreiwillig zusammenstoßen.

Um zu überprüfen, wie wir auf Druck reagieren, haben wir Clowns eine ganz eigene Methode entwickelt. Aus unserer Perspektive sieht eine zielgerichtete Fortbewegung anders aus als für den »normalen Menschen«: Ein Ziel, sagt der Clown, ist dafür da, damit wir in die andere Richtung gehen können. Doch ohne das Ziel wüssten wir nicht, wo diese andere Richtung liegt.

Ich halte das für eine humorvolle und clevere Umgangsweise mit Druck, der von außen auf uns wirkt. Wir dürfen uns gerne mal vom direkten Weg abbringen lassen, damit wir alles aufnehmen können, was uns unterwegs begegnet. Um uns aber dabei nicht zu verlieren, wie es Anne immer wieder passiert ist, nutzen wir die kleinen Umwege, um zu *spüren*, wo wir tatsächlich stehen und wie es uns gerade geht. Daher lautet unser Leitsatz auch: »Wie geht es dem Clown?« Diesen Satz rufe ich immer wieder in unsere Improvisationsübungen hinein, damit sich die Spieler daran erinnern, einen Stopp einzulegen, sich zu spüren und nach dem Publikum Ausschau zu halten. Stellen Sie sich daher immer wieder selbst die Frage:

Wie geht es mir gerade?

Und weil Clowns keinen Impuls und damit auch keine Frage unbeantwortet lassen, lassen auch Sie sie nicht unbeantwortet. Nehmen Sie die Frage wortwörtlich: Wie *geht* es mir? Das führt uns direkt zur nächsten Übung, denn Sie sollen erfahren, wie es sich anfühlt, zu gehen und gleichzeitig geerdet zu sein.

Übung 22: Der bewegte Standpunkt

Beginnen Sie die Übung im Sitzen, und, wenn es Ihnen möglich ist, barfuß oder nur mit Socken bekleidet. Und nun drücken Sie abwechselnd Ihre Füße fest auf den Boden. Mal den linken Fuß, mal den rechten Fuß. Immer feste drücken. Spüren Sie dabei, wie es Sie regelrecht hochdrückt. In diesem Moment spielen Sie mit dem Boden und dem Druck, welchen der Boden für Sie spürbar macht. Dieser Druck bewegt Sie! Und je mehr Druck Sie ausüben, umso mehr Druck kommt auch zu Ihnen zurück. Lassen Sie diesen Druck durch sich hindurchwandern, bis er oben an Ihrer Schädeldecke ankommt. Wahrscheinlich hat es Sie jetzt schon hochgedrückt und Sie stehen bereits. Wenn nicht, dann drücken Sie sich hoch, und kommen Sie zum Stehen. Nun lassen Sie sich von dem Druck aus der Balance bringen und gehen los, indem Sie sich immer von einem Fuß auf den anderen drücken und sich auf diese Weise vorwärtsbewegen. Achten Sie darauf, dass Sie nicht nach vorne fallen, wie wir das normalerweise beim Gehen tun, sondern sich nach vorne drücken. Dadurch können Sie sich über das Gefühl von Druck beim Gehen stabilisieren. Gehen Sie, indem Sie sich immer von einem Fuß auf den anderen drücken. Spüren Sie bei jedem Schritt Ihren bewegten Standpunkt. Sie können zwischendurch auch stehen bleiben. Suchen Sie aber auch dann den Druck zum Boden und verschaffen Sie sich damit ein körperliches Gefühl für Ihren aktuellen Standpunkt.

Veronika war federleicht. Wenn sie durch einen Raum ging, berührte sie mit ihren Füßen kaum den Boden. Sie trat immer nur mit dem Fußballen auf. Ging sie auf ein Ziel zu oder bewegte sie sich von ihrer Herkunft weg, dann schwebte sie. Sie berührte nichts wirklich, kam nie an, ging nie wirklich weg. Dieses Körpergefühl begleitete sie durch ihr ganzes Leben. Statt einen eigenen Standpunkt zu suchen, wich sie Druck aus und versuchte, sich über das Außen zu stabilisieren. Darin ähnelte sie Georg und vielen anderen Menschen: Wer innen nicht stabil ist, versucht, im Außen Haltung zu finden. Doch gerade instabile Menschen werden dabei ganz leicht von den Stürmen des Lebens umgeweht.

Bisher hatten bei Veronika alle Vorschläge, wie sie ihr Leben in den Griff bekommen sollte, nicht gefruchtet. Durch die Übung mit dem bewegten Standpunkt änderte sich ihr Körpergefühl. Sie lernte, dem Boden zu vertrauen, auf dem sie ging. Nach und nach konnte sie den Druck verstärken und gleichzeitig ein Gefühl der Verankerung im Raum gewinnen. Der Raum war nicht länger schwerelos. Sie lernte außerdem, sich Bezugspunkte im Raum zu suchen, diese selbst festzulegen und aufzulösen. Durch die Arbeit mit der Atemsäule und der Atemblase bekam sie eine innere Instanz.

Auch Brigitte fand durch den bewegten Standpunkt zu sich selbst. Dabei hatte sie einen langen Weg hinter sich: ihre Herkunftsfamilie hatte äußerlich intakt gewirkt, obgleich Streit in Wahrheit an der Tagesordnung gewesen war. Irgendwann ließen sich ihre Eltern scheiden und Brigitte als das schwächste Glied in der Kette wurde alkoholkrank, lief davon und lebte auf der Straße. Eine Entzugstherapie half ihr, vom Alkohol wegzukommen. Was blieb, war die konstante Selbstablehnung. Um diesem inneren Druck etwas entgegenzusetzen, suchte sie Halt im Äußeren: Sie wurde Fitnesstrainerin und betrieb ihre Sportarten so exzessiv, bis ihr Körper hart war wie Beton. Doch trotz dieses vermeintlichen Schutzschildes konnte sie keinerlei Berührung ertragen. Das war auch das Erste, was sie mir sagte, als Sie zur Tür der Clownschule hereinkam.

»Das ist okay«, antwortete ich. Denn allein, dass sie von sich aus den Weg zu den Clowns gefunden hatte, zeigte ihren Wunsch nach Veränderung. In der Klasse der Proficlowns hatte sie es nicht leicht. Ihr Misstrauen übertrug sich auf die anderen (Sie erinnern sich, wie sich die Atmosphäre im Raum verändert, wenn jemand zur Tür hereintritt), und Brigitte wurde noch immer durch das Gesetz der Straße begleitet: »Bevor dich andere reinlegen, musst du sie reinlegen.« Es dauerte lange, bis Atemachse und Atemblase sie so weit innerlich aufrichten konnten, dass ihr Kern – ein verwirrter Mensch, der Liebe sucht – sichtbar wurde. Doch dann wurde sie weicher und durchlässiger und entpuppte sich als ein sehr talentierter Clown. Heute ist sie auch beruflich erfolgreich und kann ihre eigenen Erfahrungen weitergeben. Sie hat gelernt, wie der Druck durch sie hindurchlaufen kann und sie bestätigt, statt sie zu verwirren.

Wir haben Ziele. Und wir kontrollieren sie

Sie kennen diese Situation: Kaum haben wir uns ein Ziel gesetzt, laufen wir darauf zu. Wo steckt in diesem Augenblick unsere Energie? Nicht in der Herkunft, sondern im Ziel. Sobald unser Ziel stärker wird als unser eigener Standpunkt, übernimmt es die Führung. Deshalb passiert es so häufig, dass wir unseren Zielen hinterherhecheln. Vielleicht haben sie sich schon längst verändert, doch wir haben es vor lauter Hektik und Funktionierenwollen gar nicht bemerkt. Und möglicherweise wäre ein Umweg der kürzere Weg. Daher rate ich Ihnen auf dem Weg zu Ihren Zielen, in jedem Augenblick in der Lage zu sein, den Druck zu spüren. Dadurch bleiben Sie in Kontakt mit sich und können auch spontan die Richtung wechseln, falls es erforderlich ist.

»Verabschiede dich von dem Gedanke, dass Druck etwas Negatives sein muss.« Diesen Satz sage ich oft zu meinen Seminarteilnehmern, und das tat ich auch bei Judith. Sie war gerade 20 geworden und wohnte noch zu Hause. Dort gab es alles, was ihr Herz sich wünschte. Wirklich alles? Nein, denn immer mehr breitete sich in ihr die Sehnsucht aus, endlich ihr Leben selbst in die Hand zu nehmen. Das fiel ihr allerdings schwer. Sie hatte auch kein echtes Ziel vor Augen, was die Sache nicht einfacher machte. Mit Übung 21 und 22 konnte ich Judith auf die Sprünge helfen. Sie lernte, ihren eigenen Standpunkt zu spüren und zu halten, was ihr das nötige Selbstvertrauen gab, um dem Gefühl der Lähmung etwas entgegenzusetzen. Die Möglichkeit, sich frei zwischen Herkunft und Ziel zu bewegen, gab ihr die innere Sicherheit, für sich selbst ein Lebensziel zu finden.

Fassen wir noch einmal zusammen: In dem Raum, in dem wir uns befinden – das ist in diesem Fall Ihr ganz persönlicher Lebensabschnitt – gibt es eine Herkunft, ein Ziel und Ihren bewegten Standpunkt. In der Clownmethode nenne ich diese Form das Energiekreuz. Wenn wir es schaffen, uns ausgewogen darin zu bewegen, wird unser Leben automatisch harmonisch, energetisch und ausbalanciert. Daher lohnt sich die nächste Übung ganz besonders.

Übung 23: Das Energiekreuz

Wie fühlt sich das Energiekreuz an, und wie können wir die Extreme über den eigenen Standpunkt ausbalancieren? Stellen Sie sich dazu einfach mal auf ein Bein. (Sie können gerne zwischendurch das Bein wechseln, es geht hier nicht um Gymnastik.) Strecken Sie die Arme links und rechts von sich und verlagern Sie behutsam Ihr Gewicht erst mehr auf die eine Seite, dann auf die andere. Stellen Sie sich dabei vor, auf der einen Seite würden Sie ein persönliches Thema wie zum Beispiel »meine Beziehung« halten und auf der anderen ein anderes Thema wie etwa »mein Beruf«. Kurz bevor Sie auf die eine oder andere Seite kippen, stabilisieren Sie sich über Ihren Standpunkt, indem Sie Druck durch Ihr Bein in den Boden geben. Also nicht mit den Armen rudern, denn in der Clownmethode suchen wir das Gleichgewicht niemals in den extremen Polen, sondern immer in unserer Achse. Diese Übung vermittelt Ihnen ein körperliches Gefühl, wie Sie in Momenten des Ungleichgewichts die Stabilität in sich selbst wiederfinden.

In der Clownmethode sprechen wir von sensorischer Erinnerung. Das bedeutet, in entsprechenden Situationen einen konkreten körperlichen und emotionalen Anker zu besitzen, mit dessen Hilfe wir uns ausrichten können.

Der Charakterclown betritt die reale Welt

Die meisten Zirkusclowns haben wenig mit dem Wesen des eigentlichen Clowns zu tun – also dem Clown, über den wir uns hier unterhalten. Er ist als »weiser Clown« einer der ältesten Wegbegleiter von uns Menschen und nicht der billige Spaßmacher. Für viele meiner Seminarteilnehmer ist diese Erkenntnis eine Erleichterung, denn sie kommen zu mir, um Antworten auf ihre Fragen zu erhalten, und nicht um zu lernen, wie man Witze erzählt. Mir selbst erging es auch so: In der Schule war ich alles andere als der Klassenclown. Stattdessen war ich jemand, der eingefahrene Regeln in Frage stellte; einer, der die Dinge gerne etwas anders machte. Dass ich damit dem Clownszustand schon sehr nahe kam, ahnte ich damals noch nicht. Mein Weg, den Clown in mir zu entdecken, ihn zu begreifen, mit ihm zu spielen und durch ihn wahres Selbstvertrauen zu finden, ist auch heute noch nicht abgeschlossen. Denn das Schöne ist, dass sich der Clown in uns ständig weiterentwickeln möchte.

Das ist wichtig, wenn wir uns echte Ziele setzen. Wir haben die Komplizen kennengelernt, die vor allem ihrer Fantasie freien Lauf lassen. Zwillinge entdecken sich gerne selbst in ihrer Verbundenheit. Beide Clowntypen leben in ihrer fantasievollen Welt und dort leben sie gut. Was aber passiert, wenn wir den Ort der Fantasie verlassen, um ein reales Ziel in der realen Welt zu verfolgen? Ein Clown kann das tun, aber es ist ein bedeutungsvoller Schritt. In der Clownmethode unterscheiden wir zwischen den puren Clowns wie Komplizen und Zwillingen und den sogenannten Charakterclowns. Dem puren Clown im Zirkus ist es gleichgültig, wohin der Zirkus zieht. Er lebt in seiner Fantasiewelt, und wo er sie den Leuten zeigt, ist ihm egal. Beim Charakterclown ist das ganz anders. Einer der ersten, der einem breiten Publikum bekannt wurde, war 1914 der Tramp von Charlie Chaplin: ein armer Tagelöhner in einer harten Welt, der ein ganz klares Ziel vor Augen hat – wie alle anderen auch in dieser unerbittlichen Umgebung zu überleben. Der Raum, der ihn umgibt, ist also nicht mehr der Raum der Fantasie, sondern derselbe Raum, den auch du und ich erleben. Wir können diese Figur des Tramps, die ständig in Schwierigkeiten steckt, sehr gut auf unser eigenes Leben übertragen: auf unsere Arbeitssituation, unsere Familie und unser Leben, das von äußerem Druck und dem Streben nach Sicherheit bestimmt ist. Auch wenn wir häufig sagen, dass das Leben eine ernste Angelegenheit ist, kann ich Ihnen versprechen, dass es mit den Augen des Charakterclowns komisch und überraschend aussieht.

Was sich nicht verändert: Auch im realen Leben bewegt sich der Clown zwischen Herkunft und Ziel. Doch nun bemüht er sich, dabei einen guten Eindruck zu hinterlassen. Kommt Ihnen das bekannt vor? Dabei hat der Clown aber einen entscheidenden Vorteil: Er hat immer eine überraschende Lösung parat, vor allem dann, wenn der Druck zu groß wird.

Der Clown weiß:
Ich finde immer eine überraschende Lösung!

Eine davon ist seine Fähigkeit, sich den Raum zum Partner zu machen. Weil Sie so etwas wahrscheinlich noch nie ausprobiert haben, schlage ich Ihnen dazu eine kleine Übung vor.

Übung 24: Der Raum als Partner

In der Regel betreten wir einen Raum, ohne ihn wirklich wahrzunehmen. Manchmal frage ich meine Seminarteilnehmer, ob sie ihr Wohnzimmer oder ihren Arbeitsplatz beschreiben können, und die meisten können das eher schlecht als recht. Das wollen wir jetzt einmal ändern. Bitte machen Sie sich bewusst, wo Sie sich gerade befinden. Dazu müssen Sie den Raum kennen und vor allem wissen, wo ganz konkret Sie sich in diesem Raum befinden. Direkt neben dem Fenster, nahe der Tür oder in der Mitte? Machen Sie sich jetzt bitte ganz genau klar, wo Sie sind und wo alles andere ist. Auf diese Weise eignen Sie sich den Raum an, Sie finden Bezugspunkte. Nun markieren Sie verschiedene Punkte im Raum emotional. Das heißt, Sie stellen fest, was Sie besonders schön oder nicht so schön finden. Damit behandeln Sie den Raum wie ein lebendes Wesen und machen ihn zum Partner.

Ich benutze diese Technik bei jedem Vortrag, den ich halte. Ich schaue mir den Raum vorher an, suche meine Bezugspunkte und markiere sie emotional. Möchte ich dann einen Akzent setzen oder werde ich durch etwas irritiert, habe ich zusätzlich zu meiner inneren Ausrichtung eine äußere. Dadurch kann es nicht passieren, dass ich den Boden unter den Füßen verliere. Was immer geschieht, nichts kann mich umwerfen. Dasselbe mache ich beim Besuch in einem Restaurant, wenn ich einen Termin beim Steuerberater habe oder meinen Arzt aufsuche. Ich bin immer Partner des Raumes, in dem ich mich befinde. Wenn Sie das eine Weile geübt haben, werden Sie eine völlig neue innere Stärke in sich feststellen.

Mit dem Raum als Partner sind wir nie orientierungslos

Der Raum kann natürlich mehr sein als das Zimmer, in dem wir uns gerade aufhalten. Er kann auch der Lebensabschnitt sein, in dem wir uns befinden. Mit dieser Technik können wir uns darin so verankern, dass wir nie die Orientierung verlieren. Wie wichtig das ist, zeigte mir kürzlich der Fall von Karl und Lotte. Die beiden hatten geheiratet und bald darauf ihr Traumhaus gefunden, einen ehemaligen Bauernhof, wunderschön im Taunus gelegen. Sie waren handwerklich versiert und planten, ihr neues Heim selbst zu renovieren. Als sie mir später ihre Geschichte erzählen, ahnte ich, was nun folgen würde. Ich habe selbst zwei Häuser und zwei Clownschulen umgebaut und weiß, was so eine Sanierung bedeutet. »Es ist uns einfach zu viel geworden«, sagte Lotte. »Wir haben den Druck nicht mehr ertragen und unsere Ehe wäre darüber fast in die Brüche gegangen. Ich frage mich immer noch, wie das passieren konnte.«

Die Antwort liegt auf der Hand: Lotte und Karl hatten in diesem Lebensabschnitt die Orientierung verloren. Durch das Ziel »Traumhaus« war ihre Beziehung in den Hintergrund gedrängt worden und damit in höchste Gefahr geraten.

In der Clownmethode fragen wir uns immer wieder, wo wir uns im Raum befinden. Hier das Traumhaus, dort die

Beziehung – und wo bin ich? Fühle ich mich von den verschiedenen Polen hin und her gerissen? Komme ich aus der Balance, ähnlich, wie wir das in der letzten Übung mit dem Energiekreuz erfahren haben? Oder habe ich meinen Anker, auf den ich mich verlassen kann? Eine Sache gerät immer dann aus dem Gleichgewicht – und wir mit ihr – wenn der Druck groß ist und wir andere dafür verantwortlich machen. Dann wird aus dem Druck ein Vorwurf, und wir geben damit unseren eigenen Standpunkt auf. Erinnern Sie sich an meinen Zwischenruf: »Wie geht es dem Clown?« Er sorgt dafür, dass sich die Teilnehmer im Eifer des Spiels an das Wesentliche erinnern: Wie *gehen* wir? Wie *ergeht* es uns dabei? Leider hatten Lotte und Karl – und mit ihnen viele Menschen, die im Rahmen eines Projekts die Orientierung verlieren – sich diese Frage irgendwann nicht mehr gestellt. Dadurch nahm ihr Traumhaus immer mehr Raum ein, während ihre Beziehung keinen Platz mehr hatte. Aus einem Gleichgewicht wurde ein Ungleichgewicht, das äußere Ziel zerstörte ihre innere Balance. Passiert uns das, hören wir auf zu »fühlen«, und sind am Ende nur noch damit beschäftigt, uns »abzuarbeiten«.

> Die innere Balance entscheidet, ob Druck uns
> transportiert oder erdrückt.

In der Clownmethode lassen wir uns vom Druck bewegen. Wie das geht, möchte ich Ihnen anhand der Schlüsselfrage »Wie geht es dem Clown?« demonstrieren. Wenn wir genau hinsehen, entdecken wir in dieser Frage gleich drei Fragen: Wo kommen wir her? Wo stehen wir in diesem Augenblick? Wo wollen wir hin? Wir befinden uns also immer in einem

Spannungsfeld zwischen Herkunft und Ziel. Unser Standpunkt ist der innere Bezug zu diesen Polen. Wer sich darin wohlfühlt, kann die Energie zwischen den Gegensätzen nutzen. In der Clownmethode nennen wir das die Oppositionsbewegung: Gehe ich auf ein Ziel zu, bewege ich mich gleichzeitig von meiner Herkunft weg. Der Clown schafft sich dafür einen Ausgleich. Je mehr es ihn in eine Richtung zieht, desto mehr legt er sein Gewicht auf die andere Seite. Das sieht lustig aus, und das Publikum lacht. Tatsächlich bringt es ihn aber in eine Balance. Das Gegenbeispiel sind Lotte und Karl, denen ihre Kraft buchstäblich wegfloss, weg von ihrer Beziehung. Zum Glück gibt es dagegen in der Clownmethode ein hervorragendes Mittel.

Wie wir aus Druck Leidenschaft machen

Wenn Lotte und Karl Herkunft und Ziel, in ihrem Fall also Beziehung und Traumhaus, aufrechterhalten wollen, fließt die Energie der gegensätzlichen Punkte durch sie hindurch. Druck und Gegendruck treffen aufeinander. Daraus kann pure Leidenschaft entstehen. Dazu müssen die beiden nur verstehen, dass die Aufgabe für *sie* da ist und nicht umgekehrt. Die Beziehung ist für *sie* da. Das Traumhaus ist für *sie* da. Wird viel Arbeit ins Traumhaus gesteckt, müssen sie auch viel Energie in die Beziehung stecken: wieder miteinander ausgehen oder sich etwas gönnen.

Nachdem die beiden das mithilfe des Clowncoachings erkannt hatten – ein Angebot, das ich für Menschen bereithalte, die mit ganz konkreten Themen zu mir kommen –, haben sie genau das auch getan, und so hatte ihre Geschichte doch noch ein Happy End. Kürzlich bekam ich die Bestätigung dafür: Lotte und Karl luden meine Frau und mich zu sich nachhause ein – das jetzt, pünktlich zu ihrem zweiten Hochzeitstag, tatsächlich zu ihrem Traumhaus geworden ist.

Gerade im Clowncoaching erfahre ich häufig, was passiert, wenn die oppositionellen Kräfte, die überall und immer wirken, aus der Balance geraten: Da gibt es gestresste Führungskräfte, die sich aus Frust unter ihren Mitarbeitern jemanden suchen, mit dem sie den Druck teilen können. In der Clownsprache sind sie auf der Suche nach einem Zwilling oder Komplizen. Das schwächt ihre Position, weil sie ihren eigenen Standpunkt aufgeben. Ähnliches geschieht, wenn Eltern ihre Kinder instrumentalisieren. Oder wenn Konflikte aus dem Beruf in die Familie getragen werden. Stets wird kreative Energie, die uns im Wechselspiel von Druck und Gegendruck bewegen soll, einseitig in eine Richtung gelenkt. Dann kommt rasch das Gefühl auf, das es »zu viel wird«. Wir stemmen uns noch mehr gegen den Druck und vergeuden dabei weitere Energie.

> Wenn Sie die Balance zwischen
> Druck und Gegendruck spüren können,
> weil Sie einen Standpunkt haben,
> werden Sie stets genug Energie besitzen.

Wie wir mit der zusätzlichen Energie umgehen lernen

Die meisten Menschen sind es gewohnt, nicht genug Energie zu haben, um das umzusetzen, was sie sich vorgenommen haben. Daraus entstehen häufig physische und psychische Probleme. So scheint es mittlerweile fast normal zu sein, dass wir irgendwann krank werden und innerlich ausbrennen. Wenn Sie durch die Clownmethode auf einmal sehr viel mehr Energie haben als zuvor, müssen Sie allerdings lernen, auch damit umzugehen. Wir Clowns sprechen in diesem Zusammenhang vom Speed Limit.

Das Speed Limit – die Geschwindigkeitsbegrenzung – verhindert, dass Sie dieser Überschuss an Energie aus der Bahn wirft. Denn dass es dazu kommen kann, erlebe ich immer wieder sowohl auf der Bühne als auch auf der Spielwiese des Lebens. So kann es durchaus vorkommen, dass einer meiner Profischüler, wenn ihm eine hervorragende Darstellung gelungen ist, *danach*, beim Abgang von der Bühne, stolpert und sich verletzt. Streng genommen ist es nicht die Energie, die ihn aus der Bahn wirft, sondern sein Selbstbild, das nicht mithalten kann. Wie ein Saboteur sorgt es dafür, dass wir uns selbst »zurechtstutzen«. Damit das nicht passiert, hilft uns die innere Achse als Stabilisierungsübung, Wir wollen schließlich am Erfolg wachsen – auch wenn er größer ist als das, was wir uns bisher zugestanden haben. Auch der Umgang mit Erfolg erfordert eine stabile innere Achse.

»Können wir vor dem Druck nicht einfach davonlaufen?« Diese Frage bekomme ich häufig gestellt. Tatsächlich wird das gerne versucht. Allein, es funktioniert nicht. Denn dann wendet sich der Druck gegen uns, ob als Speed Limit oder in Form von Versagensangst. Die gegenüberliegenden Pole Herkunft und Ziel scheinen sich dann auf uns zuzubewegen, und unser Raum wird immer enger. Am Ende fühlen wir uns von den Gegensätzen erdrückt

So erging es Gudrun, und ihr Beispiel ist exemplarisch für die Situation vieler Frauen in Deutschland. Sie war alleinerziehende Mutter von zwei Kindern und hatte eine Halbtagesstelle. Ihre Mutter lebte im Seniorenheim und wollte ihr ständig einreden, dass sie nichts auf die Reihe bringe. Kein Wunder, dass Gudrun sich wertlos fühlte. Dabei leistete sie enorm viel, nur hatte sie kein Gefühl dafür. Der Druckausgleich, den sie fand, war das Klagelied. Gudrun konnte ewig klagen, ihr Standardsatz lautete: »Ich krieg ja nichts.« Ihr Exmann schimpfte sie eine »Psycho«, und mit diesem Ausdruck stellte sie sich auch bei mir vor. Wie viele Menschen, die zur Clownschule kommen, hatte sie keine Ahnung vom Wesen des Clowns. Ja, mehr noch: Sie mochte Zirkusclowns gar nicht besonders. Trotzdem zog dieser Charakter sie magisch an. »Irgendwie ist das mein letzter Rettungsversuch«, meinte sie. Auch diesen Satz hörte ich nicht zum ersten Mal.

Am Anfang sind es immer Atem- und Körperübungen, die dafür sorgen, dass sich Menschen wie Gudrun nach und nach wertschätzen können. Weil sie sich dadurch wieder wahrnehmen und spüren. Bei ihr machte es »Klick«, als wir zum Energiekreuz kamen. Dadurch gewann sie das Vertrauen, etwas bewegen zu können, ohne sich dabei zu sehr zu verausgaben. Am Anfang hatten wir nur ein paar Schnupperstunden vereinbart, doch daraus wurde die komplette berufsbegleitende Ausbildung. Heute arbeitet Gudrun als

Klinikclownin mit einem eigenen Verein, in dem sie ihre Einsätze und die anderer koordiniert. Die Clownmethode hat ihr eine Existenz geschaffen, und das nicht nur finanziell. Sie hat gelernt, den Druck für sich arbeiten zu lassen – davor war es umgekehrt.

Je mehr Sie bewegen möchten, desto mehr werden Sie vom Prinzip des Energiekreuzes profitieren. Klären Sie Ihre Koordinaten Herkunft, Ziel und Standpunkt, und lassen Sie die Energie für sich arbeiten. Sollten Sie doch einmal unter Druck geraten, verschwenden Sie keine Energie, um den vermeintlichen Grund außerhalb Ihres Spielfeldes zu suchen. Besinnen Sie sich auf Ihren bewegten Standpunkt und machen Sie sich klar, wohin Sie gerade zu wenig Energie geleitet haben.

An dieser Stelle möchte ich Ihnen auch die Geschichte von Nico erzählen. Als ausgebildeter Kameramann war er überall dort im Einsatz, wo Fernsehsender schnelle Bilder brauchten. So lernte ich ihn auch kennen: fix im Kopf, rasch in der Entscheidung, voller Elan. Im Lauf der Jahre hatte er sich eine Werbefilmproduktion aufgebaut, die zu der Zeit, als wir uns kennenlernten, zu den erfolgreichsten in Deutschland zählte. »Kürzlich«, so erzählte er, »hatte ich eine Präsentation beim Wirtschaftsministerium. Es ging um einen Film, der Investoren auf der ganzen Welt den Wirtschaftsstandort Deutschland schmackhaft machen sollte. Unsere Idee war brillant, ich war bestens vorbereitet. Doch als mich 20 Augenpaare dann erwartungsvoll anstarrten, fühlte ich mich auf einmal völlig verloren. Ich brachte nur noch einen Satz heraus, zum Glück leise genug, dass ihn nur mein Geschäftspartner hören konnte: »Ich habe einen totalen Black-out, übernimm du.«

Nico stieß zu uns Clowns, nachdem ihm einige Seminare zu seinem Problem nicht geholfen hatten. Inzwischen lebte er in ständiger Angst, wieder den Boden unter den Füßen zu verlieren. Darauf konzentrierten wir uns: Was konnte er tun, sollte das wieder passieren? Die wichtigste Botschaft lautet:

Wir können uns über Druck stabilisieren.

Dazu versuchen wir als Erstes, den Druck des Bodens zu spüren, auf dem wir stehen, und klären damit im wahrsten Sinne des Wortes unseren Standpunkt. Als Nächstes suchen wir den Druck im Raum. Wo ist unten, wo oben, wo sind die Wände? Und schließlich suchen wir den Druck bei den Zuhörern. Wir machen ihnen ein klares Beziehungsangebot. Über den Komplizen und den Zwilling haben wir bereits gesprochen. Bei diesen Beziehungsangeboten ergänzen oder verdoppeln wir. In Nicos Fall aber war etwas anderes gefragt, schließlich ging es bei ihm darum, in eine neue Richtung zu gelangen, in diesem Fall eine erfolgreiche Präsentation abzuschließen. Dafür stellte ich ihm das Beziehungsangebot »Statuspartner« vor.

Jede Beziehung braucht ein Gegenüber

Anders als Zwillinge oder Komplizen stellen Statuspartner die Frage nach dem Unterschied und definieren damit ihre eigene Position. Statuspartner suchen Orientierung durch Opposition. In der Unterscheidung erkennen sie sich selbst. Je deutlicher sich die Statuspartner voneinander unterscheiden, umso eher gelingt die Orientierung. Deswegen suchen Statuspartner nach Relationen wie: groß – klein, dick – dünn, oben – unten, hoch – tief. Die verbindende und gleichzeitig trennende Kraft entsteht durch den Gegensatz.

Wahrscheinlich dachten Sie nicht, dass Sie in der Clownmethode mit physikalischen Grundregeln konfrontiert werden, oder? Hier passen uns diese aber gut ins Geschäft. Denn wenn gegensätzliche Kräfte aufeinandertreffen, entsteht Druck, und aus dem Druck entsteht Energie. In der »Statusbeziehung« geht es darum, diesen Druck und diese Energie auf eine ganz besondere Weise zu nutzen

Stellen Sie sich zwei Menschen vor, die sich aneinanderlehnen. Sie werden beide von dem Druck, den sie aufeinander ausüben, gehalten. Nimmt einer der beiden sein Gewicht weg und vermindert dadurch den Druck, verlieren beide ihre Balance und geraten ins Kippen. Je mehr sie sich jedoch beide gleichzeitig in die Beziehung hineinlehnen, umso stabiler und gleichzeitig exzentrischer wird ihre Position. Als Statuspartner nutzen wir das Wechselspiel zwischen Druck und Gegendruck, statt uns auszuweichen oder den Druck gar abzuwehren. Dabei ist es wichtig, den Druck zu spüren. Je klarer uns unser eigener Standpunkt ist, desto weniger Angst brauchen wir zu haben, dass uns dabei jemand vereinnahmen oder wegdrücken kann.

Sie können diesen Druck sogar wahrnehmen, ohne dass Sie den Statuspartner berühren. Das passiert uns jeden Tag unzählige Male. Jemand betritt den Raum, und die Atmosphäre ändert sich, wir haben darüber gesprochen. Manchmal fühlen wir Menschen, bevor wir sie überhaupt sehen. In der Clownmethode trainieren wir diese feinen Wahrnehmungen.

> Je gegensätzlicher zwei Menschen sind,
> desto mehr spüren wir den Druck.

Dazu genügt es, einen großen Menschen neben einen kleinen zu stellen oder einen dicken neben einen dünnen. Wir können auch einen reichen Menschen wählen, dessen Gegenüber ein armer Schlucker ist oder einen klugen und einen dummen. Solche gegensätzlichen Verhältnisse nennen wir in der Clownmethode Statusbeziehungen. Das klassische Statusduo kennen Sie aus dem Zirkus. Da gibt es den Weißclown im edlen Kostüm, schön, intelligent und immer charmant im Umgang mit dem Publikum. Er nimmt den sogenannten Hochstatus ein. Sein Gegenpart ist der naive, tollpatschige August, der ständig damit zu kämpfen hat, dass ihm seine Hosen nicht herunterrutschen und er über seine viel zu großen Schuhe stolpert. Zusammen ergeben sie ein optimales Paar, der eine ist nicht ohne den anderen denkbar!

> Statuspartner brauchen sich: Der Weißclown braucht
> den dummen August und umgekehrt. Und genauso
> brauchen wir unseren Gegenpart.

Ohne August ist der Weißclown zwar schön, aber auch langweilig. Umgekehrt kann sich der August seine frechen Späße nur erlauben, weil ihm der Weißclown immer wieder Einhalt gebietet. In dieser Konstellation können wir über den Gegensatz lachen, ohne befürchten zu müssen, dass der eine den anderen unterdrückt. Egal, wie oft der August auf die Nase fällt, er steht immer wieder auf. Auch der Weißclown ärgert sich nicht wirklich über die groben Späße seines Partners, sondern schaut wohlwollend darüber hinweg. Auf diese Weise bleiben sie eine stabile Einheit, in der keiner den anderen dominiert. Sie lösen ihre Konflikte mit Humor, und weil der eine ohne den anderen nicht denkbar ist, behalten sie ihre Identität. Weißclown und August zeigen uns, wie wir mit Spaß, Witz und Humor mit Druck umgehen können.

Unter Clowns bedeutet Status nicht ein Machtgefälle.

Anders als bei den Clowns gehen wir in unserem Alltag in der Regel davon aus, dass der Reiche den Armen beherrscht, der Kluge den Dummen, der Schöne den Hässlichen. Daher wird das Verhältnis von Druck und Gegendruck in der Statusbeziehung meist als Machtgefälle gedeutet und als Machtspiel missverstanden. Auf lange Sicht kann dabei keiner gewinnen, auch nicht der Reiche, der Kluge oder der Schöne.

In der Clownmethode geht es in einer Statusbeziehung nur darum, sich selbst und den anderen zu spüren. Denn so können wir uns inspirieren und motivieren.

Die Statusbeziehung – wenn Druck und Gegendruck uns ins Spiel bringen

Schauen wir uns noch einmal den Weißclown und den dummen August an: Sie agieren in einem Wechselspiel von Druck und Gegendruck. Mal gibt der Weißclown den Ton an, dann kontert der August durch einen frechen Streich. Dabei stolpert er aber über seine eigenen Füße, was dem Weißclown die Gelegenheit gibt, ihm eine Lehrstunde in Sachen »wie gehe ich richtig« zu verabreichen. Zur Freude des Publikums, das sich in diesem Spiel oft wiedererkennt. Mit dem entscheidenden Unterschied: Der Weißclown und der dumme August wissen, dass es immer der andere ist, der sie inspiriert. Ohne das Stolpern des August könnte der Weißclown sein Wissen nicht an den Mann bringen. Deshalb liebt und schätzt er den August, auch wenn er ihn belehrt. Das kann er, weil er stets einen eigenen inneren Standpunkt spürt – was bei seinem Partner, dem August, natürlich auch der Fall ist.

Darauf wollen wir hier unser Augenmerk richten: unseren eigenen bewegten Standpunkt zu spüren. Erinnern Sie sich an die Druckübung mit der Wand? Fast allen Menschen vermittelt sie schnell zwei Schwachstellen, auf die wir uns konzentrieren sollten, wenn wir äußeren Druck spielerisch nutzen wollen: den unteren Rücken und die Füße. Vielleicht probieren Sie die Übung nochmal aus.

Übung 25: Die Wand, mein unterer Rücken und meine Füße

Lehnen Sie sich an eine Wand und verschaffen Sie sich Stabilität, indem Sie die Arme ausstrecken und Druck gegen die Wand ausüben. Je mehr Druck Sie ausüben, umso exzentrischer kann Ihre Haltung werden. Spüren Sie nun Ihren unteren Rücken. Achten Sie darauf, dass er stabil bleibt und Sie nicht ins Hohlkreuz fallen. Körpersprachlich gesehen sammelt sich an dieser Stelle Ihre Willenskraft.

Die zweite Schwachstelle sind unsere Füße. Stehen sie stabil oder rutschen sie weg? In der Körpersprache sind sie der Ausdruck unseres inneren Standpunktes. Falls Sie wegrutschen, brauchen Sie bloß den Druck zu verstärken, den Sie auf den Boden ausüben, schon ist Ihr innerer Standpunkt gestärkt.

Das »große Ja« in der Statusbeziehung

Mit unserem »großen Ja« ist in diesem Falle gemeint, dem Statuspartner so viel Druck beziehungsweise Gegendruck zu geben, wie er braucht, damit er seinen eigenen Status erkunden und verstehen kann. Um eine starkes Selbstbild zu entwickeln, brauchen wir ein starkes Gegenüber. Je schwächer das Gegenüber auftritt, desto schwächer erleben wir uns selber. Status verlangt nach Druck und Exzentrik. Deswegen sprechen wir in der Clownmethode hier von einem Beziehungsangebot. Die eigentliche Statusbegegnung findet in der Mitte statt – eben genau dort, wo Druck und Gegendruck aufeinandertreffen.

Der Druckpunkt ist gleichzeitig der
Kommunikationspunkt.

Das bedeutet, hier wird nicht gegeneinander gekämpft, wie es vielleicht zwei Ringer tun würden, sondern für uns Clowns ist der Druck dazu da, um unseren Standpunkt zu klären, zu bewegen und zu verändern. Wir wollen den anderen nicht in Frage stellen, schwächen oder gar vernichten. Keiner der beiden Statuspartner fühlt sich angegriffen, auch dann nicht, wenn der Druck größer wird. Wir brauchen nicht auszuweichen, und wir müssen uns nicht verausgaben. Weißclown und August als Beispiel für ein Status-Duo kommunizieren ganz spielerisch miteinander über ihren Druckpunkt.

Wie das funktioniert? Wieder geht es um Aufmerksamkeit und dadurch fließende Energie. Lenken Sie diese genau in den Raum zwischen Ihnen und Ihrem Statuspartner. Das klappt auch dann, wenn der andere nicht ganz so feinfühlig ist, wie Sie es sind. Denn solange Sie Ihr energetisches Bewusstsein auf die Mitte richten, bestimmen Sie, wo Ihre Kommunikation stattfindet. Sie kennen den Ausdruck »der ist mir geradezu ins Gesicht gesprungen«, den wir bei einem heftigen Streit verwenden? Genau das passiert uns nicht mehr, wenn wir unser Bewusstsein auf den Druckpunkt lenken. Denn dann ereignet sich etwas geradezu Magisches: Wenn Ihr innerer Standpunkt stabil ist, also wenn Ihr unterer Rücken und Ihre Füße stark sind, wird sich Ihr Gegenüber automatisch angleichen.

Auf diese Art und Weise können Sie auch sehr deutlich auftreten, ohne Ihren Kommunikationspartner zu provozieren. Lenken Sie immer den Impuls in die Mitte. Dann können Sie Ihre Gefühle, Wünsche und Bedürfnisse äußern, ohne in irgendeiner Weise anzuecken. Gleichzeitig fühlen Sie sich nicht »vor den Kopf gestoßen«, wenn Ihr Kommunikationspartner dasselbe tut.

Das Ich braucht das Du

Das »Peter-Prinzip« nennt man im Management den vom Kanadier Laurence Johnston Peter formulierten Grundsatz, dass nach einer gewissen Zeit jede Position von einem Mitarbeiter besetzt wird, der unfähig ist, seine Aufgabe zu erfüllen. Das ist starker Tobak, und der rührt unter anderem daher, dass sich schwache Chefs gerne mit schwachen Mitarbeitern umgeben. Sie scheuen den Statuspartner, weil sie sich – anders als ein Clown – von allen angegriffen fühlen. Täten sie dies nicht, würde das Peter-Prinzip außer Kraft gesetzt.

In der Clownmethode streben wir das Gegenteil dieses Prinzips an: um ein starkes Selbstbild zu entwickeln, wünschen wir uns ein starkes Gegenüber. Nur so können wir echten Druck spüren. »Das Ich braucht ein Du«, sagen wir, und meinen damit: Je deutlicher sich die Statuspartner voneinander unterscheiden, umso besser gelingt uns die Orientierung. Dort, wo das Peter-Prinzip greift – je schwächer mein Gegenüber auftritt, desto schwächer erleben wir uns selbst –, können wir keine großen Taten vollbringen. Eine Statusbeziehung verlangt immer nach deutlichen Impulsen und klarem Auftreten.

Ich selbst habe als Schüler vieles von dem in Frage gestellt, was in der Schule als feststehende Regel galt. Als Viertklässler trat ich sogar in einen Schulstreik. Ich brachte meine Opposition zum Ausdruck, indem ich mich eine Woche lang auf den Pausenhof setzte, statt am Unterricht teilzunehmen. Meine kleine Palastrevolution hatte zur Folge, dass mir nahegelegt wurde, die Schule zu wechseln. Es hieß, ich sei ein Unruhestifter. In Wahrheit war ich das Gegenteil:

in meiner Freizeit war ich als Messdiener aktiv, weil mir die sakrale Ruhe der Kirchen so gut gefiel.

Heute weiß ich, was mich damals umtrieb, und ich weiß, welchen grundlegenden Fehler die Schulleitung gemacht hat. Es geht um eine Statusbeziehung, wenn Schüler das Schulsystem testen. Sie wollen herausfinden, wie ein Lehrer reagiert. Bleibt er cool, kann er seinen Hochstatus behaupten, beherrscht er die Statusregeln? Besonders für Jugendliche, die ihre Identität im Außen suchen, ist eine Statusbeziehung oft die einzige Möglichkeit, ihr inneres Kräftespiel in Balance zu bringen. Der kluge Lehrer weiß, wann eine Provokation als Angriff zu verstehen ist und wann lediglich als die Frage: »Kannst du mich halten? Ich will mich fühlen!« Das war seinerzeit auch mein Bedürfnis gewesen, doch statt gehalten zu werden, erfuhr ich, wie der Hochstatus, also die Schule, dem Peter-Prinzip entsprechend auswich. »Aus dem Felde gehen« nennen es die Soziologen, wenn eine der Parteien bei einem ersten Anzeichen von Konflikt sofort die Flucht ergreift.

Unsere Fähigkeit, Statuskonflikte mit Humor zu nehmen und Druck spielerisch zu beantworten, hängt ganz davon ab, wie stabil unsere innere Achse ist und damit unser klares Gefühl für Grenzen. Verstehen wir so einen »Statustest« als Angriff, lässt das darauf schließen, dass wir die Energie unseres Gegenübers ungefiltert übernehmen. Dann verhalten wir uns wie Zwillinge, die niemals zwischen ich und du unterscheiden. Entsprechend frustriert reagieren wir auf den Störimpuls. Deshalb müssen wir klar unterscheiden:

Im Statusspiel haben wir keinen Zwilling an der Seite
und auch keinen Komplizen.

Ein Statuspartner fordert uns heraus. Er will, dass wir Stellung beziehen. Deshalb müssen vor allem Führungskräfte über ihre innere Balance genau Bescheid wissen. Der Wunsch eines Vorgesetzten, dass seine Mitarbeiter ihn respektieren, lässt sich nicht verordnen. Respekt hängt davon ab, ob diese Mitarbeiter ihren Vorgesetzten als authentisch empfinden. Dazu muss er nicht knallhart gegen sich selbst sein oder stets als Sieger durch den Triumphbogen marschieren, sondern er muss vor allem echte Gefühle zeigen und sollte in Konfliktsituationen nie den Humor verlieren.

> Humor gewinnt immer, ganz ohne Wettkampf und
> Kräftevergleich.

Im Berufsleben gehört Statusverhalten zum Alltag. Der Kollege, der sich gerne als Chef aufspielt und meint, er müsste allen anderen ständig erklären, wie die Dinge laufen, während er gleichzeitig davon ausgeht, dass alle anderen ihm zuarbeiten. Oder jemand, der einem schon körperlich zu verstehen gibt, dass er hier das Sagen hat und dabei gerne auch mal provoziert. Umgekehrt gibt es Menschen, die ihr Gegenüber dadurch binden, dass sie sich am liebsten jeden Schritt vorgeben lassen. Je nachdem zwingt uns das Statusverhalten des anderen in eine entsprechende Rolle, aus der wir nur schwer herausfinden, wenn wir die eigentliche Dynamik nicht durchschauen. Manchmal sind es auch nur kleine alltägliche Situationen, wie die Frage, wer als Erster in den Aufzug steigt, am Tresen bedient wird oder einen Platz am Tisch bekommt. Die Frage, ob Sie sich von den bewusst und unbewusst stattfindenden Statustests aufreiben lassen oder ob Sie in der Lage sind, souverän damit umzugehen, entscheidet am Ende über Ihren Erfolg oder Misserfolg. Das Statusspiel beinhaltet Konfliktpotenzial. Wir regen uns über das Verhalten eins anderen auf und versuchen, ihn zu ändern (ungeachtet der Tatsache, dass wir niemanden verändern können außer uns selbst), und dieser Versuch verstärkt den Konflikt. Um das Kräftespiel mit Humor zu nehmen, müssen wir unsere Identität vom Status entkoppeln. Das gelingt am besten, wenn wir Statusbeziehungen aus der Perspektive des Clowns betrachten.

Hochstatus und Tiefstatus aus der Perspektive des Clowns

In der Clownmethode machen wir uns bewusst, dass der Hochstatus ebenso wie der Tiefstatus Aufgaben erfüllen, die sich gegenseitig ergänzen. Keiner kann ohne den anderen auskommen. Deshalb bewerten Clowns ihre Aufgaben nicht. Sie kommen nicht auf den Gedanken, die eine könnte besser sein als die andere. Ganz im Gegenteil gehen sie ganz in den Aufgaben auf – egal, ob sie die Stellung des Hochstatus oder die des Tiefstatus einnehmen.

In jedem Statusspiel hat der Hochstatus drei Funktionen zu erfüllen: Er erklärt. Er gibt Anweisungen. Er lässt sich bedienen. Wir werden gleich näher darauf eingehen, aber lassen Sie mich eines schon jetzt sagen: Jede dieser Aufgaben ist ganz schön anstrengend. Ständig zu erklären bedeutet auch, ständig alles wissen zu müssen. Anweisungen zu erteilen bedeutet, uns muss klar sein, wo die Reise hingeht. Und daran, sich bedienen zu lassen, ohne einzugreifen, scheitern viele Hochstati, weil die wenigsten von uns dies gelernt haben.

Doch wie dem auch sei, für all diese drei Funktionen braucht der Hochstatus seinen komplementären Tiefstatus. Dieser hat genau drei Aufgaben. Er muss verstehen. Er muss jeden Wunsch des Hochstatus erraten. Er muss bedienen. Auch diese Jobs gut hinzukriegen, ist sehr herausfordernd. Verstehen bedeutet auch »verstehen zu wollen«, ohne auf die Stimme im Kopf zu hören, die uns einflüstert, wir wüssten doch schon alles. Jeden Wunsch zu erraten heißt, durchlässig zu sein, mitzufühlen und mitzudenken. Da ist Empathie gefragt, eine große Herausforderung für jeden von uns. Bedienen zu können, ohne sich abgewertet zu fühlen, ist die dritte Schwierigkeit, die auf den Tiefstatus zukommt.

Gehen wir vom Optimalfall aus: Ein Hochstatus hat die Kompetenz, etwas zu erklären, ein Tiefstatus ist fähig zuzuhören, und er kann auch nachzuvollziehen, was ihm da erklärt wird. In diesem Fall haben wir ein echtes Siegerteam vor uns. Das ist auch der Fall, wenn der Hochstatus sinnvolle Anweisungen geben kann und der Tiefstatus in der Lage ist, danach zu handeln, möglicherweise sogar noch bevor die Order kommt. Und schließlich kann die Kultur, sich bedienen zu lassen und jemanden zu bedienen, von beiden Partnern als genussvolles Zusammenspiel erlebt werden.

Siegerteams erleben wir immer dann, wenn weder Hoch- noch Tiefstatus ein Macht- oder Ohnmachtverhältnis empfinden. Dann ist der Hochstatus der kompetente Fels in der Brandung und der Tiefstatus sein idealer Assistent. Meist sieht die Realität jedoch anders aus. Im Beruf, im Alltag, in der Familie und im Freundeskreis, überall begegnen uns Hochstati, die die Welt erklären, ohne sie zu begreifen, und Tiefstati, die so tun, als ob sie alles verstehen, dabei aber gar nicht zuhören. Wir treffen Menschen, die Anweisungen erteilen, und dabei das Gefühl vermitteln, dass sie sich selbst nicht ernst nehmen. Wir stoßen auf Leute, die sich für ihre Umwelt verausgaben, ohne sich zu fragen, ob die Umwelt das überhaupt will. Wir haben es mit Hochstati zu tun, denen es hochnotpeinlich ist, bedient zu werden, und die daher stets mehr bezahlen, als die erbrachte Leistung wert ist. Oder die umgekehrt alles verachten, um nichts bezahlen zu müssen.

In der Clownmethode sprechen wir in all diesen Fällen von einer Statusverwirrung. Sie führt dazu, dass sich kein dynamisches Spiel entwickeln kann. Die Statuspartner blockieren sich gegenseitig durch ein tief verankertes Gefühl von Schuld und Scham. Aus Angst, die Macht und damit das Gesicht zu verlieren, achtet der Hochstatus darauf, keinen Fehler zu machen. Die Scham, als Verlierer dazustehen, treibt ihn so sehr an, dass er sich keine Pause gönnt. Er steht ständig unter Hochspannung, jeder Spannungsabfall kommt ihm wie ein Absturz vor. Für ihn ist alles Wettkampf, Emotionen kann er nur in Form von Krankheiten zeigen. Der Tiefstatus hingegen bremst jede Aktion des Hochstatus aus. »So habe ich das nie gemacht«, ist einer seiner Lieblingssprüche. Er giert nach Ordnung und Kontrolle, und lehnt jede Selbstentfaltung ab.

Wenn Hoch- und Tiefstatus auf diese Weise ein Gefälle erleben, bauen beide ein Bollwerk auf, um ihre Position zu schützen. Dann wird aus jeder Anweisung des Hochstatus Kritik, während der Tiefstatus ihn aus Rache ins Leere laufen lässt. Das kommt Ihnen bekannt vor? Dann ist es an der Zeit, den gordischen Knoten zu zerschlagen.

Im Statusspiel müssen wir die Schuld- und
Schamfrage klären.

Unsere Vorstellung von Macht und Ohnmacht ist geprägt
durch unsere Erziehung und Sozialisation. Meistens haben
wir Macht und Ohnmacht als ein Gefälle erlebt – die da oben,
wir hier unten, oder wir hier oben, die da unten, mit einer
undurchdringlichen Grenze dazwischen. Diese Haltung gehört zur gängigsten Weltanschauung. Sie ahnen, dass diese
überholte Vorstellung in der Welt der Clowns nichts zu suchen hat. Ihre Aufgabe ist es, die dadurch entstandene Sta-
gnation zu überwinden.

Denn tatsächlich handelt es sich hier um ein festgefrore-
nes Verhältnis. Hoch- wie Tiefstatus gehen davon aus, dass
zunächst der andere ein Eingeständnis in Sachen Schuld und
Scham machen muss. Damit bleiben beide in ihren schicksal-
haften Positionen stecken und verhindern einen Statuswechsel, auf den das Spiel, wenn es gelingt, eigentlich hinauslau-
fen sollte. Niemand will ständig im Hochstatus bleiben, das
ist viel zu anstrengend, und aus demselben Grund will sich
niemand für immer und ewig dem Tiefstatus verschreiben.
Bei den oben beschriebenen Siegerteams kommt es immer
wieder zum Statuswechsel. Dadurch lernen beide Neues –
und das Neue bringt uns voran.

Im Clownspiel auf der Bühne führen wir solche vertrack-
ten Situationen gerne vor. Der Zuschauer kann dadurch
erkennen, in welchen Situationen er immer wieder fest-
steckt – aber auch, wie es weitergehen kann. Der Perspektivenwechsel ist möglich, weil die Clowns auf der Bühne ihre
Vorstellung von Macht und Ohnmacht aufgeben. Und weil
das im wahren Leben genauso funktioniert, ist es schon im-

mer ihre Aufgabe gewesen, der Gesellschaft einen humorvollen Spiegel vorzuhalten.

Ich erinnere mich noch gut an die Fernsehserie *Ein Herz und eine Seele*, die in den 1970er-Jahren für Rekordeinschaltquoten sorgte. Dass sie nichts an ihrer Aktualität verloren hat, zeigen die regelmäßigen Wiederholungen, die auch heute noch ihre Zuschauer finden. Das Thema hinter der Serie ist unser altbekanntes Statusthema: Druck, der fehlgeleitet wird, das Fehlen eines eigenen Standpunktes und jede Menge Schuld und Scham. Als Prototyp des deutschen Spießers tyrannisiert der Brechtschauspieler und Komiker Heinz Schubert in der Rolle des Ekel Alfred seine Familie mit reaktionären Sprüchen. Und oft bleibt den Zuschauern dabei das Lachen im Hals stecken.

Die Haupteigenschaft eines Spießers ist seine Engstirnigkeit und seine Angst vor Veränderungen, während er gleichzeitig auf die bestehenden Verhältnisse schimpft. Er ist die personifizierte Ablehnung, akzeptiert in der Beziehung mit anderen Menschen nur seine eigene Meinung und sucht geradezu verzweifelt nach einem Statusverhältnis. Allerdings nicht nach einem, das den Statuswechsel verspricht, schließlich will er nichts Neues lernen. Er will das Gefälle zwischen oben und unten, denn darin fühlt er sich bestätigt. Nun aber wird es für ihn schwierig: Um in seiner von autoritären Verhältnissen geprägten Welt nicht unterzugehen, muss er alles um sich herum ständig abwerten. »Ich bin das Opfer der Verhältnisse«, sagt er dann, und sucht gezielt die Schwächen seiner Mitmenschen, um wenigstens ein bisschen Oberwasser zu gewinnen. In seinem Umfeld bewegt er sich wie ein Despot und schafft sich eigene Regeln. Er duckt sich nach oben und tritt nach unten. Humor ist ihm suspekt, weil er spürt, dass Humor sein fragiles Kartenhaus zum Einsturz bringen würde. Deshalb macht er nur Witze auf Kosten anderer. Kein Wunder, dass er sich als Rolle für einen Komiker anbietet. Kaum ein anderer Menschentyp eignet sich so gut, um durch den Kakao gezogen zu werden. Trotzdem erlebt seine Gattung in unsicheren Zeiten enormen Zulauf. Obwohl er auf »ihr da oben, wir da unten« schimpft, sorgt der Spießer selbst dafür, dass sich an diesem Zustand nichts ändert.

Wie wir den Statuswechsel herbeiführen

Die dynamische Figur des Clowns und Narren ist das Gegenteil vom statischen Charakter des Spießers. Ihr Geheimnis liegt in einem starken Glaubenssatz:

Ich kann auch anders!

Diesen Satz können wir dann mit reinem Herzen aussprechen, wenn wir unsere Identität nicht länger mit einem Weltbild, das in »unten« und »oben« einteilt, verknüpfen.

Dabei müssen wir uns klarmachen, wie schnell wir uns in eine für andere exponierte Stellung bringen, und damit ihr Statusprogramm starten. Das machen wir tagtäglich und in der Regel völlig unbewusst: Wir ziehen uns etwas Besonderes an, um aus der Masse herauszustechen. Wir posten auf Facebook unsere schönsten Urlaubsfotos, um zu zeigen: Da waren wir und ihr nicht. Wir erzählen von unseren jüngsten Erfolgen. All das unterstreicht unseren Hochstatus. Genauso oft tun wir aber auch das Gegenteil: Wir sprechen über unsere Krankheiten. Wir jammern über den Chef. Wir beklagen uns über den Stau, in dem wir stundenlang gestanden haben.

Nun rate ich Ihnen nicht dazu, all das bleiben zu lassen. Ihnen soll nur klar sein: Sie bringen sich damit in eine exponierte Stellung und drücken so auf den Startknopf des Statusprogramms. Dadurch entsteht eine Beziehungsdynamik, in der Ihr Gegenüber ganz klare Erwartungen entwickelt.

Das Programm, das Sie gestartet haben, setzt jetzt Oppositionskräfte frei. Im Statusspiel stemmen Sie sich nicht dagegen, sondern genießen die Gegensätze. Integrieren Sie die Impulse Ihres Gegenübers und erweitern damit Ihre eigene Persönlichkeit.

Wir brauchen ein gewisses Feingefühl, um zu erkennen, ob wir uns im Hochstatus oder Tiefstatus befinden. Ich habe es mir zur Gewohnheit gemacht, bei jeder passenden Gelegenheit meinen Status zu prüfen. Wenn ich in einen Bus steige – bin ich im Hoch- oder im Tiefstatus? Ich bin ein zahlender Kunde, also kann ich mich als Hochstatus fühlen. Doch ohne den Busfahrer komme ich nicht an mein Ziel – damit nimmt er eigentlich den Hochstatus ein. Wir können also selbst entscheiden. Ist die Entscheidung aber gefallen, dann spiele ich meinen Status auch aus. Sehe ich den Busfahrer als Hochstatus an, kann ich ihn als Tiefstatus nicht anschnauzen, weil er mir zehn Cent zu wenig rausgegeben hat. Das wäre schon wieder eine Statusverwirrung. Als echter Tiefstatus frage ich daher höflich nach dem fehlenden Geld.

Egal, in welcher Situation wir uns befinden, die Grundregel lautet immer:

Status müssen wir mit Status beantworten.

Für den Lehrer in der Schule gehört das Statusspiel zum Alltag. Hier ist es wichtig die Provokation eines aufmüpfigen Schülers nicht als Angriff, sondern als Statustest zu verstehen. Dem Schüler geht es nicht darum, ihn umzustoßen oder zu vernichten. Der Druck der von ihm ausgeht, ist ein Versuch, die eigene Position zu klären. Der Statustest stellt die Frage: »Wer bist Du?« und damit »Wer bin ich im Zusammenhang mit Dir?« In diesem Fall ist es wichtig, dass Sie die Position eines wahren Hochstatus einhalten: Geben Sie echte Regeln zur Orientierung. Erklären Sie gut. Scheuen Sie sich nicht vor klaren Anweisungen. Das meinen wir, wenn wir davon sprechen, den Status mit Status zu beantworten. Verteidigen Sie sich auch nicht, dadurch verlassen Sie nämlich Ihren bewegten Standpunkt und damit Ihre Identität, und der Druck wendet sich sofort gegen Sie. Ist dies der Fall, verlassen Sie die Statusbeziehung und geraten in eine »Scheiterbeziehung«. Was das ist, darüber werden wir im nächsten Kapitel sprechen. Denken Sie daran: Im Statusspiel geht es ausschließlich um Stabilität durch das Wechselspiel von Druck und Gegendruck. Wenn Sie dieses Prinzip verstehen und verinnerlichen, wird es zukünftig kaum mehr etwas geben, das Ihnen den Boden unter den Füßen wegziehen kann.

Eine wunderbare Gelegenheit, sich selbst in Sachen Statusspiel zu überprüfen, bietet uns der gefürchtete Zwischenrufer. Er kann mächtig Druck ausüben, wenn er versucht, uns durch provozierende Bemerkungen aus dem Konzept zu bringen. Der souveräne Redner in seiner Hochstatusposition reagiert angemessen: Er weist den Zwischenrufer nicht hart zurück – bitte erinnern Sie sich, der Hochstatus erklärt, gibt Anweisungen und lässt sich bedienen –, und er ignoriert den

Störimpuls auch nicht. Natürlich ist dem souveränen Redner klar, dass der Zwischenrufer den Streit sucht, um ihm im wahrsten Sinne des Wortes seinen Status streitig zu machen. Würde der Redner nun frustriert reagieren oder verletzt, nähme er das Streitangebot an. Damit wäre sein Auftritt verloren, denn aus einem Streit kommt keiner unbeschadet heraus. Das einzige Mittel, das dem Redner hilft, souverän zu bleiben, ist die humorvolle Reaktion. Nur der Humor hält die Dinge im Fluss.

Bevor ich näher darauf eingehe, noch ein Wort dazu, warum es den Zwischenrufer überhaupt gibt. Was motiviert den Provokateur zur Provokation? Tatsächlich will er dem Hochstatus seine Position streitig machen. Der Hochstatus erklärt etwas, und der Provokateur will die Belehrung nicht hören. Er ist eben kein Tiefstatuspartner wie die anderen im Publikum. Er fühlt sich herumkommandiert, wenn ein Hochstatus Anweisungen gibt oder auch nur einen Wunsch äußert. Oder er gerät in Stress, weil er meint, genauso viel wissen zu müssen wie der Hochstatus (dabei hat er aber meistens seine Hausaufgaben nicht gemacht).

Zu solchen Statusstreitigkeiten kann es auch kommen, wenn ein Tiefstatus etwas anbietet und bedient und sein Gegenüber das nicht annehmen kann. Oder ein Tiefstatus nach Klarheit fragt, und der andere sofort das Gefühl bekommt, kritisiert zu werden – sehr häufig ist das in Ehen der Fall. Streit kommt auf, wenn einer sich zurückzieht und der andere meint, er müsse nun ganz allein die Verantwortung schultern. Oder der eine Stress hat und der andere glaubt, er müsse diesen Stress übernehmen.

Streit liegt also häufig in der Luft. Aber ist Ihnen auch klar, welche starke Antistreitwaffe Sie in den Händen halten?

Nur weil einer streiten will, bedeutet das nicht,
dass Sie ebenfalls streiten müssen.

Zurück zur Vortragssituation: Mit großer Wahrscheinlichkeit weiß auch unser Zwischenrufer gar nicht, warum er überhaupt streiten will. In der Regel hat es damit zu tun, dass er sich nicht gesehen fühlt. Wenn er darum weiß, kann der souveräne Redner sicher und gelassen reagieren: »Moment mal. Das ist ja gar kein Angriff. Der will mich nicht zu Fall bringen, sondern er sucht nur den Druck. Dieser Mensch will sich spüren. Und weil ich ein guter Hochstatus bin, mache ich ihm die Freude.«

Lassen Sie also das Wechselspiel von Druck und Gegendruck für sich arbeiten. Das bedeutet in diesem Fall, dass Sie dem Statusangebot des Zwischenrufers folgen, da Sie wissen, dass keiner verlieren oder gewinnen muss. Auf diese Weise führen Sie einen spielerischen Statuswechsel herbei. Solange Ihr Standpunkt davon unberührt bleibt, können Sie den Status danach wieder umkehren. Und Sie werden erleben: Den Zuhörern gefällt das, denn der Statuswechsel wirkt wie eine Pointe, er erfrischt und belebt.

Vorhang auf für ein Statusspiel

Mittwochsbühne heißt unsere regelmäßig stattfindende Veranstaltung, in der meine Profistudenten an der Schule für Clowns vorführen, was sie Neues gelernt haben. Ich habe jetzt noch das Gelächter unserer Gäste im Ohr, als zwei der Studenten neulich ein klassisches Statusspiel vorgeführt haben. Es trägt den Titel »Der Besen« und zeigt die ganze Kraft des Statuswechsels auf eine sehr humorvolle Weise.

Vorhang auf! Ein wunderschöner Weißclown und sein Partner, der tollpatschige August, betreten die Bühne. Wer da den Hoch- und wer den Tiefstatus hat, ist klar. Der Weißclown gibt mit seiner ganzen Würde dem August den Auftrag, die Bühne zu kehren. Ich rufe Ihnen dazu noch einmal die Aufgaben des Tiefstatus vor Augen: 1. Er muss verstehen. 2. Er muss jeden Wunsch des Hochstatus zu erraten versuchen. 3. Er muss bedienen. Und das alles tut er natürlich von Herzen gern! Deshalb ist unser August jetzt absolut begeistert, dass er dem Weißclown nützlich sein darf! Vor lauter überschwänglicher Freude vergisst er, was er eigentlich tun soll. Ist ja nicht schlimm, denn dafür haben wir die Technik der sinnlichen Fragen entwickelt. Und die nutzt der August, indem er dem Weißclown ein Loch in den Bauch fragt. Wie war das, was sollte ich tun? Ah, kehren, das ist ja toll! Aber, lieber Weißclown, *wie* soll ich kehren? Wie halte ich denn so'n Besending? Ach, andersherum! So? Oh, wieder falsch. Bitte erinnern Sie sich auch an eine wichtige Aufgaben des Hochstatus: Er erklärt, weil er es weiß. Und so steht der Weißclown dem August geduldig Rede und Antwort. Dessen Wissensdurst kennt kein Ende: In welchem Tempo kehre ich? Kehre ich links rum oder rechts rum? Oder umgekehrt? Dabei ist der Tiefstatus weiterhin voll bei der Sache – das ist ganz wichtig, er ist nie frustriert, er ist immer begeistert, er freut sich über jede Anweisung, die er bekommt. Der Weißclown erklärt geduldig und geduldig und geduldig, aber da wir im Clownspiel sind, mischt sich zunehmend Verzweiflung in seine Worte. Dieser Typ schnallt es einfach nicht, was kann ich denn noch tun? Und in diesem Moment kommt der schöne Weißclown auf die Idee, dem dummen August das Ganze praktisch zu erläutern. Er schnappt sich den Besen und *zeigt* ihm, wie man die Bühne kehrt. Und weil er der erklärende Hochstatus ist und der Tiefstatus weiterhin Fragen stellt, zeigt er es ihm so genau, bis die ganze Arbeit gemacht ist. Der August bewundert natürlich das außerordentliche Können des Weißclowns – und das Publikum lacht sich schlapp, weil es sich selbst erkennt. Wie oft machen wir die Arbeit von anderen, weil wir vor lauter Ungeduld unfreiwillig einen Statuswechsel herbeiführen?

Stelle ich in meinen Seminaren die Frage, welche Rolle wertvoller ist, die des Hochstatus oder die des Tiefstatus, entscheiden sich die meisten für die erste. Kommen wir dann ins Spiel, ist die Tiefstatusrolle schnell viel begehrter. Denn im Grunde genommen ist der Hochstatus derjenige, der ständig arbeiten muss: permanent muss er erklären, dauernd muss er sich neue Anweisungen einfallen lassen. Selbst dann, wenn er sich bedienen lässt, muss er sich auf die Schusseleien des Tiefstatus einstellen. Setzen darf er sich erst, wenn der Tiefstatus ausführlich den Stuhl gesäubert hat. Er muss froh sein, wenn diesem während des Essens nicht einfällt, die Tischdecke zu wechseln, weil er einen winzigen, nur für sein Auge sichtbaren Schmutzfleck entdeckt hat.

Erinnern Sie sich an den wunderbaren Sketch *Dinner for one*? Dieser Klassiker gehört zu den am häufigsten ausgestrahlten Sendungen im deutschen Fernsehen. Darin feiert Miss Sophie ihren 90. Geburtstag, wozu sie wie jedes Jahr ihre vier engsten Freunde eingeladen hat: Sir Toby, Admiral von Schneider, Mr Pommeroy und Mr Winterbottom. Da alle vier leider schon verstorben sind, muss der Butler James deren Rollen einnehmen. Ganz klar, hat Miss Sophie den Hochstatus inne, und der Komiker Freddie Frinton in der Rolle des Butlers den Tiefstatus. Er muss servieren, er muss die Getränke einschenken, er muss in die Rollen der Gäste schlüpfen und auf Miss Sophie jeweils einen Toast ausbringen (und anschließend das jeweilige Glas austrinken), und natürlich fragt er als guter Tiefstatus immer wieder nach, ob er das alles wirklich tun soll? Hochstatus Miss Sophie ist dann die Güte selbst: »The same procedure as every year, James.« Das geht so bis zum Höhepunkt des Sketches, wenn sich Miss Sophie in ihr Schlafzimmer zurückzieht und der Butler sie mit den Worten begleitet: »Ich werde mein Bestes geben!«

Sketche wie *Dinner for one* oder »Der Besen« zeigen auf wunderbare Art und Weise, wie der Tiefstatus den Hochstatus an seiner Statusnase herumführt. Was uns abermals zu unserem Zwischenrufer zurückbringt. Die Situation ist eindeutig. Als Redner sind Sie der Hochstatus, denn Sie erklären die Lage der Nation. Nun mischt sich einer ein und drängt sich damit in Ihre Position. Was ist zu tun? Als Erstes nehmen Sie einen tiefen Atemzug in Ihre Achse. Suchen Sie dann die Bezugspunkte im Raum und spüren Sie so Ihren stabilen Standpunkt. Machen Sie sich dabei klar, dass der Rufer den Statuswechsel will, Sie aber nicht zerstören oder vernichten will, denn damit würde er Sie ja auch als Statuspartner verlieren. Sie können also getrost ganz freiwillig den Tiefstatus einnehmen und damit den gewünschten Gegendruck aufrechterhalten! Sie fragen, Sie wollen erklärt bekommen. Es wird nicht lange dauern, bis der Zwischenrufer Ihnen gerne Ihren Hochstatus zurückgibt, weil er merkt, wie schwierig es ist, ein authentischer Hochstatus zu sein. Sobald er wieder Tiefstatus sein will, drehen Sie das Statusverhältnis um, klären die Situation und setzen Ihren Vortrag fort.

Es geschieht oft, dass jemand Druck spüren will und wir dies als Angriff missverstehen. Weil diese Konstellation beispielhaft für viele Situationen in unserem Leben ist, möchte ich sie Ihnen mithilfe von Winfried näherbringen. Winfried arbeitet als Dozent an einer Universität. Sein nerviger Zwischenrufer war ausgerechnet ein Kollege. »Das war der Super-GAU«, sagte er. »Der Typ trieb mich an den Rand des Wahnsinns, denn er störte mich bei jedem Vortrag.« Allein an Winfrieds Wortwahl lässt sich schon ablesen, dass er sich angegriffen und bedroht fühlt. Ein souveräner Hochstatus lässt sich nämlich nicht stören, nur weil ein Tiefstatus sich durch Druck spüren möchte. Doch Winfried ließ sich lange Zeit jedes Mal unterbrechen und vergaß vor lauter Ärger zu atmen. Er weigerte sich weiterzusprechen oder versuchte, den Kollegen aus dem Raum zu schicken.

In seiner Statusposition frei und autonom zu werden bedarf ein wenig Übung. Daher spielte ich mit Winfried immer wieder neue Situationen durch, bis er in der Lage war, in seiner inneren Achse zu bleiben und seinen bewegten Standpunkt zu bewahren. Die Probe aufs Exempel kam bei seinem nächsten Vortrag. Wie erwartet rief sein Tiefstatus-Kollege dazwischen. Winfried wechselte elegant aus seinem Hochstatus in den Tiefstatus, fragte den Kollegen, ob er ein Kollege sei (was er in Wahrheit natürlich wusste), und zeigte sich tiefstatusmäßig begeistert, diesem gerne einmal bei einem Vortrag lauschen zu dürfen. Wann fände denn einer statt? Die Lacher hatte er jetzt ohnehin schon auf seiner Seite, denn alle Zuhörer verstanden den Wink mit dem

Zaunpfahl. Gleichzeitig konnte er, nachdem der Kollege tatsächlich einen Termin genannt hatte, wieder in den Hochstatus überwechseln und seinen Vortrag ab da ungestört fortsetzen.

Wo der Spaß aufhört

Wenn Positionen sich verhärten und Situationen festfahren, gibt es kein Wechselspiel zwischen Druck und Gegendruck mehr. Die Folge: Es fließt keine Energie. Die Folge der Folge: Es kommt zum Stillstand. In diesen Situationen neigen Menschen dazu, als letzten Ausweg die Trennung zu wählen. Es hilft, wenn Sie sich jetzt an den Clown erinnern. Für ihn ist es überhaupt kein Problem, mit viel Begeisterung den Erklärungen eines Hochstatus zu folgen und ihm damit den Spiegel zu reichen, den dieser sich wünscht.

> Völlig unbeeindruckt von Moral, Wertigkeit
> und gesellschaftlichem Stand wechseln Clowns
> zwischen Hoch- und Tiefstatus hin und her,
> wie es ihnen gefällt.

Sie sind ausschließlich daran interessiert, den energetischen Fluss aufrechtzuerhalten. Ihr Selbstvertrauen – denn das benötigen sie dazu – beziehen sie aus ihrem Wissen, dass jede Pointe durch einen Statuswechsel herbeigeführt wird und durch die Position, die sie gerade einnehmen. Das Einzige, was einem dabei im Wege stehen kann, ist die Vorstellung, mit der eigenen Statusposition auch die eigene Identität zu verteidigen.

Clowns verknüpfen ihre Identität
nicht mit einem Status.

Doch bei uns hört bei der Identität sehr oft jeglicher Spaß auf. Sie werden sich vielleicht wundern, aber gerade für einen Clown ist es wichtig, die eigene Spaßgrenze zu kennen. Das ist der Punkt, wo wir mit dem Verhalten unseres Gegenübers nicht mehr klarkommen und uns provoziert und verletzt fühlen. In der Regel startet dann ein Programm, das wir nicht mehr kontrollieren können, bei dem es nur noch um Verteidigung und Angriff geht. Es versteht sich von selbst, dass das mit Spaß nichts mehr zu tun hat. Deswegen ist es gut, wenn Sie vorbereitet sind und Ihre eigene Spaßgrenze kennen. Die Clownmethode ist dabei eine Einladung, Ihre Tabus und Grenzen auszuloten, zu überschreiten und auszubauen. Das ist wichtig, wenn wir Konflikte mit Humor lösen möchten.

Um Ihre Spaßgrenze herauszufinden, lade ich Sie zu einem persönlichen Statustest ein. Finden Sie heraus, ob Sie mehr zum Hochstatus oder mehr zum Tiefstatus neigen und von welchem Verhalten Sie sich verunsichert oder provoziert fühlen. Je nachdem, welche persönlichen Erfahrungen Sie gemacht haben, wie Ihre eigenen Ängste gelagert sind, sich lächerlich zu machen, sich bevormundet, überflutet oder vorgeführt zu fühlen, werden Sie feststellen, dass Sie sich mehr von dem einen oder dem anderen Verhalten triggern lassen und dann nicht mehr angemessen reagieren. Das kennen Sie doch auch, wenn Sie in einer Situation wegen einer Kleinigkeit völlig überreagieren, oder? Das nennen wir Spaßgrenze. Als Clown bewegen wir uns permanent an der Grenze zwischen Spaß und Ernst. Es ist wichtig, diese

Gratwanderung zu beherrschen, sodass wir nicht ungewollt abstürzen und wenn es doch passiert, gleich wieder auf die Beine kommen. Deswegen sollten wir herausfinden, an welchem Punkt wir uns persönlich angegriffen fühlen. In meiner Seminararbeit habe ich festgestellt, dass wir durch das Statusspiel die Spaßgrenze leicht herausfinden können. Und wir können gleichzeitig lernen, sie spielerisch zu bewegen und die Dinge mit mehr Humor zu betrachten.

Übung 26: Meine Spaßgrenze

Wir beginnen damit, wie ein Hochstatus den Raum betritt. Rufen Sie eine entsprechende Erinnerung dazu in sich auf, und stellen Sie sich vor, in welcher Körperhaltung und mit welchem Verhalten er das tut. Sie dürfen dabei gerne übertreiben. Lassen Sie auch kein Klischee aus: Natürlich nimmt er sofort den ganzen Raum ein. Er lässt keine Gelegenheit verstreichen, Erklärungen und Anweisungen zu geben. Er äußert Kritik, und ist dabei gerne auch nachdrücklich.

Haben Sie dieses Bild vor Augen, sehen Sie Ihren Hochstatus? Wie fühlen Sie sich in seiner Anwesenheit?

Geht Ihnen der Wichtigtuer auf die Nerven? Dieser Klugscheißer, der glaubt, zu allem etwas sagen zu müssen? Wie geht es Ihnen bei dem Gedanken, sich von diesem Großkotz herumkommandieren zu lassen? Was halten Sie von diesen verwöhnten Aufschneidern, die sich alles rausnehmen und von hinten und vorne bedienen lassen?

Nun rufen Sie sich das Bild von einem Tiefstatus vor Augen. Er schleicht geradezu in den Raum. Dann will er sich aber sofort nützlich machen, auch wenn Ihnen das nichts nutzt. Vorsorglich entschuldigt er sich für alles, was eventuell irgendwann und irgendwie passieren könnte.

Sehen Sie Ihren Tiefstatus? Wie fühlen Sie sich in seiner Anwesenheit?

Wer von beiden nervt Sie mehr, der Hochstatus mit seinem Gehabe, oder ist es diese Dumpfbacke mit ihrer unterwürfigen Art und ihrem ewigen Dankeschön? Bringt es Sie zur Verzweiflung, dass dieser Hohlkopf nichts richtig macht, egal wie lang und breit Sie es ihm erklären? Und geht Ihnen der Hut hoch, wenn Sie stundenlang drauf warten müssen, bis Sie endlich mal bedient werden und dann auch noch eine dumme Antwort zu hören kriegen?

Schauen Sie ganz genau hin: Wer von den beiden nervt Sie mehr? Nun brauchen Sie sich nur noch eine entsprechende Szene vorzustellen. Hier begegnen Sie Ihrer Spaßgrenze. Dabei stellt sich immer wieder die Frage: Was wäre Ihre clowneske Verhaltensweise, um die Situation mit Spaß, Witz und Humor wieder in Fluss zu bringen?

Als Aurelio in den Clownkurs kam, betrat eine »dicke Hose« den Raum. Er war der Hochstatus – das meinte er zumindest. Und deswegen hatte er auch jede Menge Probleme mit seinem Chef. Kaum kam eine Anweisung, ging er in Opposition. »Der Typ geht mir so was von auf die Nerven«, sagte er zu mir. Dabei meckerte er selbst an allem herum und war grundsätzlich erst einmal dagegen, wenn jemand anderes einen Vorschlag machte. Ich war gespannt, ob dieser vermeintliche Hochstatus tatsächlich wusste, was ein solcher alles zu leisten hat. Die nächste Zeit ließ ich ihn ständig diese Rolle einnehmen. Fielen ihm keine neuen Anweisungen mehr ein oder schluderte er mit seinen Erklärungen, triezte ich ihn noch mehr. Schon bald schlüpfte Aurelio freiwillig in die Tiefstatusposition. Erst jetzt verstand er, wie anstrengend es ist, ein guter Hochstatus zu sein – und dass allein Meckern und auf dicke Hose machen nichts damit zu tun hat. Diese Erkenntnis erleichterte ihn sehr, denn bisher hatte er seine ganze Identität an den Begriff des Hochstatus geknüpft, und nun konnte er sich erlauben, freiwillig das zu tun, was eigentlich besser zu ihm passt. In seiner neuen Haltung des Tiefstatus sagte er mit Begeisterung »Ja, Chef!«, wenn dieser ihm eine Anweisung gab. Damit verbesserte sich das Verhältnis der beiden erheblich. Und es passierte, was stets passiert, wenn sich jemand in seiner Position wohlfühlt: Es kommt immer wieder auch zum Statuswechsel. Der Chef fragte Aurelio nach seiner Meinung und gab ihm viel mehr Verantwortung als zur Zeit der dicken Hose.

Auch Ullrich kämpfte oft mit dem Hochstatus. Anders als Aurelio war er jedoch selbst einer. Doch er wusste nicht, wie er sich zu verhalten hatte, wenn ein anderer Hochstatus ihn herausforderte. Das ist der typische Gockelkampf, und auch dafür gibt es eine energetische Lösung. Ullrich spielt in einer Band, die häufig in Kirchen auftritt. Sein Statustest war der jeweilige Pfarrer. Als Hausherr befand sich dieser in der Regel ebenso wie Ullrich im Hochstatus. »Die kommen rein«, sagte Ullrich, »und dann heißt es gleich mal: Jetzt kommen Sie mal her!« Bei einem Tiefstatus drückt dieser Satz keinen Knopf, bei Ullrich hingegen schon. »Manchmal konnte ich vor Zorn kaum spielen.« Eine clowneske Situation: Der Musiker, der die herrlichsten spirituellen Weisen spielen kann, ein Pfarrer, dessen Hauptaufgabe das Seelenheil seiner Gemeinde ist – und diese beiden haben einen Gockelkampf am Start. In der Clownmethode nehmen wir das ernst. Daher gab ich Ullrich den Rat, in Zukunft erst einmal tief einzuatmen, damit der Reiz an der Atemblase abprallt. »Als Nächstes gehst du in den Tiefstatus«, riet ich, »aber in einen echten, begeisterten!« Auf diese Weise kam Humor ins Spiel. Als beim nächsten Auftritt der Pfarrer mit hochstatusgeschwellter Brust Ullrich zu sich zitierte, fragte dieser absolut gewinnend: »Und wer sind Sie?« Der Pfarrer sah an sich herab, schließlich trug er seine Soutane und war unschwer als Seelenhirte zu erkennen. Doch Ullrichs Frage war nicht provozierend gestellt – er spielte seinen Tiefstatus authentisch –, weshalb der Hochstatus sich erklären musste. »Ich bin der Pfarrer«, antwortete er, was Tiefstatus Ullrich zum Jubeln brachte. »Ein Mann Gottes ist da, gerade jetzt, wo ich ihn brauche! Wo ist denn hier der Starkstromanschluss?« Dann stellte er noch jede Menge anderer Fragen und brachte damit den Pfarrer mächtig ins Schwitzen. Der schwirrte durch die Gegend, ganz Hochstatus, erklärte dies und erläuterte das, und am Ende entschuldigte er sich dafür, dass der Hausmeister schon Feierabend habe. »Offensichtlich stand dieser in der Hierarchie noch über ihm«, lachte Ullrich, als er mir davon berichtete. »Ich habe mich selten so wohlgefühlt. Es war der Beweis, wie ein Tiefstatus die Situation beherrschen kann, und eigentlich der heimliche Hochstatus ist.« Damit hatte Ullrich etwas Grundlegendes aus der Clownmethode erkannt:

Wer fragt, der führt.

Wer fragt, ist nicht der Dümmere, sondern der mit der größeren Neugier. Und am Ende immer der, der am meisten weiß. So führen Fragen zwangsläufig zum Statuswechsel. Ich nutze gerne eine Fragetechnik, die unter dem Begriff die »5-W-Methode« bekannt wurde. Danach genügen fünf Warum-Fragen, um auf die Ursache eines Problems zu stoßen. Die Technik wurde bei einem japanischen Autobauer eingeführt, als es immer mehr Pannen in allen Unternehmensbereichen gab. Nehmen wir einmal an, eine Mitarbeiterin kommt ständig zu spät. Natürlich muss der Chef etwas unternehmen, und weil er der Hochstatus ist, wird er sie in der Regel verwarnen und Konsequenzen androhen. Ist er dagegen schlau, stellt er erst einmal die fünf Fragen:

»Warum kommen Sie zu spät?«

»Tut mir leid. Ich habe verschlafen.«

Was würden Sie dem Chef raten, nun zu sagen? »Kaufen Sie sich einen Wecker?« Ich rate Ihnen, geduldig weiterzu fragen:

»Warum haben Sie verschlafen?«

»Na ja, ich lag die ganze Nacht wach.«

Was ist auf dieser Ebene ein typischer Ratschlag? »Nehmen Sie ein paar Tabletten oder trinken Sie Baldriantee.« Aber wir wollen ja fünf Fragen stellen, um zum wahren Grund vorzustoßen, also:

»Warum liegen Sie wach?«

»Ich mache mir Sorgen.«

»Dann reißen Sie sich zusammen«, könnte uns einfallen zu sagen, »wir machen uns auch Sorgen und kommen trotzdem pünktlich«. Doch halten wir uns noch zurück und stellen Frage vier:

»Warum machen Sie sich Sorgen?«

»Es heißt, meine Stelle soll wegrationalisiert werden. Und wenn ich die verliere...«

Spätestens jetzt bemerkt der Chef die heiße Spur. Keiner denkt daran, diese Stelle zu streichen. Das könnte er ihr auch gleich mitteilen: »Beruhigen Sie sich, es ist nur ein Gerücht.« Doch besser, er nutzt die Chance auf Frage fünf:

»Warum denken Sie das?«

»Weil das der Müller seit Wochen herumerzählt.«

Nun weiß der Chef, was wirklich zu tun ist: Müller ins Gebet zu nehmen. Der stört offensichtlich den Betriebsfrieden, was nicht im Interesse des Unternehmens sein kann. Darauf wäre der Chef ohne diese Fragerunde nicht gekommen.

Auch der Hochstatus darf fragen

Die weitverbreitete Vorstellung, dass wir als Hochstatus immer eine Antwort parat haben und alles können müssen, erklärt den Druck, der auf allen Hochstati lastet. Umgekehrt fühlt sich der Tiefstatus oft Befehlen und Anweisungen ausgeliefert und leidet unter dem Druck von oben. Indem wir Bewegung in die Statuspositionen bringen, bewegt sich der Druck. Manchmal genügt es, die Statusregeln umzudrehen: Der Hochstatus *muss nicht* alles wissen und erklären. Er *darf* auch fragen. Fragen zu stellen ist kein Vorrecht des

Tiefstatus, um seinen Hochstatus an der schlauen Nase herumzuführen. Machen Sie daher als Hochstatus das Fragenstellen zu Ihrer Führungskultur.

Auf diese Weise löste einer meiner Teilnehmer aus der berufsbegleitenden Clownausbildung einen Konflikt: Hubert arbeitet als Lehrer in einer Grundschule. Einer seiner Schüler, der häufig ein Trotz- und Verweigerungsverhalten an den Tag legte, blieb immer, wenn seine Klasse in den Musikraum ging, vor der Tür zurück. Das war schon ein Ritual. Er weigerte sich einfach, den anderen zu folgen, und blieb im Treppenhaus stehen, wo ihn jeder sehen konnte. Hochstatus Hubert kam mit Befehlen und Anweisungen nicht weiter, also riet ich zum Statuswechsel. Daraufhin erklärte Hubert seinem Schüler das Dilemma, dass er mit den anderen Kindern weitergehen wolle, ihn aber nicht allein da stehen lassen dürfe und fragte ihn, was er vorschlage. Damit machte er seinen Schüler zum Hochstatus und ließ ihn die Verantwortung spüren, die diese Position mit sich bringt. Dann wartete er geduldig ab. Instinktiv erkannte der Schüler seine Überforderung in seiner neuen Rolle – o Mann, ich brauch 'ne Lösung! – und führte selbst den Statuswechsel herbei, indem er sich rasch der Gruppe anschloss.

Auch Heidrun hatte ihre Probleme mit sich als Hochstatus. Mir war im Seminar schnell aufgefallen, dass sie zu dem Typus gehörte, der den Tiefstatus für schwach und dumm hält. Das setzte sie sehr unter Druck, weil in diesem Fall der Hochstatus alles alleine erledigen muss. (Die anderen kriegen es ja nicht hin.) Heidrun organisierte für ihren Freundinnenkreis Jahr für Jahr den perfekten Ausflug. Dieses Mal war es in den Schwarzwald gegangen. Natürlich stand der Bus pünktlich bereit, am Ziel war das Essen im Gasthaus schon vorbestellt, bei den Vogtsbauernhöfen wartete bereits ein kundiger Führer zum Rundgang, und im Naturzentrum Ruhestein empfing sie der Ranger. Als die Damen danach die Heimfahrt antraten, waren alle bester Dinge, nur Heidrun fühlte sich erschöpft. Es ist ja auch nicht leicht, einen Tiefstatus-Hühnerhaufen durch den Tag zu geleiten. Trotzdem ging sie noch einmal kurz ins Rangerhaus, um die bereitliegenden Prospekte einzusammeln, die der Hühnerhaufen liegen gelassen hatte. Als sie wieder vor die Tür trat, war der Bus weg.

Bei einem dominanten Hochstatus wie Heidrun stellen die Tiefstati jegliches Mitdenken und Mitfühlen ein. So war es auch nicht verwunderlich, dass niemand ihre Abwesenheit bemerkte. Auf den Bergen gibt es keinen Handyempfang, und so waren alle fast schon zu Hause, als ein verschüchterter Tiefstatus die Frage stellte: »Wo ist eigentlich Heidrun?«

An diesem Tag fiel Heidrun das erste Mal auf, wie satt sie es hatte, alles immer selbst machen zu müssen. Im Clownseminar begannen wir an ihrer Einstellung zu arbeiten. Wir starteten mit der Lektion »Ein guter Hochstatus begreift seinen Tiefstatus als Partner. Daher stellt er selbst Fragen.«

Heidruns Geschichte zeigt, wie sich der falsche Umgang mit Druck im Statusverhältnis gegen einen selber richten kann, wenn man seine Identität daran knüpft und sich persönliche Themen einmischen. Denn Heidrun ging es nicht darum, wer bedient und wer sich bedienen lässt. Ihr Standardsatz »die anderen können es nicht« war ebenfalls nur ein vorgeschobener Grund. Ihr eigentliches Thema war, sich für andere abzurackern, um gesehen und wertgeschätzt zu werden. Genau das passierte aber nicht: Heidrun wurde nicht gesehen, sie war trotz ihres Chefgehabes so unsichtbar, dass man sie einfach vergaß. Heidruns inneren Konflikt nennen wir in der Clownmethode »Scheiterkonflikt«. Er wird unser Thema im nächsten Kapitel sein.

Statussituationen, wo der eine den Ton angibt und der andere folgt, verlangen mitunter unseren Humor und das Wissen um unsere Spaßgrenze. Ich freue mich immer, wenn es einem Teilnehmer gelingt, das Gelernte optimal in die Tat umzusetzen. Irmgard, die schon lange in einem Betrieb arbeitet, der Büroartikel herstellt, hatte aufgrund ihrer Erfahrung dort einen klaren Hochstatus inne. Dann kam eine neue Kollegin, die ihr sofort das Terrain streitig machte. Sie schickte Irmgard im Befehlston Kaffee holen, und da diese ihre Identität an den Hochstatus geknüpft hatte, drückte ihr die Neue damit alle Knöpfe. Irmgard regte sich furchtbar auf, bis sie sich daran erinnerte, was sie bei den Clowns erfahren hatte. »Oh«, dachte sie, »ich komme gerade an meine Spaßgrenze. Das will ich aber gar nicht.« So nahm sie stattdessen das Statusangebot der neuen Kollegin an und schlüpfte in den Tiefstatus. »Darf ich Ihnen einen Kaffee holen?«, fragte sie, und die Antwort kam prompt. »Mit Milch und Zucker. Und bringen Sie gleich die Post mit!« Schon war der nächste Knopf gedrückt, und auf dem Weg zur Kaffeemaschine regte sich Irmgard wieder auf. Doch ein echter Tiefstatus ist begeistert, und die Begeisterung holt er sich über den Atem. Daran erinnerte sich Irmgard. Als sie zurückkam mit Kaffee, Milch, Zucker und der Post, konnte die neue Kollegin Irmgards Enthusiasmus geradezu spüren. Dieses Spiel setzte Irmgard eine Weile fort. Ihre Beziehung zur Neuen änderte sich, und es dauerte nicht lange, bis diese fragte, ob *sie* einen Kaffee bringen solle. »Mittlerweile arbeiten wir supergut zusammen«, sagte Irmgard. Das ist gelungen, weil sie die Dinge in Fluss gebracht hat. Und darauf kommt es an.

Reagieren Sie auf Druck nicht mit Verletzung

In dem Moment, wo wir auf Druck verletzt reagieren – wir sind eingeschnappt, werden traurig, fühlen uns ungeliebt –, verwandelt sich das Wechselspiel von Druck und Gegendruck in ein Gefälle von Macht und Ohnmacht. Wer Status aber als Gefälle erlebt, tritt immer zu zweit auf: Da gibt es den einen da oben und den anderen da unten. Beide gefallen uns nicht richtig. Daher laufen wir vor dem Druck weg oder versuchen, uns selbst zu übertreffen. Jede Nachricht empfinden wir als Statusangebot, obwohl wir allein auf weiter Flur sind. Es gibt viele Menschen, bei denen sogar Werbebotschaften den Statusknopf drücken. Für die Betroffenen wird es anstrengend, weil ihnen ständig jemand sagt, wo es langgeht und was sie tun müssen. Sollten Sie also das Gefühl haben, sie müssten ständig erklären und befehlen, oder umgekehrt immer bedienen und ausführen, sind Sie in diesem Statusgefälle gefangen.

> Durch humorvolle Distanz lernen wir,
> mit unserer Statusrolle zu spielen.

Sobald Sie in der Lage sind, Statussituationen zu erkennen, können Sie mit Humor agieren. Mir gefällt die Geschichte von Oliver, der an einer Förderschule für geistige Entwicklung unterrichtet. »Einige unserer Kinder kommunizieren nicht vorrangig über Sprache«, berichtete er mir. »Manche haben sich dabei grandiose Fähigkeiten angeeignet, um etwas *nicht* zu tun. Maximilian zum Beispiel: musste er im Werkstatttraining Perlen auffädeln, fiel ihm regelmäßig die Schüssel zu Boden. Beim Aufsammeln stellte er sich so tapsig an, dass ich gar nicht merkte, dass ich am Ende derjenige war, der die meisten Perlen wieder aufklaubte. Ich war regelmäßig genervt, bis mir klar wurde, dass ich meinen Hochstatus mit Identität verknüpft hatte. Daraufhin habe ich es mit humorvoller Distanz versucht und begonnen, mit Maximilian zu lachen, wenn ihm das Missgeschick passierte. Das hat schon ganz gut geklappt.«

Auch Dorotheas Geschichte passt gut zu diesem Thema. Sie ist ebenfalls Lehrerin und hat es in ihrer Vorschulgruppe mit sehr ehrgeizigen Kindern zu tun. Bei Lukas kombinierte sie auf hervorragende Weise zwei Techniken miteinander: den Zwilling und den Statuspartner. »Lukas ist einer, der alles perfekt machen will«, erzählte sie. »Wir haben Übungszeiten, in denen die Kinder das üben, was ihnen schwerfällt. Das kann Linien malen sein oder etwas ausschneiden. Lukas hatte damit Probleme, die Arbeit mit der Schere lag ihm nicht. Er bekam regelmäßig einen Wutanfall. ›Das ist doch alles Mist hier‹, schimpfte er dann, ›eine Gemeinheit, dass ich so was Schwieriges tun muss, und überhaupt, mit dieser Schere kann man nicht arbeiten, die ist zu blöd.‹«

Hier schimpfte ein kleiner Junge, doch als Dorothea davon erzählte, hörte ich automatisch unzählige Erwachsene, bei denen auch alle anderen schuld sind, wenn etwas nicht klappt. Dorotheas Lösung lässt sich gut auf diese Situationen übertragen.

»Ich habe alle pädagogischen Mittel ausgepackt, um seine Grundstimmung zu verbessern«, erzählte sie, »aber es war vergeblich.« Sie erklärte ihm, dass es nicht darauf ankomme, alles gleich richtig zu machen, allein der Versuch zähle. Damit kam sie nicht weit. Also bot sie ihm eine andere Schere an, doch er lehnte ab. Sie ermutigte Lukas mit der Erinnerung, er habe schon Ähnliches geschafft, aber das verstärkte seine schlechte Stimmung nur noch. Der Hochstatus strampelte sich ab, der Tiefstatus ließ ihn ins Leere laufen.

»Ich war ratlos«, sagte Dorothea. »Doch dann hielt ich auf einmal meine rote Clownsnase in der Hand. Die hatte ich noch in der Tasche vom Seminar. Bevor ich nachdenken konnte, zog ich sie mir auf.«

Lukas beobachtete sie misstrauisch. Dann fragte er: »Was soll das? Was machst du da?« Dorothea, jetzt im Gehabe eines Tiefstatus-August, näherte sich zögernd. »Ich möchte nur mal sehen, was ihr so macht«, antwortete sie mit schüchterner Stimme.

Das gefiel mir, denn sie setzte die behutsame »Annäherung ans Objekt« wunderbar um. Entsprechend reagierte Lukas. Er fühlte sich nicht überrollt. »Das kann ich dir sagen«, antwortete er. »Wir arbeiten!«

Da ist ein August schon begeistert! Wow, ihr arbeitet! Das ist ja mal spannend! Und schon kam die Einladung von Lukas: »Setz dich auf einen Stuhl. Dann siehst du, was wir machen.«

Sich auf einen Stuhl zu setzen ist für einen dummen August aber eine Herausforderung. Dorothea verrenkte sich, Dorothea fiel vom Sitz, Dorothea schimpfte kräftig. »Auf diesem Stuhl kann man nicht sitzen. Der ist doch Mist!«

Sie benutzte dabei denselben Tonfall wie Lukas und spiegelte ihm dadurch ganz humorvoll sein Verhalten. Prompt fühlte er sich gesehen. »Ich glaube, du musst noch viel lernen«, sagte er. »Ich kann dir weiterhelfen, nur jetzt habe ich keine Zeit dafür. Aber keine Angst, man kann alles lernen.« Und damit griff er zur Schere und fing an zu schneiden.

Der Hochstatus in Lukas verkraftete es nicht, dass er den Umgang mit der Schere nicht beherrschte. Dorotheas Tiefstatusangebot half ihm, eine neue Perspektive einzunehmen. »Heute kam eine«, erzählte er später seiner Mutter, »die konnte noch weniger als ich. Ich hab ihr gesagt, sie muss sich keine Sorgen machen. Wenn man übt, kann man alles lernen.«

Was Sie in diesem Kapitel erfahren haben

Grundsätzlich sagen Clowns niemals Nein zum Druck, doch sie wissen, dass sie ohne klare Ausrichtung im Raum verloren sind. Deshalb besinnt sich ein Clown auf seine Herkunft und sein Ziel und verschafft sich Orientierung in allen Lebenssituationen durch einen klaren Anfang und ein klares Ende.

Ein Clown vergisst nie, die wichtigste Frage zu stellen: Wie geht es mir gerade? Denn die innere Balance entscheidet, ob Druck uns transportiert oder uns erdrückt. Dazu brauchen wir unseren bewegten inneren Standpunkt. Mit ihm können wir uns über den Druck stabilisieren.

Je gegensätzlicher zwei Menschen sind, desto mehr spüren wir diesen Druck. Daher können sich Statuspartner dynamisch ins Spiel bringen. Sie werten sich nicht gegenseitig ab, weil sie wissen: Ich brauche den anderen.

Da Clowns ihren Status nie mit ihrer Identität verknüpfen, bedeutet Hochstatus und Tiefstatus für sie auch kein Gefälle von Macht und Ohnmacht. Der Druckpunkt zwischen Hoch- und Tiefstatus ist ihr Kommunikationspunkt. Weil wir wissen: »Wir können auch anders!« fällt es uns dabei spielerisch leicht, vom Hoch- in den Tiefstatus und umgekehrt zu wechseln. Durch humorvolle Distanz akzeptieren wir jede Rolle im Statusspiel.

Kapitel 5:
Wie Sie mit Krisen umgehen

Friedrich Nietzsche ist nicht gerade für seinen Humor bekannt. Trotzdem stammt einer meiner Lieblingssätze von ihm: »Man muss noch Chaos in sich haben, um einen tanzenden Stern gebären zu können«, sagte er. Für einen Clown, der sich die Kunst des spielerischen Scheiterns auf die Fahnen geschrieben hat, öffnet dieser Satz viele Türen. Hinter den Türen ist häufig die Krise verborgen. Doch davor haben Clowns keine Angst. Ganz im Gegenteil. Wir finden einen spielerischen Weg, um die Krise nicht nur zu meistern, sondern zu nutzen. Diesen Weg möchte ich Ihnen in diesem Kapitel besonders ans Herz legen.

Wenn kein Problem zu haben zum Problem wird

»Das ist doch kein Problem!« In unserer lösungsorientierten Gesellschaft hören wir diesen Satz häufig. Sobald ich ihn ausspreche, nehme ich einen vermeintlichen Hochstatus ein, um allen zu zeigen, dass ich es wert bin. Doch was bedeutet er in Wirklichkeit? Ich rede das Problem im wortwörtlichen Sinne weg. »Das ist doch kein Problem« ist eine glatte Lüge. Kein Wunder, dass es danach oft knüppelhart kommt.

Ein Clown würde diesen Satz niemals sagen. Für ihn sind ein Problem und eine Krise Bestandteil einer stabilen Ordnung. Und damit kommt Nietzsche ins Spiel: »Man muss noch Chaos in sich haben, um einen tanzenden Stern gebären zu können«. Das ist unmöglich, wenn man vor Problemen davonläuft und Krisen nicht akzeptiert. Für einen Clown ist eine Krise der Höhepunkt seines künstlerischen Ausdrucks. Nirgendwo anders findet er so viel Inspiration. Er weiß, in der Krise steckt Magie, denn sie ist der Ort, an dem sich Dinge verwandeln können. In ihr bekommen wir einen anderen Blick auf die Dinge, in ihr ist der Weltenwechsel möglich.

Natürlich braucht es in der Krise einiges an Humor. Daher basiert die Clownmethode auf dem starken Fundament von Atemtechniken, dem Erkennen von Beziehungsangeboten und der Fähigkeit, darauf zu reagieren – kurzum, dem Handwerk, das spielerisches Scheitern erst möglich macht:

Humor fängt da an, wo der Spaß aufhört.

Daher haben wir uns im letzten Kapitel mit Ihrer persönlichen Spaßgrenze beschäftigt. An der Stelle, wo Sie sie erleben, kann Ihr Humor beginnen. Er wird Ihr mächtigstes Instrument sein, um Krisen zu bewältigen.

Was ist denn eine Krise?

In der Tageszeitung, den Fernsehnachrichten und im Internet wird der Ausdruck Krise inflationär verwendet: Da werden uns Finanzkrisen, Umweltkrisen oder militärische Krisen um die Ohren gehauen, ohne dass wir jemals erfahren, was dieses Wort denn wirklich bedeutet. In der Clownmethode definieren wir den Begriff humorvoll, wobei wir gleichzeitig den Ernst der Lage berücksichtigen. Das ist sehr wichtig: Der Clown nimmt jede Krise ernst.

Stellen Sie sich die Krise als eine große, komische Familie vor, deren Oberhäupter sich gerade zurückziehen. In vielen griechischen Sagen rühren die Götter jede Menge Unheil an, das die Menschen dann ausbaden müssen, während sie selbst gemütlich auf dem Olymp hocken. So ähnlich kann es uns vorkommen, wenn wir an unsere Gegenwart denken. »Die da oben« haben wieder etwas ausgeheckt, doch für die daraus resultierende Krise fühlt sich keiner mehr verantwortlich. Stattdessen lassen sie ihren Sprösslingen freien Lauf. Da sind zum Beispiel die Geschwister Problem und Konflikt. Das Problem ist immer als Erster zur Stelle. Es ist klebrig, und wenn es uns erwischt hat, können wir es nicht mehr so leicht abstreifen. Sein großer Bruder heißt Konflikt. Er braucht das Problem, deshalb schickt er immer erst den Kleinen vor. Das Problem ist nicht wirklich böse. Es lässt uns hier und dort ein wenig stolpern, das reicht ihm zur Unterhaltung. Anders dagegen der Bruder Konflikt. Der führt so einiges im Schilde. Doch zur Familie Krise gehören auch noch weitere Mitglieder, Tanten und Onkel, Vetter und Cousinen. Sie heißen Angst, Zweifel, Misstrauen und Eifersucht, und sie schneien, wie in es in jeder Familie der Fall ist, gerne uneingeladen vorbei. Über ihnen allen schwebt stets der Geist des Scheiterns. Er schweißt die Familie Krise fest zusammen. Es gibt dort auch ein schwarzes Schaf, das ist der Humor. Er stellt die Familie Krise immer wieder auf die Probe. Je nachdem, wer dann am Ende Oberwasser hat, führt uns die Krise ins Verderben oder in die Verwandlung. Dreh- und Angelpunkt – oder, wie wir in der Clownmethode sagen, die Pointe des Spiels – liegt allein in unserer Betrachtung. Sie werden schon bald feststellen: Die Frage, ob Sie in einer Situation scheitern, ist nichts anderes als eine Frage Ihrer Bewertung.

Ohne Ihr Urteil gibt es kein Scheitern.

Ich möchte Ihnen ein Beispiel nennen: Heiner kam nach seiner Frühverrentung ins Clownseminar. Bei der Vorstellungsrunde bezeichnete er sich als »Kopfmensch«. Er sei einer, der alles planen müsse, darum sei es auch in seinem Beruf gegangen. Er war Chef der Logistik in einem großen Warenhaus. Dort schauten die Familienmitglieder Problem, Konflikt und Krise jeden Tag vorbei. Heiner bestätigte, sich auch jeden Tag darüber geärgert zu haben. »Es lief nie, wie es laufen sollte«, fasste er seine täglichen Herausforderungen zusammen, und schließlich hatte ihn das krank gemacht. Am Ende eines langen Leidensweges stand nun seine Frühverrentung. Das ist die Krise aller Krisen für Menschen wie Heiner, der sich von nun an als gescheitert betrachtete. Mitten in dieser Krise gelang ihm aber durch die Fürsprache eines Freundes ein mutiger Schritt: Er meldete sich zur Clownausbildung an. So einer Entscheidung zolle ich stets hohen Respekt, da ich weiß, wie weit die Clownwelt von der Ursprungswelt vieler Menschen entfernt ist. Gleichzeitig weiß ich noch zwei Dinge: Am Ende werden sie bei uns ihr Glück finden, doch zunächst haut es ihnen ihre Probleme noch einmal um die Ohren. Diese lässt man schließlich nicht zurück, wenn man das Haus der Clowns betritt. Man lernt dort aber, sie zu verwandeln.

Heiners Probleme hießen »Planung«, »Spielen«, »Dinge zulassen«, damit »etwas von selbst geschehen kann«. All das war ihm suspekt. Als ich dann noch davon sprach, dass es im Clownspiel kein »richtig« und kein »falsch« gebe, wähnte er sich endgültig in der Sackgasse. Doch Heiner brachte Willen mit, und so hörte er sich erst einmal an, was ich zu sagen hatte: »Das Einzige, was im Clownspiel zählt, ist, wie du mit einem zufälligen Impuls umgehst. So lernst du zu staunen, und darüber kommst du ins Gefühl und lässt neue Inspirationen zu. Das Spiel lebt davon, dass es sich ständig ändert. Der Versuch, etwas zu planen oder festzuhalten, bewirkt nur das Gegenteil.«

Als wir die ersten kleinen Spiele wagten, hatte Heiner noch große Probleme, sich darauf einzulassen. Doch nach und nach merkte er, was es bedeutet, keine Ideen mehr zu brauchen: eine riesige Erleichterung! Seine Faszination wurde immer größer, und dadurch veränderte sich sein Weltbild. Als er die Clownausbildung beendet hatte, meinte er: »Schade, dass ich vor meinem Ruhestand noch nichts davon gewusst habe.« Dann musste er schmunzeln und fügte hinzu: »Aber dafür braucht es eben erst die Krise, oder?« Da konnte ich ihm zustimmen, und freute mich gleichzeitig über einen neuen Clown in unserer stets wachsenden Gemeinschaft.

Ich kann Ihnen kaum beschreiben, wie sehr es mich berührt, wenn ich einen Menschen sehe, der sich nicht traut, einen Schritt zu setzen, eine Bewegung zu machen oder manchmal auch nur einen tiefen Atemzug zu nehmen – aus lauter Angst, er könnte etwas Falsches tun. Sein Urteil über sich selbst ist schneller als jeder Versuch, es einfach mal auszuprobieren. Noch bevor etwas geschehen kann, überschattet die dunkle Wolke des Scheiterns sein Gemüt. Dabei ist die Überzeugung zu scheitern in Wahrheit nur ein großes Missverständnis.

Scheitern: ein großes Missverständnis

Wie wir uns fühlen, hängt davon ab, wie wir eine Situation bewerten. Allerdings gibt es keine *objektive* Bewertung. Bewertung ist subjektiv und kommt von außen. Übernehmen wir die Bewertung, übernehmen wir auch das begleitende Gefühl. Lösen wir uns von der Bewertung, kann sich unser Gefühl verändern.

Identifizieren wir uns mit der Bewertung, bleiben wir in unserem altbekannten Gefühl stecken, welches dann zwangsläufig ein altbekanntes Verhalten hervorruft. Gelingt es uns, ein neues Gefühl zu produzieren, verändert sich auch unser Verhalten, und wir stärken unser Selbstvertrauen.

In meiner Clownschule gibt es jeden Monat eine Werkstattbühne, auf der die Profistudenten dem Publikum ihre neuen Nummern präsentieren. Auch Teilnehmer der berufsbegleitenden Ausbildung stehen immer mal wieder auf dieser Bühne. Ganz bewusst bringe ich Studenten und Seminarteilnehmer in die Drucksituation einer öffentlichen Aufführung, Nirgendwo anders erleben sie ihre eigene innere Ablehnung deutlicher als in dem Moment, wenn sie auf der Bühne stehen und Hunderte von Augenpaaren sie erwartungsvoll anschauen. Doch wenn sie sich darauf einlassen, machen sie die Erfahrung, wie sie aus der Selbstverurteilung aussteigen können. Am Schluss ist die Freude groß, und es ist für alle berührend mitzuerleben, wie sich das Spiel zaghaft, aber authentisch auf der Bühne entfaltet. Es ist jedes Mal wie eine Geburt, an der man als Zuschauer teilhaben darf, wenn sich jemand traut, seinen Spielimpuls zu befreien und zu entfalten. Das ist nicht nur für die Spieler auf der Bühne ein großartiges Erlebnis, sondern auch eine Ermunterung für jeden, der zuschaut, es selber irgendwann zu probieren. Endlich klärt sich das Missverständnis, dass es nicht darauf ankommt, etwas Bestimmtes zu zeigen oder zu können. In diesen Augenblicken erkennen sie eine der goldenen Regeln der Clownmethode.

Der Clown überzeugt durch den Mut,
etwas zu versuchen.

Das sind die Momente, in denen wir wahres Selbstvertrauen verspüren. Wir erleben sie dann, wenn wir den Mythos vom Scheitern durchschaut haben. Er beginnt mit dem Satz, dass am Ende die Besten gewinnen und alle anderen auf der Strecke bleiben. Diese Worte sind falsch. Sie beschwören die Auslese und sorgen für maximalen Kummer auf der Welt. In der Clownsmethode agieren wir anders: Wir drücken andere Menschen nicht weg, und wir unterbinden niemals die eigenen Gefühle. Anders gesagt, wir schmeißen Tante Angst und

Onkel Zweifel nicht raus, wenn die mal wieder uneingeladen bei uns anklopfen. Im Gegenteil, wir lassen sie gerne eintreten. Sie sind Teil der komischen Familie und daher wichtige Begleiter, wenn es darum geht, die Kunst des spielerischen Scheiterns zu lernen. In dem Augenblick, in dem wir in der Krise eine Chance zur Verwandlung sehen, kann sich Angst in Achtsamkeit und Empathie verwandeln. Das Einzige, was uns dabei im Wege steht, ist unser eigenes Urteil.

Die Frage, ob wir in Krisen wachsen können und uns verwandeln, hängt also davon ab, wie sehr wir das Urteilen lassen können und unseren eigenen Spielimpulsen vertrauen. Dann versuchen wir auch nicht mehr, jedes Problem auf Teufel komm raus zu lösen, sondern wir erkennen im Problem selbst die Lösung. Doch dafür müssen wir erst mal lernen zu stolpern.

Die Kunst des Stolperns

Als ich heute Morgen rasch einkaufen war, wurde ich Zeuge einer typischen Szene: Ein Mann, der es noch eiliger hatte als ich, drängelte sich an allen vorbei zur Kasse. Als er bezahlt hatte und den Laden verlassen wollte, stolperte er. Ums Haar wäre er gestürzt. Er konnte sich gerade noch fangen, doch seine Einkäufe, die er in den Händen hielt, fielen zu Boden. Zum Glück waren keine Eier darunter. Es war ihm peinlich, vor den Augen aller die Sachen zusammenklauben zu müssen. Daher gab er sich alle Mühe, so zu tun, als sei nichts geschehen, was die Sache für ihn aber noch unangenehmer machte. Als er sich anschickte, das Geschäft zu verlassen, herrschte er vorher noch die Frau an der Kasse an, es sei ganz und gar unmöglich, wie eng es hier zugehe! Dann war er weg.

Typisch nenne ich diese Szene, weil der Stolperer sofort nach einem Verantwortlichen suchte, um nicht als Depp dazustehen. So etwas würde einem Clown nicht einfallen, für ihn gehört Stolpern zum täglichen Leben – ja sogar zum täglichen Fitnessprogramm. Wenn Sie das nächste Mal *Dinner for one* anschauen, zählen Sie doch einmal mit, wie häufig Freddie Frinton stolpert, während er die fiktiven Gäste bedient. Wir würden die Stolperfalle in Form eines Tigerfells zur Seite räumen, doch der Clown tut das nicht. Er nimmt das Stolpern als Impuls auf, und Frinton tut das auf eine geniale Art und Weise. Wer seinen Tag damit beginnt, zuerst einmal herzhaft zu stolpern, um auf dem Hinterteil zu landen, der ist für jedes Ungemach gewappnet und schaut dem täglichen Scheitern mit Gelassenheit entgegen. Wer jedoch denkt, dass alles immer reibungslos verlaufen müsse, wird durch dass Stolpern eines Besseren belehrt.

Das Stolpern markiert den Moment,
in dem wir uns selbst im Weg stehen.

Falls Sie der Ansicht sind, stolpern passiere rein zufällig, verkennen Sie die ausgeklügelte Dynamik, die dabei Regie führt. Verstehen Sie das Stolpern als Energieschub. Hören Sie auf, es verhindern, vertuschen oder einen Schuldigen finden zu wollen. Sehen Sie Ihren nächsten Stolperer als dankenswerten Schubs an, der Sie in ein neues System katapultiert. Das Stolpern hat die Funktion, Sie aus Ihrer gewohnten Bahn und Haltung zu werfen. Wir stolpern, wir bleiben hängen an den einfachsten Handgriffen, an unserem Körper, an missverständlichen Entgegnungen, an Begegnungen mit anderen, an Erwartungen, an unrealistischen Vorstellungen, an Glaubenssätzen. Viele Menschen haben in diesen Situationen des Gefühl: »Jetzt bin ich gescheitert!«

Betrachten wir das Stolpern jedoch mit den Augen des Clowns, zerplatzt dieses Gefühl wie eine Seifenblase. Woran das liegt? Weil es für einen Clown kein Richtig und kein Falsch gibt. An was sollte er also scheitern? Er verwickelt sich nicht in Anspruch und Wirklichkeit, er ist niemals getrieben von Ist und Soll. Damit unterliegt er keiner Bewertung und keinem Urteil. Statt am vermeintlichen Scheitern zu verzweifeln, holt er aus dem Stolpern einen neuen Spielimpuls und macht uns damit vor, wie man dieses Scheitern in einen Erfolg verwandelt. Damit verliert es seine Bedrohung und aus dem Stolpern wird ein lustvoller Alltag.

Einen der aromatischsten Stolperfälle genieße ich jeden Morgen: eine Tasse duftigen Earl-Grey-Tee. Das ist ein mit Bergamotteöl aromatisierter Schwarztee, benannt nach dem britischen Premierminister Lord Grey. Der Legende nach inspizierte der Lord Anfang des 19. Jahrhunderts eine Schiffsladung mit vermeintlich verdorbenem Tee. Das Schiff war auf der Überfahrt von China nach England in einen heftigen Sturm geraten, wobei sich das mitgeführte Bergamotteöl über die Teeballen ergossen hatte. Lord Grey testete den Tee und ließ auch Freunde und Geschäftskollegen probieren, und siehe da, alle waren von der Mischung entzückt. So wurde aus einem stolperigen Missgeschick eine der beliebtesten Teesorten der Welt.

Es geht uns ums Fallen

Unfälle vermeiden! Wir haben uns einen Sicherheitskokon geschaffen, der darauf abzielt, Unfälle zu vermeiden. Passiert uns dann doch mal einer, wird häufig die Frage gestellt: Und? Was lernst du jetzt daraus?

Aus der Sicht des Clowns lenkt die Frage nach der Lehre aus dem Ereignis und die Frage, wie man weitere Unfälle vermeiden kann, nur vom Fallen ab. Doch darum geht es eigentlich, um das Stolpern und das Fallen. Ich baue in viele Clownseminare eine Übungsstunde »Fallen« ein, weil die meisten meiner Teilnehmer überhaupt nicht wissen, wie das geht. Wenn sie fallen, tun sie sich weh und bleiben liegen. Oder sie rappeln sich sofort wieder auf und tun so, als sei nichts geschehen. Sie fokussieren sich also ganz auf das »Oben bleiben«, was ein Synonym für gewinnen ist. Wer fällt, ist ein Verlierer, oder? Ich ernte regelmäßig großes Erstaunen, wenn ich die Übungsstunde »Fallen« mit den Worten einleite: »Wer vom Fallen nichts versteht, geht waghalsige Risiken ein.« Dann aber verstehen die meisten schnell, was ich damit meine. »Je größer Eure Angst vor dem Fallen ist, desto mehr Energie wendet ihr auf, um den Absturz zu verhindern. Damit blockt ihr die Energie ab, die im Fallen freigesetzt wird.« Doch »Schwerkraft siegt«, lautete ein Spontispruch aus den 1980er-Jahren, und der trifft im Grunde den Nagel auf den Kopf. Die Dynamik unseres Lebens sorgt permanent für kleine und große Stolperfallen. Wenn Sie ständig dagegenhalten – Unfälle vermeiden! – haut es Sie wirklich um, wenn es so weit ist. Wer dann wieder auf die Beine kommen will, hat nur noch so wenig Energie, dass er sich nur mühsam hochrappeln kann.

Wichtiger als die Anstrengung, das Fallen zu
vermeiden, ist Ihre Reaktion darauf.

In dem Moment, wo die Dinge nicht mehr so laufen, wie wir
es uns vorstellen, zeigt sich, wie es um unseren Humor be-
stellt ist. Denn tatsächlich beginnt das Scheitern erst mit unserer Reaktion darauf. Sehen Sie es einmal so: Jeder Schritt,
den Sie machen, ist der Anfang eines Falls. Wir bewegen unseren Körper so weit nach vorne, bis wir kippen. Der Sturz
würde unmittelbar erfolgen, wenn wir nicht den anderen
Fuß nach vorne brächten, um ihn abzufangen. Das machen
wir so oft, dass wir es nicht mehr als mögliches Risiko sehen, aber denken Sie an die Zeit zurück, als Sie Laufen gelernt haben. Die ersten Schritte waren immer mit Stürzen
verbunden. Damals war es keine intellektuelle Entscheidung,
die uns antrieb, es unermüdlich aufs Neue zu probieren. Es
war der klare innere Impuls voranzukommen. Er konnte sich
nur deshalb entfalten, weil wir in dieser Zeit weder Angst
vor dem Fallen noch Angst vor dem Scheitern hatten.

Wir scheitern nicht, wenn wir fallen,
sondern an unserer Angst davor.

Wenn die Angst vor dem Fallen zur Angst vor dem Versagen
wird, wird aus diesem Problem ein Konflikt. Angst können
wir nicht intellektuell besiegen, wir können sie nicht wegre-
den, denn unsere Gefühle und Körperreaktionen sind wesentlich schneller als unser Verstand. Deshalb müssen wir
lernen, mit dem Fallen und dem Scheitern spielerisch umzugehen. Daraus ergibt sich eine Emotionserfahrung, durch
die Sie in Zukunft spontan handeln können.

Lassen Sie es kippen

Hier geht es jetzt nicht mehr um Balance und damit um das Wechselspiel von Druck und Gegendruck, hier geht es uns darum, den Kipppunkt zu finden. Zugegeben, am Anfang ist es eine Herausforderung, die eigene Stabilität aufzugeben.

Mit kippen lassen ist nicht gemeint, alles hinzuschmeißen, inklusive uns selbst. Ganz im Gegenteil: Wir nutzen unsere im letzten Kapitel entwickelten Fähigkeiten, mit dem Druck zu spielen und dranzubleiben, wenn wir durch Impulse bewegt werden. Wir kippen also nicht unser Projekt oder unsere Beziehung, sondern unseren eigenen Standpunkt. Wenn wir spüren, dass aus Status Statik wurde und wir unsere Position so sehr mit Identität verknüpfen, dass sich nichts weiterentwickeln kann, dann ist es höchste Zeit, um zu kippen. Dieser Kipppunkt kann sich in die eine und in die andere Richtung wenden. Was immer geschieht, er markiert einen Wendepunkt und setzt den entscheidenden Impuls.

Solange wir das Kippen als Krise erleben – wobei uns alles um die Ohren saust und wir alles verlieren –, haben wir keinen Kontakt zu uns selbst. Dann fällt es uns schwer, eine Entscheidung zu treffen. Erinnern Sie sich, wie es sich anfühlte, als sie das letzte Mal gestolpert sind? Vermutlich haben Sie die Luft angehalten, haben sich verkrampft und die Augen geschlossen. Das ist der Angstreflex. Er verhindert, dass aus dem Kippen ein Impuls für uns entsteht. Impulse können wir nur empfangen, wenn wir offen sind, tief einatmen, entspannt und wach in die Welt blicken.

Daher kommt es darauf an, in der Krise – beim Stolpern und beim Fallen – körperlich zu empfinden und körperlich zu agieren. Wir Clowns trainieren deshalb immer wieder das Stolpern. Für uns ist das Kippen ein optimales Krisentraining. Dahinter verbirgt sich die Fähigkeit, sich von der Schwerkraft und damit im übertragenen Sinne von den Ereignissen führen zu lassen. Mit etwas Übung wird daraus ein Tanz zwischen den Extremen, bei dem wir unsere Balance fühlen und ganz nach Lust und Laune in die eine oder andere Richtung kippen können. Mit der Zeit finden wir heraus, wie wir die Kippenergie dazu nutzen können, um vom Fallen wieder ins Aufstehen transportiert zu werden. Erleben Sie das Kippen als Impuls, erleben Sie die Krise als Körpergefühl.

Ich möchte Sie mit diesem Körpergefühl bekannt machen. Lassen Sie uns Ihr Gespür für den Kipppunkt entwickeln.

Übung 27: Es kippen lassen

Schaffen Sie sich für diese Übung einen bequemen Untergrund, auf dem Sie gut liegen können. Legen Sie sich auf den Rücken und strecken Sie sich ein wenig. Dann kommen Sie mit dem Oberkörper etwas hoch und ziehen gleichzeitig die Beine an. Sie brauchen sich dabei nicht anzustrengen, es geht nicht um eine gymnastische Übung. Wippen Sie einfach hin und her, nach vorne und zur Seite und konzentrieren Sie sich dabei auf den Kipppunkt. Noch einmal: nicht anstrengen! Finden Sie den Spaß am Kippen! Finden Sie heraus, wie Sie im letzten Moment Ihr Kippen unterbrechen und den Impuls dazu nutzen können, um in die entgegengesetzte Richtung zu kippen. Spüren Sie, wie wohlig, dynamisch, lustvoll und überraschend sich diese Dynamik anfühlt. Versuchen Sie, sich selber zu überraschen, indem Sie den Kipppunkt immer weiter ausloten. Erkennen Sie die Logik darin – wohin führt Sie das Kippen? Verlieren Sie dabei nicht den Kontakt zu sich selbst. Beim Kippen suchen wir den Druck, wir steigen nicht aus oder lassen plötzlich los. Wenn Sie umfallen oder wegplumpsen, sind das die Momente, in denen Sie Ihre eigene Führung verloren haben. Gehen Sie nur so weit, wie Sie das Kippen kontrollieren können. Währenddessen lassen Sie Ihren Atem frei fließen. Achten Sie darauf, dass Sie niemals die Luft anhalten, damit Sie stets präsent bleiben. Besonders im Moment des Kippens ist es wichtig, intensiv zu atmen. Es spielt keine Rolle, ob Sie in diesem Augenblick gerade ein- oder ausatmen. Spüren Sie zum Schluss den Impuls, der Sie hochdrückt und wie von selbst wieder aufstehen lässt.

Dies ist eine Übung, die ich selbst regelmäßig mache, immer mal wieder zwischendurch: Ich studiere das Gefühl zu kippen, ohne umzufallen. Dieses Spiel mit clownesken Kippregeln trainiert mich für den Augenblick, wo die Situation tatsächlich kippt. Das lasse ich dann zu und nutze die Kippenergie, um mich weiterzubewegen. Mit etwas Übung lernen Sie, diesen Druck des Fallens zu steuern, um selbst zu entscheiden, wohin und mit welcher Intensität Sie kippen möchten. Ich habe dabei die Erfahrung gemacht, dass ich beim Kippen für einen Moment die Zeit anhalten kann, was mir noch mehr Freiheit gibt, um die richtige Entscheidung zu treffen.

Ich bin mir sicher, das Leben beschenkt uns mit Stolperfallen, damit wir das Loslassen lernen. Auf diese Weise bewegen wir uns im Fluss, werden selbst zum Fluss und bringen andere zum Fließen. Das Gegenteil von Fluss ist Stau. Stau entsteht aus unserem unbewussten Versuch, das Kippen und Fallen zu verhindern. Wenn es sich bei uns staut, scheitern wir durch festhalten. Eine Variante des Festhaltens ist, etwas abzubrechen oder sich zu entziehen. Auch damit wird der Fluss unterbrochen. Daher wächst mit unserer Fähigkeit zu kippen auch unsere Bereitschaft, uns auf Probleme einzulassen.

Wie wir uns mit dem Problem verbünden

Wer versucht, den Widrigkeiten und Stolperfallen des Lebens aus dem Weg zu gehen, schafft sich am Ende, was er am meisten scheut: Probleme. Kein Wunder, dass die Anzahl derer riesengroß ist, die uns Lösungen anbieten. Der Clown macht um solche Lösungen einen Bogen, weil er weiß, dass er sich damit nur Ärger einhandelt. Lösungen geben vor zu wissen, wie Dinge funktionieren. Klappen die Lösungen dann nicht, glauben wir, es liege an uns, weil wir etwas falsch gemacht haben. Es erstaunt mich schon lange nicht mehr, dass viele meiner Seminarteilnehmer sagen: »Ich habe alles ausprobiert, und nichts hat wirklich genutzt.«

So landen sie am Ende bei uns Clowns. Zunächst noch mit dem Wunsch nach weiteren Lösungen. Ich sage dann: »Ihr hört immer, dass Probleme zum Leben dazugehören, doch in Wirklichkeit träumt ihr von einem Leben ohne Probleme.« Da gibt es kaum einen, der nicht zustimmend nickt. Dann fahre ich fort: »Aus der Perspektive eines Clowns ist das ganz anders. Alles, was ein Clown anfasst, wird zum Problem. Und das ist gut so: denn ein Clown ohne Problem hat ein Problem.«

Probleme sind für Clowns nichts weiter als eine Einladung zum Spielen. Was wir im »richtigen Leben« als Scheitern bezeichnen, bedeutet für den Clown die Königsklasse: Immer neue Probleme inspirieren ihn zu noch mehr Improvisation. Wenn es dabei kippt, wird es für ihn komisch. Diese clowneske Lebenseinstellung lässt sich aber auch in unserem Alltag finden. Kreative Menschen weichen Problemen nicht aus, sondern nutzen sie. Chuck Jones, der geniale Zeichner von Walt Disney, meinte: »Wir lernen doch alle aus unseren Fehlern. Erst beim Stolpern merken wir, wohin es uns treibt.« Ebenso prägnant drückte es der größte Denker des 20sten Jahrhunderts aus: »Wer noch nie einen Fehler gemacht hat«, sagte Albert Einstein, »hat sich nie noch an etwas Neuem versucht.«

Daraus können wir Mut schöpfen: denn die Frage, ob wir ein Problem als Impuls erkennen oder an ihm verzweifeln, hängt ganz davon ab, auf welche Art wir es lösen möchten. In Übung 27 haben Sie erfahren, wie es sich anfühlt, am Impuls dranzubleiben und dabei sogar die Zeit anzuhalten. Das empfehle ich Ihnen, sobald ein Problem auftaucht. Versuchen Sie nicht, es vorschnell zu lösen. Sie wissen ja: Clowns stürzen sich nicht auf etwas, sondern nähern sich behutsam an. Verschaffen Sie sich diesen Raum, auch wenn Ihre Umwelt ungeduldig ist. Beobachten Sie das Problem.

Beachten und achten sie es. Stellen Sie ihm Fragen und finden Sie heraus, um welche Art von Problem es sich handelt.

Sicher kennen Sie dieses Gefühl: Sie erleben Ihre Aufgaben als Problem, weil Druck auf Ihnen lastet. Betrachten Sie diesen Fall mit den geduldigen Augen des Clowns, kann es gut sein, dass Sie feststellen: Moment mal, das ist doch gar kein Problem. Ich habe nur meine Identität an die Aufgabe geknüpft, wie im letzten Kapitel besprochen. Es genügt also, mich wieder auf meinen Standpunkt zu besinnen und der Aufgabe den Platz zuzuweisen, der ihr gebührt. Damit balancieren Sie Druck aus.

Welche Lösungen halten Probleme für uns bereit?

In der Clownmethode ist das Problem der Spielimpuls. Deshalb lassen wir uns von Problemen zwar inspirieren, aber niemals drangsalieren. Wenn Sie selbst erfahren wollen, welche Lösung ein Problem für Sie bereithält, empfehle ich Ihnen folgende Vorgehensweise: Anstatt den vermeintlichen Fehler zu korrigieren, folgen Sie dem Problem und entdecken Sie den Spielimpuls, den es Ihnen bietet. Versuchen Sie nicht zu *wissen*, wie die Lösung lautet. Wissen produziert immer die gleichen Antworten. Stattdessen: *Genießen* Sie das Problem. Sie befinden sich an einem Wendepunkt, da kann sich vieles verändern. Wenn Sie im Kippen und Fallen geübt sind, entscheiden Sie selbst, in welche Richtung es ab jetzt gehen wird. Finden Sie den Kipppunkt, an dem Sie das Problem in die neue Richtung bewegt. Dann lassen Sie los, aber behalten Sie gleichzeitig die Führung, indem Sie durch Ihren Atem stets präsent bleiben und durch den Druck auf den Boden den Kontakt nicht verlieren. So wird aus Ihrem Kipppunkt der neue Impulspunkt. Indem Sie Ihre Haltung verändern, verändert sich das Problem. Nutzen Sie diese andere Perspektive. Durch Umdeuten und Umdenken erkennen Sie neue Funktionen und Bedeutungen. Das ist am Ende die Pointe: Das Problem löst selbst das Problem.

Ich möchte Ihnen dazu eine Geschichte aus meinem Leben erzählen. Meine erste Clownschule gründete ich in Mainz auf dem Gelände einer ehemaligen amerikanischen Kaserne. In dem dortigen Casino mit angeschlossenem Theatersaal hatte ich das ideale Gebäude für uns gefunden. Jahrzehntelang sorgten wir Clowns an diesem Ort für gute Laune, bildeten wir Hunderte von Proficlowns aus und bereicherten das Leben unzähliger Seminarteilnehmer durch unsere Kursangebote. Für dieses Engagement verlieh mir die Stadt Mainz den »Mainzer Pfennig«, eine Auszeichnung, mit der ein Clown normalerweise nicht zu rechnen hat. »So kann es bleiben«, dachte ich deshalb zufrieden – und schon tauchte ein Problem auf: Es steckte eines Morgens in Form eines Einschreibens in meinem Briefkasten. »Kündigung« lautete die Überschrift. Darunter hieß es, wir hätten drei Monate Zeit, um unsere Wirkungsstätte mit Sack und Pack zu verlassen. Nach fast 20 Jahren! Eine Katastrophe! Wir steckten im laufenden Spielbetrieb und waren mitten in einer Ausbildung. Mir war klar, dass ich niemals in so kurzer Zeit einen Ersatzstandort finden konnte, der Bühnen, Probe- und Umkleideräume sowie Platz für unsere zahllose Requisiten bot. In der ersten Aufregung schossen mir Gedanken durch den Kopf wie »Das können die doch nicht machen!

Wir sind eine Institution!« Hätten Sie mir in diesem Moment die Frage gestellt, »Wie geht es dem Clown?«, wäre meine Antwort eine Mischung aus Jammern, Stöhnen, Schimpfen und Fluchen gewesen. Dann erinnerte ich mich daran, dass ich ein Clown bin. Und der stürzt sich bekanntlich nicht auf das Problem, sondern macht zuerst einmal ... einen langen Spaziergang. Ich ging am Rhein entlang, schaute aufs Wasser und den vorbeifahrenden Schiffen hinterher. Dabei spürte ich: Etwas kommt in Bewegung. Und hatte es sich nicht längst angekündigt? Hatte ich nicht immer wieder von einem eigenen Theater geträumt? Dafür waren die alten Räume aber ungeeignet. Ich sagte zu mir: »Jetzt bist du 50 Jahre alt, lieber Clown: Ist das nicht die beste Zeit, um noch einmal was Neues zu beginnen?«

Damit trat er in mein Leben, dieser klare Impuls, der zu mir sagte: Wage das Kippen! Doch gib ihm selbst die Richtung vor, lass nicht zu, dass es dein Vermieter tut. Und vor allem: Vertraue mir, deinem Problem. Genau das tat ich. Nach dem Spaziergang griff ich zum Telefon und rief alle an, die unserer Schule freundschaftlich verbunden sind: von treuen Gästen über die Medien bis hin zu Politikern. An diesem Tag wurde die Zukunft unserer Clownschule in Mainz im Regierungspräsidium diskutiert, in Berliner Abgeordnetenbüros und sogar in Brüssel. Noch am selben Abend erhielt ich einen Anruf: Das mit der Kündigung sei nicht so gemeint gewesen, das wäre mehr und weniger ein Irrtum. Hatte ich damit das Problem gelöst? Sollte ich am nächsten Tag zur Schule fahren mit dem üblichen Gedanken: »Alles kann so bleiben«?

Nein! Ich hatte das Kippen gespürt, ich war dem Impuls gefolgt und nun wollte ich ihm weiter folgen. Der Druck, den ich ausübte, war dazu da, Zeit zu gewinnen. In drei Monaten würde ich kein neues Zuhause für uns Clowns finden, so viel stand fest. Aber in einem Jahr konnte viel passieren. Und so war es auch: Nach ein paar Monaten stießen wir auf den Ort, an dem ich nun sitze und schreibe. Und, was soll ich sagen? Er war wie für uns geschaffen: Die schönste Clownschule weit und breit bietet meinen Profistudenten eigene Unterkünfte und alle erdenklichen Trainingsmöglichkeiten. Für unser Publikum gibt es ein großartiges Theater und ein gemütliches Café. Sogar das körper-psychotherapeutische Institut meiner Frau Lea fand hier Platz. Das Problem löste sich selbst, weil ich dem Impuls gefolgt bin. Unser Leben ist dadurch noch besser geworden.

Das Problem löst das Problem? Wir können sogar noch einen Schritt weitergehen. Bianca, die kürzlich ihre berufsbegleitende Clownsausbildung abgeschlossen hat, formuliert es so: Fang nicht an, das Problem heilen zu wollen – das Problem heilt dich.

Wie viele Musikerinnen lebte sie davon, anderen Menschen Klavierunterricht zu geben. Darin war sie gut und hatte viele Schüler. Doch eines Tages bekam sie von heute auf morgen eine Hautkrankheit. »Es juckte wie verrückt«, erzählte sie, »und keine Salbe half. Gar nichts half!« Am meisten juckte es sie, wenn sich einer ihrer Schüler ans Klavier setzte. Immer häufiger musste sie den Unterricht absagen. Sie verlor Schüler und geriet in finanzielle Schwierigkeiten. Clownesk ausgedrückt brachte sie die juckende Haut ins Kippen, und wie immer gab es zwei Möglichkeiten: Würde das Problem entscheiden, wohin die Reise geht, oder konnte sie den Kippimpuls selbst nutzen? »Zum Glück«, sagte Bianca, »befand ich mich da schon in der Clownausbildung.« Während sie bei uns auf der Probebühne stand und dieselbe Übung machte, die ich Ihnen als Kippübung vorgeschlagen hatte, kam der Impuls: Könnte ich nicht mit eigenen Auftritten Geld verdienen? Mein Repertoire kann sich schließlich sehen lassen! Doch da war noch etwas anderes, ein weiteres Problem: Bianca fürchtete sich davor, auf der Bühne zu stehen. Ihre Angst vor dem Versagen war groß, der innere Wunsch, vor Publikum zu spielen aber war größer. So wurde die Hautkrankheit zum Impuls, es auszuprobieren. Sie folgte dem Kippen, wagte den Schritt, und verdient seither ihr Geld als Konzertpianistin. Von da an war der Juckreiz wie weggeblasen. Das Problem hatte seine Funktion erfüllt, das Problem konnte gehen. Oder, in Biancas Worten, es heilte sie davon, ihren Herzenswunsch niemals zu wagen.

Das Problem kann das Problem selbst lösen.
Das Problem kann dich heilen.

Es muss also nicht aus jedem Problem ein Konflikt und aus jedem Konflikt eine Krise werden. Das ist auch Marthas Fazit aus ihrer Geschichte: Sie ist Leiterin einer internationalen Familienbildungsstätte in Frankfurt. »So viele Nationen es gibt auf der Welt«, sagte sie, »so viele Frauen kommen zu uns. Da prallen unterschiedlichste Kulturen aufeinander: Frauen aus der Türkei, Eritrea, Thailand, dem Iran, Bhutan… Viele sind Analphabetinnen, haben Schlimmes durchgemacht, sind traumatisiert und tragen dunkle Erinnerungen mit sich herum.« So war Martha auch nicht weiter verwundert, als eine Kollegin in ihr Büro stürzte: »Komm schnell, die Yamina rastet völlig aus!« Tatort war die Küche am Ende des Ganges. Als Martha eintraf, sah sie Yamina mit einem Besen bewaffnet wild um sich schlagen. Sie kam aus Gabun und war eigentlich eine ganz friedfertige Seele. Irgendetwas war geschehen, und nun versuchte ein Dutzend Frauen, ihrem Schlaghagel auszuweichen. Martha stürzte sich ins Getümmel, und ihr erster Gedanke war: »Entreiß ihr den Besen!« Doch das war ein vom Verstand gesteuerter Gedanke, kein körperlicher Impuls. Den spürte sie, als sie Yamina gegenüberstand. »Umdeuten«, sagte ihre innere Stimme, »das hast du in der Clownschule gelernt.« Schon lagen ihre Hände am Besenstiel, doch sie zerrte nicht daran, sondern folgte dem Impuls. In Clownseminaren trainieren wir oft mit Besenstielen, »und auf einmal kam es mir vor, als wäre ich wieder im Übungsraum«, erinnerte sich Martha. »Ich folgte Yaminas Druck, hielt aber nicht dagegen. Schnell wurde ein kleines Tänzchen daraus. Erst schaute mich Yamina mit unsicheren Augen an, dann folgte *sie* dem Impuls, und, das Beste, aus den erschrockenen Frauen wurde unser Publikum. Sie fingen an, im Takt zu klatschen, und so drehten Yamina und ich, verbunden durch den Besenstiel, der nun keine Waffe mehr war, unsere Kreise. Alle lachten, die ganze Spannung löste sich in nichts auf.«

Der Konflikt und seine Folgen

Das Einzige, was Sie davon abhalten kann, Probleme spielerisch zu lösen, ist der Konflikt. Dieser stellt sich zwischen Sie und das Problem. Er sagt »Nein!« zum Problem und gleichzeitig »Nein!« zu Ihrer Aufgabe. Auf diese Weise verhindert er, dass wir die Lösung im Problem finden.

Konflikte verhindern,
dass wir unsere Probleme lösen.

Und warum tut er das? Weil es ihm um etwas anderes geht! Ein Konflikt hat eine andere Funktion als der äußere Druck und das Problem. Erinnern Sie sich? Im Statusspiel haben wir gelernt, durch Druck unseren bewegten Standpunkt zu verstärken. Das Problem wiederum kann uns einen Perspektivenwechsel durch eine Umdeutung verschaffen: Eine Kündigung wird zum Anfang einer neuen Karriere, eine Krankheit führt zur Erfüllung eines Herzenswunsches.

Die Lösung im Konflikt und in der Krise ist mehr als eine Umdeutung. Der Konflikt stellt unsere Identität in Frage, während die Krise mit Konsequenzen droht, egal, welche Entscheidung wir treffen.

Wie im griechischen Drama steuert die Krise in ihrem Höhepunkt auf eine Verwandlung zu. Im Drama müssen Helden meist schwere Prüfungen bestehen. Doch keine Angst: Sobald Sie den Witz in der Krise suchen, weist Ihnen der Konflikt den richtigen Weg. Sie müssen lernen, hinter den Konflikt zu blicken. Dann wird der Konflikt ein Wegweiser, und das Scheitern wird ein Erfolg. Da jedoch keiner von uns diesen Weg freiwillig beschreiten möchte, führt uns der Konflikt oft an der Nase herum.

Als Erstes konfrontiert er uns mit unseren Befürchtungen. Die Sorge, uns könnten Dinge entgleiten, bringt uns dazu, alles zu planen, festzurren oder auch ganz zu vermeiden. Im Konflikt zerstückeln wir das Problem in seine Einzelteile, damit wir es besser abarbeiten oder wegdrücken können. Das weggepackte Problem macht es uns aber noch schwerer, denn der Ausgangskonflikt bleibt bestehen und mit ihm Zweifel und diffuse Ängste. Dadurch verändert sich unsere Verhaltensweise. Wir werden verbissen, engstirnig, weinerlich, trübsinnig, kraftlos. Andere empfinden uns als bedrückt, distanziert, abweisend, schweigsam, hochnäsig. Jetzt hat sich der Konflikt verselbständigt und führt uns in die Krise. In der Krise wissen wir nur noch: Für mich interessiert sich eh keiner. Ich werde von allen abgelehnt. Ich kann keinem trauen. Wenn ich es nicht selbst mache, wird es nichts. Kein Mensch gibt mir Recht. Mit mir machen sie doch, was sie wollen.

> Der ungelöste Konflikt führt in die Krise.

Mit diesen Glaubenssätzen startet ein Prozess, den ich das Scheiterprogramm nenne: In der Krise überwiegt das Gefühl innerer Zerrissenheit. Wir wissen nicht mehr, ob wir bei einer Sache unserem Verstand und seinen Argumenten oder unserem Bauchgefühl folgen sollen. Damit zieht der Kopf in eine Richtung, das Becken in die andere, während sich im Bauch etwas zusammenbraut. Aus Konflikt und Krise wird ein Körpergefühl. Diesen Zustand nenne ich den Scheiterkörper.

> In der Krise verwandeln wir uns in einen
> Scheiterkörper.

Zu ihm gehören Verhaltensweisen und Scheitersätze wie: Das schaff ich sowieso nicht. Ich bin zu blöd zu allem. Das wird nie was. Mit diesen Sätzen im Kopf können wir gar nicht anders als scheitern. Dazu kommt die Anstrengung, ständig anders sein zu wollen, als man tatsächlich ist: Wir sind verkrampft, dabei versuchen wir, sympathisch rüberzukommen. Wir sind ängstlich und wollen mutig sein. Wir verachten andere und machen trotzdem auf sozial. Wir sind wütend, zeigen aber die nette Maske. Wir sind voller Sehnsüchte, aber geben uns rational.

Führt uns der Konflikt unsere innere Zerrissenheit vor Augen, bringt er uns emotional zum Kippen. Die Angst davor bewirkt weiteres Vermeidungsverhalten. Die eigentliche Niederlage erleiden wir in dem Moment, in dem wir uns mit dem Scheitern identifizieren. Dann stülpt sich der Scheitercharakter wie eine Maske über unsere Gestalt und verbirgt unser darunter liegendes Wesen.

Wetten, dass Sie überall richtiggehende Scheitercharaktere finden? Da sind Menschen, die von sich selbst erwarten, immer zu funktionieren – und alle anderen müssen das bitte schön auch. Oder die, die sich abwechselnd mal kleiner machen, als sie sind und dann wieder größer. Dann regen sie sich darüber auf, dass keiner weiß, wo er bei ihnen dran ist. Oder solche, die sich selbst in den Mittelpunkt stellen, damit es wenigstens eine feste Koordinate gibt. Es gibt Scheitercharaktere, denen alles »zu nah« und dann wieder »zu weit weg« ist – und die nicht verstehen, warum so keiner ihre Grenzen erkennen kann. Oder solche, die sich selbst nicht spüren, weder körperlich noch emotional. Oder solche, die immer eine Idee haben, auf die alle anderen dann eingehen sollen. Verbreitet ist auch der Scheitercharakter, der alles verneint. Für uns Clowns sind sie allesamt dasselbe wie fundamentalistische Glaubenssätze oder vorgegebene Lösungen: Käfige, die uns einsperren möchten. Doch ein Clown lässt sich von nichts und niemandem wegschließen.

Die Kräfteverhältnisse im Konflikt

In einem Konflikt ändert sich nie etwas an den Kräfteverhältnissen. Sie bleiben statisch. Beißen Sie einmal die Zähne zusammen und versuchen Sie gleichzeitig, an etwas Freudvolles zu denken. Es wird Ihnen ebenso wenig gelingen, den Kiefer schön locker zu halten und die Zunge entspannt heraushängen zu lassen, während Sie überlegen, was 17 x 39 ergibt.

Deshalb scheint es uns selbst im Konflikt zwischen den Polen hin- und herzureißen. »Scheint« sage ich deshalb, weil einer dieser beiden Pole gar nicht vorhanden ist. Er entspringt unserer Vorstellung. Wir denken so soll, so kann oder so muss es sein. Doch das ist ein Missverständnis, wir hecheln lediglich unseren Vorstellungen hinterher. Dies schafft eine Menge Unklarheiten, und am Ende sehen wir den eigentlichen Grund des Konflikts nicht mehr.

In einer klassischen Zirkusnummer führt uns das der Clown ganz wunderbar vor Augen: Er steht auf einem Stuhl und kommt nicht mehr herunter. Irgendwie ist er da oben gelandet, aus Übermut vielleicht, oder weil er vor etwas weggelaufen ist. Nun steht er da und blickt in den Abgrund. Er hat die Wahl, den Rest seines Lebens auf dem Stuhl zu verbringen oder ins unkalkulierbare Nichts zu springen. Die Kinder im Publikum, die selbst noch wissen, wie schwierig es ist, von einem Stuhl zu klettern, ermutigen ihn, einen Schritt nach dem anderen zu tun. Doch der Clown ist viel zu ängstlich. Die älteren Zuschauer sehen an seinem Beispiel, an was er tatsächlich scheitert: Er schaut in den Schlund seiner Ängste, er unternimmt viel zu viel, um ja nicht abzustürzen, er forscht nach wahnwitzigen Strategien, um nicht auf dem harten Boden der Wirklichkeit zu landen. Dabei balanciert er ständig auf dem Kipppunkt, der ihn vom Sturz in die Tiefe trennt. Keine Situation würde sich besser eignen, um jetzt einmal mit dem Gewesenen abzurechnen und hoffnungsvoll in die neue Zukunft zu blicken. Doch der Clown schafft es nicht. Gerade, als dem letzten Zuschauer klar wird, wie mühelos er sich aus seiner Situation befreien könnte, hält er die Luft an und plumpst in den Abgrund. Dort bleibt er hilflos wie ein Käfer auf dem Rücken liegen, und nur die Hilfe eines Kindes, das aus dem Publikum zu ihm läuft, kann ihn wieder ins Leben zurückbringen.

Ein weiterer Zirkusklassiker zeigt den Konflikt von einer Seite, die wir ebenso kennen: wenn uns das Angebot der Möglichkeiten überwältigt. Da steht vor dem Clown ein Tablett mit leckeren schokoladenüberzogenen Schaumköpfen. Um Himmels willen, welchen soll er nur als Erstes essen? Er kann sich einfach nicht entscheiden! Also nimmt er einen, dann einen zweiten, einen dritten, einen vierten, bis er alle irgendwo abgestellt hat, auf dem Kopf, unter den Armen, zwischen den Beinen. Als er endlich in den ersten beißen will, stolpert er und fällt so ungeschickt, dass alle Schaumköpfe zu Brei zerdrückt werden.

> Weil das Scheitern stets naheliegt,
> fordert uns der Konflikt auf, nach dem Sinn zu
> fragen: Wozu? Warum? Wohin?

Für die meisten Menschen, die sich für ein Seminar bei mir entscheiden, ist die Frage nach dem Sinn die alles entscheidende Frage. »Bei den Clowns mehr Spaß zu haben«, stellt sich schnell als Nebensächlichkeit heraus. So erging es auch

Jasmin. Endlich hatte sie das Jobangebot bekommen, auf das sie so lange gewartet hatte. Doch es erforderte einen Umzug, und mit diesem Gedanken kamen die Zweifel. Das Gewohnte aufgeben. Den Freundeskreis verlassen, die schöne Gegend ... Ratschläge, wie sie sich entscheiden solle, bekam sie viele, allein, sie halfen nicht. Also ermutigte ich sie im Clowncoaching, den Konflikt zu spielen. Bei der nächsten Gelegenheit kam Jasmin mit einer Kiste an. Auf der Bühne freute sie sich zunächst darüber. Sie öffnete sie, und heraus kam eine kleine Gitarre. Doch im selben Moment, in dem sie die Gitarre herausnahm, hört man aus den Lautsprechern im Saal einen Haufen negativer Stimmen: Was soll das? Lass das sein! Das wird doch nichts! Du schaffst das nicht. Ganz erschrocken verstaute sie das Instrument wieder in der Kiste, und damit verschwanden auch die Stimmen. Doch jedes Mal, wenn sie die Kiste wieder öffnete, ertönten sie umso lauter. Es war zum Heulen! Die Clownin konnte ihr Geschenk einfach nicht annehmen und auf der Gitarre spielen. Das war ganz eindeutig Jasmins Konflikt. Doch nun kam der Impuls. Sie begann, diese Angststimmen zu dirigieren. Auf einmal entstand ein Chor, den sie steuern konnte, mal lauter, mal leiser, ganz nach Gusto der Clownin. Jetzt konnte sie auch zur Gitarre greifen. Über die Stimmen improvisierte sie eine Melodie, und: Voilà! Fertig war ein wunderbares Konzert.

Dieses Spiel schenkte Jasmin das Vertrauen, ihre Zweifel und Ängste anzunehmen, ohne sich von ihnen erdrücken zu lassen. Auf einmal sah sie ihre Zweifel als einen Freund und Verbündeten, der nur dafür sorgte, dass sie sich nicht Hals über Kopf in ein Abenteuer stürzte. So wurde der Konflikt zu einem Mitspieler und von da an fiel es ihr leicht, sich auf das Jobangebot einzulassen.

Was habe ich davon?

Begegnen wir dem Konflikt mit spielerischer Intuition, sind wir in der Lage, alle verwirrenden Argumente, Gegenargumente, Ärger und Frust unbeachtet zu lassen. Stattdessen bündeln wir unsere Energie und verengen den Fokus, bis wir nur noch die alles entscheidende Frage sehen: Was habe ich davon?

Diese Frage führt uns in die Selbstverantwortung. Dabei geht es nicht um richtig und falsch. Es geht auch nicht darum, sich für etwas Bestimmtes zu entscheiden und etwas anderes zu lassen. Durch den Konflikt arbeiten sich unsere unbewussten, vergessenen oder verdrängten Verletzungen und Ängste nach oben, die uns als Vorurteile und Glaubenssätze im Weg stehen. Lassen Sie mich dazu die Geschichte von Kai erzählen. Beruflich war es bei ihm immer steil bergauf gegangen. Zum Ausgleich powerte er sich regelmäßig auf dem Mountainbike aus und gönnte sich einmal im Monat bei mir einen Clownkurs. Eines Tages kam er auf Krücken. »Fahrradunfall«, sagte er lapidar. »Die Ärzte meinen, das mit dem Scheißknie wird dauern. Keine Ahnung, wann ich wieder auf dem Bike sitze.« Tatsächlich dauerte die Genesung sehr lange. In dieser Zeit zog Kai sein Bein wie einen Fremdkörper hinter sich her.

Nun sind wir Clowns freche Typen, und so spiegelten wir ihm natürlich, wie »abgespalten« er daherkam. Ich forderte die anderen auf zu sagen, was sie als »Kai mit dem kaputten Knie« denken würden: »Mit dem Bein will ich nix mehr zu tun haben«, lautet eine Antwort. »Bin nichts mehr wert«, eine andere. »Dieses Bein ist mir echt peinlich.« Kai schaute ganz schön bedröppelt aus der Wäsche, doch er erkannte sich im clownesken Spiel wieder. Er verstand, dass er auf sein Bein böse war, weil es nicht mehr richtig funktionierte. Von da an änderte sich seine Gangart. Er nahm sein Bein wieder an, und auf einmal verlief auch die Genesung ohne Schwierigkeiten. Gleichzeitig wurde ihm deutlich, unter welchen Stress er sich permanent gesetzt hatte Der Unfall hat ihn abgebremst und den Konflikt erst sichtbar gemacht.

Konflikte können sehr stabil sein und lang andauern. Sie halten unsere Energie permanent hoch, ohne dass sie sich entladen könnte. Wir sind in einem Zustand, in dem wir ständig zuschlagen oder weglaufen könnten. Betrachten wir einen Konflikt mit der Clownmethode und die Krise als eine Zuspitzung dieser Energie, wird rasch klar: lenken wir sie nicht in die richtigen Bahnen, stürzt uns dies ins Chaos oder in die Zerstörung. Daher stellt sich die Frage: Wie können wir unseren inneren Konflikt clownesk nutzen, und wie finden wir in der Krise zur Pointe. Mit anderen Worten: An was zum Kuckuck ist eigentlich unsere Energie gebunden?

Warum der Clown nicht an Glaubenssätze glaubt

Unsere Welt ist voller Glaubenssätze. Egal, ob Banken gerettet werden müssen oder es sich um die neueste Diät handelt. Der jeweilige Glaubenssatz beginnt immer mit den Worten: »Jetzt müssen wir ...« Was immer wir da müssen, es scheint alternativlos zu sein. Auch die Absicht dieser Glaubenssätze ist eindeutig: Sie sollen uns an das jeweilige Wertesystem binden. Dabei sind es starre Gebilde, die uns in einen Käfig sperren. Sie engen unsere Möglichkeiten ein und wenden aufgestaute Energie gegen uns. An dieser Energie können wir leicht scheitern. Denen, die uns die Glaubenssätze um die Ohren hauen, ist das egal.

Sehr oft leiden wir nicht an zu wenig,
sondern an zu viel Energie.

Viele Menschen, die zum ersten Mal meine Seminare besuchen, klagen wie die Mehrzahl der Bevölkerung über Energiemangel. Müde fühlen sie sich und abgeschlafft. Schaue ich dann durch die Brille des Clowns auf ihre Situation, erkenne ich, dass sie an zu viel Energie leiden: überhöhte Selbstansprüche, Wertungen, Beschwerden, Anklagen – das ist alles Energie. Dazu kommen die oben genannten Käfige der Glaubenssätze. Wenn diese Energie nicht richtig kanalisiert wird, gibt es für die Betroffenen nur zwei Alternativen: Erschöpfung oder Angriff. Durch Streit verlieren wir etwas Energie, ebenso wie durch Nikotin, Alkohol, Drogen, Sex und Arbeit. Doch diese Energie kommt wieder, irgendwann als Hass, Verzweiflung oder Krankheit. In der Clownmethode lenken wir die Energie darum in gesunde Bahnen. Dazu dient uns eine wunderbare körperliche Übung, zu der ich Sie jetzt einladen möchte.

Übung 28: Das Schaukeln auf dem Konflikt

Bitte stellen Sie sich zunächst folgendes Bild vor: Der Clown sitzt auf einer Schaukel, die über einem Zaun hängt. Auf der einen Seite des Zaunes liegt das Chaos, auf der anderen die Ordnung. Durch die Schaukel hat der Clown die Möglichkeit, zwischen Chaos und Ordnung hin- und herzuschaukeln. Auf einen Konflikt übertragen sind wir selbst die Schaukel. Um zur Schaukel zu werden, müssen wir den Kipppunkt finden. An diesem Punkt sind wir in der Lage, alle Perspektiven gleichzeitig wahrzunehmen. Dadurch können wir beide Seiten integrieren.

Nehmen Sie nun einen Konflikt, der Sie zurzeit beschäftigt. Legen Sie sich entweder auf den Rücken und schaukeln Sie hin und her oder stehen Sie auf einem Bein und balancieren mit ausgestreckten Armen. Suchen Sie jetzt den Kipppunkt und finden Sie durch das Kippen zu immer neuen Positionen. Lachen Sie nun, wenn Sie auf die eine Seite kippen und weinen Sie lautstark, wenn es auf die andere Seite geht. Irgendwann erreichen Sie einen Punkt, an dem sich Lachen und Weinen vermischen. Dieser Zustand ist Humor, denn Humor kennt das Lachen und das Weinen. Nun stellen Sie sich vor, dass Sie Ihren Konflikt links und rechts neben sich sehen. Durchs Schaukeln und Balancieren bewegen Sie sich mal in die eine und mal in die andere Richtung. Kaum sind Sie in die eine Richtung gekippt, zieht es Sie in die andere. Auf diese Weise loten Sie beide Seiten aus. Scheuen Sie sich nicht, ins Extrem zu gehen. Atmen Sie tief. Je mehr Sie atmen, umso mehr bewegen Sie das Gefühl. Indem Sie immer weiter schaukeln, verbinden sich beide Teile und werden eins. Sie stellen fest, dass Sie sich gar nicht entscheiden müssen. Beide Seiten ergeben das Ganze. Das ist kein Kompromiss, sondern ein neues Gefühl, aus dem Sie jetzt handeln können.

Jeder Konflikt enthält eine Frage, die mit dem eigentlichen Problem nichts zu tun hat. Es geht nicht darum, wer Recht hat, die Frage geht sehr viel tiefer. Deshalb lösen wir auch keine Konflikte, indem wir unser Verhalten ändern. Stattdessen sollten wir hinter den Konflikt schauen – die letzte Übung hilft Ihnen dabei – und uns darauf einstellen, dass der Konflikt immer kippen möchte: Er will die Situation nicht so lassen, wie sie ist. In der Clownmethode nutzen wir jeden Konflikt, um uns weiterzuentwickeln. So kommen wir immer mehr ins »Wollen« und entfernen uns vom »Müssen«. Damit werden wir uns im nächsten Kapitel eingehend beschäftigen.

Streiten mit Humor

Kennen Sie das auch? Sie streiten sich und mittendrin haben Sie das Gefühl, dass Sie jederzeit aus diesem Streit aussteigen könnten. Aber dann streiten Sie aus Anstand weiter, weil Sie Ihren Konfliktpartner nicht hängenlassen wollen. Womöglich glauben Sie auch noch immer daran (nach diesem Kapitel sollte das eigentlich nicht mehr möglich sein), dass Sie ein Problem oder einen Konflikt lösen, indem Sie im Streit Kompromisse schließen, mit denen am Schluss keiner glücklich ist.

Mein Tipp: Streiten Sie gerne, aber streiten Sie mit Humor. Beobachten Sie dabei aufmerksam, wohin Sie der Streit bewegt. Suchen Sie den Fluss im Streit. Achten Sie darauf, dass Sie sich nirgends verhaken und nirgendwo hängenbleiben. Nutzen Sie den Streit niemals, um Druck abzulassen. Das wäre eine Verschwendung von Energie. Lenken Sie stattdessen diese Energie in die richtige Richtung und finden Sie die Perle im Konflikt. Das gelingt, indem Sie den Konflikt mit anderen Augen sehen. Diesen neuen Blick nenne ich die Austerntechnik.

Die Austerntechnik

So wie eine Auster durch das Aufnehmen eines Sandkorns in der Lage ist, eine Perle hervorzubringen, können wir Konflikte zur Inspiration benutzen. Dazu brauchen wir nur die Störung – das Sandkorn – als Impuls für die nötige Verwandlung betrachten. Damit nehmen wir den Konflikt an und halten nicht dagegen.

Wir finden die Perle im Konflikt.

Die Energie in einem Konflikt ist enorm. Oft wird sie aber blockiert, bleibt damit ungenutzt und sorgt lediglich für eine gereizte Stimmung, was zu einer körperlichen und emotionalen Überbelastung führt. Dann wird zwar gestritten, doch auf falsche Weise, ohne jeden Humor. Das schafft nur neue Konflikte, weil wir herausfinden wollen, wer Schuld hat. Damit liegen wir völlig falsch, denn nun sind wir im Kreislauf des ewigen Scheiterns gefangen.

Was empfiehlt der Clown? Ganz klar: Anstatt die Energie im Konflikt zurückzuhalten und dadurch die unterdrückte Wut und Frustrationen nur noch zu erhöhen, nutzt der Clown die Energie, um zur Kernfrage vorzustoßen. Das ist keine einfache Angelegenheit, weil ein innerer Konflikt lange unsichtbar bleiben kann. Schließlich wollen wir ihn ja nicht sehen! So erging es auch Martin. Er war ein lockerer Typ, der gerne zu spät zum Clownseminar kam, weil ihn immer irgendetwas aufgehalten hatte. Das tat ihm dann leid, und er nahm sich vor, das nächste Mal pünktlich zu sein. Natürlich war er es nicht. Dann musste er warten, bis er in den Unterricht einsteigen konnte, weil ich nicht möchte, dass Zuspätkommer diesen stören. Das war für ihn aber kein Problem, mit diesem Standardsatz kam er mir immer wieder: »Weißt du, für mich ist das kein Problem.« Zu dieser Zeit arbeiteten wir mit dem Besenstiel, ein beliebtes Requisit für den Clown. Martin fiel er dauernd zu Boden. Ich fragte ihn: »Warum fällt dir der Stock dauernd hin?«

»Ach, das ist kein Problem«, war die Antwort. »Ist doch für einen Clown kein Fehler, wenn was runterfällt, oder? Ich übe einen Trick, und der klappt noch nicht.«

»Clowns machen keine Tricks«, sagte ich. »Und sie üben nicht. Stattdessen würde ich dich gerne *spielen* sehen. Ich möchte deine Aufmerksamkeit erleben, dein Interesse und deine Neugierde. Jedes Mal, wenn dir der Besen runterfällt, fehlt mindestens eines dieser Attribute. Sonst würde das nicht passieren.«

Dann stellte ich die wichtigste Frage: »Verlierst du immer mal wieder den Kontakt zu dir selbst?«

Denn das bewies der zu Boden fallende Besenstiel. Wer keinen Kontakt zu sich hat, dem rutscht vieles aus den Händen. Jetzt ging Martin in eine Verteidigungshaltung, die er mit den üblichen Worten begann: »Das ist doch kein Problem!«

»Der Besenstiel ist dein Partner«, erwiderte ich. »Es kommt nicht darauf an, welche Kunststückchen du uns zeigen kannst. Es kommt auf den Kontakt an, das gemeinsame Spiel und gemeinsame Erleben.«

Martins Problem war, dass er zwar locker rüberkam, aber andere damit beeindrucken wollte, dass er Tricks präsentierte. Deshalb konzentrierte er sich nur auf das Außen und vernachlässigte sein Innen. An diesem Tag sollte diese Einstellung kippen: Er erzählte mir unter Tränen, dass er in Trennung lebe, seine drei Kinder kaum mehr sehe und jeglichen Spaß am Job verloren habe. Er sei unendlich traurig. Ich reichte ihm den Besenstiel. »Fang an zu spielen«, riet ich ihm.

In der Austerntechnik müssen wir Geduld mitbringen, Perlen wachsen nicht von heute auf morgen. Martin lernte durch das Spiel mit dem Besenstiel den Kontakt zu sich selbst zu finden. Er achtete auf seine Bewegung, auf seine Atmung und auf Impulse, die von seinem Partnerobjekt ausgingen. Sein Spiel wurde geführt, interessant und abwechslungsreich. Dadurch schöpfte er neues Vertrauen. Die Frage hinter seinem Konflikt war die Sinnfrage schlechthin: Was will ich wirklich?

Die Scheiterbeziehung

Diese Frage steht hinter vielen Konflikten, auch in Beziehungen. Mit keinem Menschen verbringen wir so viel Zeit wie mit unserem Partner. Ganz klar, dass sich in der Partnerschaft Konflikte bilden, hinter denen sich entscheidende Lebensfragen verbergen. Die Kunst ist, sie hinter den Problemen und Konflikten aufzuspüren.

Das innere Scheitern
tragen wir immer mit uns herum.

Jeder ungelöste Konflikt kann dazu führen, dass wir an Problemen, Aufgaben und jeder denkbaren zwischenmenschlichen Konstellation scheitern. Daher tragen wir das Scheitern innerlich immer mit uns herum, denn wer hätte keine ungelösten Konflikte? Davonzulaufen, Probleme zu verdrängen oder Beziehungen zu abbrechen, führt nicht weit: Hinter der nächsten Ecke warten die gleichen Gegebenheiten erneut auf uns, denn der ungelöste Konflikt zieht Scheiterpartner magnetisch an. Das ist der Grund, warum viele Menschen ständig an denselben Konflikten scheitern. »Immer wieder«, sagen sie, »laufe ich gegen die Wand.« Dies macht uns der Clown auf der Bühne deutlich. Von ihm lernen wir die Spielregeln, die darüber entscheiden, ob ein Konflikt zur Krise und die Krise zum Scheitern ausartet – oder eben nicht. Unsere Konflikte in der Scheiterbeziehung basieren stets auf Entweder-oder-Fragen:
Geht es zusammen – oder nicht?
Bist du für mich – oder gegen mich?
Bist du ein Freund – oder ein Feind?
Bist du mir überlegen – oder unterlegen?
Magst du mich – oder magst du mich nicht?
Mag ich dich – oder mag ich dich nicht?
Kannst du mich beherrschen – oder kann ich dich beherrschen?

Hinter diesen Fragen verbergen sich Vorurteile wie: Alle Frauen/ Männer/ Politiker/ Clowns sind blöd. Oder: Solchen Typen kannst du nicht vertrauen.

> Eine Scheiterbeziehung gründet sich in der Annahme, dass unsere Gefühle und Motivationen vom Verhalten anderer Menschen abhängig sind.

Wie es uns geht, liegt also nicht an uns, sondern an den Mitmenschen, zumindest glauben wir das, wenn es ans Scheitern geht. Somit bewegen sich Scheiterbeziehungen in einem ständigen Spannungsfeld zwischen Hoffnung und negativen Erwartungen: »Was werden die Mitmenschen unternehmen, damit ich mich endlich besser fühle? Natürlich werden sie wieder nichts unternehmen, damit ich mich endlich besser fühle!« Auf diese Weise können Scheiterbeziehungen ein Leben lang dauern. Unsere Energie ist ständig auf andere ausgerichtet, getrieben von der vergeblichen Sehnsucht, dass diese uns retten. Und weil sie das nicht tun, tragen wir im Laufe einer Scheiterbeziehung mehr und mehr uralte Rechnungen mit uns herum, die irgendwann beglichen werden müssen. Dadurch halten wir Konflikte am Laufen, indem wir uns gegenseitig piesacken, ins Leere rennen lassen, hoch loben und wieder fallen lassen, noch eins draufsetzen, uns dabei selbst schuldig fühlen und den anderen trotzdem immer wieder schuldig sprechen. Als Scheiterpartner scheitern wir nicht an der Beziehung – auch wenn wir das annehmen –, sondern benutzen die Beziehung, um zu scheitern.

Warum tun wir das? Ich möchte es Ihnen am Beispiel eines clownesken Scheitertyps erläutern, dem Luftikus. Er hat seinen zentralen Energiepunkt einen halben Meter links oder rechts neben dem Kopf. Daher scheint er immer »über den Dingen« zu schweben, gleichzeitig zieht es ihn dauernd in entgegengesetzte Richtungen. So hören wir ihn sagen: »Jetzt mach doch nicht so einen Druck«, und »Ey, Mann, alles easy!« Welchen Scheiterpartner zieht der Luftikus an? Natürlich, den Festleger. Der sagt: »Nun lauf nicht immer weg.« Und: »Das muss doch mal klar geregelt sein.« Werden sich die beiden in einer Beziehung stressen? Darauf können Sie wetten! Denn jeder hat das Gefühl, dass der andere sein Spiel stört. Dennoch halten sie aneinander fest. Dafür gibt es einen guten Grund.

> Wir halten an Scheiterbeziehungen fest, weil sie
> unsere negativen Erwartungen bestätigen.

Auf der Bühne ist das lustig. Gibt ein Clown den Festleger und der andere den Luftikus, genügt ein Stuhl, und die Zuschauer biegen sich vor Lachen: Wo stellen sie den Stuhl hin? Und wie stellen sie ihn hin? Diese Aufgabe wird für die beiden Kontrahenten zum Alptraum, während sich im Publikum langjährige Eheleute gegenseitig anstupsen: »Guck mal, Erna. Wie du!«

»Was soll das heißen, wie ich? Der Typ ist wie du, Paul! Genauso pedantisch!«

Die Clowns auf der Bühne suchen in dieser Zeit nach einer Pointe, um ihren Konflikt humorvoll aufzulösen. Das wünschen sich auch die Scheiterpartner im wahren Leben. Wir entkommen einem Alptraum allerdings nur, indem wir aufwachen.

Der Alptraum basiert darauf, dass der Festleger nicht locker-lassen und der Luftikus sich nicht festlegen kann. Der Fest-leger hat Angst davor, die Sicherheit zu verlieren; allein zu sein; sich zu verirren. Der Luftikus fürchtet, eingesperrt zu werden, und dass man ihn vereinnahmt. Versuchen die bei-den, den Konflikt zu lösen, indem sie sich erklären, die Sache analysieren, den anderen auf ihre Seite ziehen wol-len, ihn überreden oder verführen, provozieren sie folgen-de Reaktionen: Der Scheiterpartner wird aggressiv, droht und schimpft, oder zieht sich verletzt zurück und beschwert sich bei Dritten. Manche versuchen, das Scheitern zu über-spielen, indem sie alles ins Lächerliche ziehen. Oder sie werden intellektuell, und fangen an, alles zu erklären und zu analysieren. Vielleicht fangen sie auch an zu manipulie-ren, oder hilflos zu weinen.

Was immer geschieht, die Kommunikation zwischen den Scheiterpartnern ist in erster Line eine Anschuldigung und in zweiter Linie eine Entschuldigung. Wenn das in Ihren Oh-ren statisch klingt, haben Sie Recht. Da bewegt sich nichts. Der Standpunkt und der Konflikt bleiben immer gleich. Nur die Energie wird weniger. Scheiterpartner zu sein ist an-strengend.

Um das noch einmal zu unterstreichen: Im Scheitern liefern sich die Kontrahenten, was sie brauchen, um ihre negativen Erwartungen zu bestätigen. Daher wird der Geiz-kragen niemals für seine Sparsamkeit wertgeschätzt, das Weichei wird nicht verschont und der Klugscheißer nicht bewundert. Stattdessen können wir einen Scheitercharakter aber auch nicht einfach an die Hand nehmen und retten, denn:

Sein Scheitern bewacht
ein wohl gehütetes Geheimnis.

Beim Festleger verbirgt das Scheitern seine Orientierungslosigkeit. Seine Angst, sich in der chaotischen Welt aufzulösen. Beim Luftikus den inneren Verneiner, Abwerter und Vernichter. Als Partner spiegeln sich die zwei gegenseitig ihr unbewusstes Scheiterverhalten. So bremst der Festleger den Luftikus aus, während dieser ihn ständig verwirrt.

In der Scheiterbeziehung erkennen wir:
Was andere mit uns machen, ist das,
was wir mit uns selbst machen.

Die Clownmethode zeigt in den *5 Räumen des Lachens* ein energetisches Gesetz auf: Wir bekommen immer das, was wir anziehen. Der Choleriker schreit, stößt damit andere ab, wird selbst verstoßen, fühlt sich als Opfer und muss noch mehr schreien. Der Nimmersatt bekommt nie genug, isst auf Vorrat, fühlt sich schlecht, schwer, hässlich und abgestoßen, erhält nicht genug Liebe, und isst noch mehr. Der Luftikus legt sich nicht fest, hebt ab und wird daher bedrängt, fühlt sich eingeengt und hebt noch mehr ab. Der Klugscheißer manipuliert, bekommt Schuldgefühle und manipuliert noch mehr.

Die Pointe im Scheiterkonflikt ist möglich,
wenn wir das innere Scheitern anerkennen,
integrieren und verwandeln.

Im Märchen ist es der geizige Großbauer, dessen Herz verschlossen ist. Am Ende der Geschichte übernimmt er aber die Kosten für die Hochzeit des jungen Paars. Dadurch befreit er sich von seinem Kummer. Unser Scheiterpartner spiegelt uns durch seinen Widerstand einen Persönlichkeitsanteil von uns, den wir selbst ablehnen und auf ihn übertragen haben. Natürlich muss er wiederum unsere eigene Ablehnung ablehnen. Nur wir selbst können den gordischen Knoten zerschlagen.

In der Clownmethode gehen wir hier behutsam vor. Das empfehle ich Ihnen immer, wenn es um Scheiterbeziehungen geht. Schauen Sie erst einmal hin, ob es sich überhaupt um ein Scheiterangebot handelt. Vielleicht verspürt ihr Gegenüber auch nur viel Druck im Zusammenhang mit einer Aufgabe? Dann empfiehlt es sich, Ihre innere Verankerung zu stärken und äußere Bezugspunkte als Ausrichtung zu finden. Oder geht um ein Problem? Dann finden Sie Inspiration durch Umdeutung. Handelt es sich tatsächlich um ein Scheiterangebot? Dann finden Sie heraus, was Sie an sich selbst ablehnen. Das ist die Frage, die stets im Konflikt verborgen ist und an die uns der Scheiterpartner durch seinen Widerstand erinnert.

Uns steht alles zu, wenn wir es uns selbst gönnen

Scheiterpartner – zum Beispiel in langjährigen Beziehungen, über die die Außenwelt kopfschüttelnd die Frage stellt: warum sind die beiden noch zusammen? – schaffen sich eine Parallelwelt. Ständig halten sie sich den Spiegel vor, enttäuschen sich, suchen Wiedergutmachung, enttäuschen sich erneut. Die Enttäuschung gründet sich auf der Annahme, dass uns etwas zusteht, was wir nicht bekommen. Dabei gönnen wir es uns nur selbst nicht. So kommt der Pedant zu seinen unfähigen Mitarbeitern. Der Euphorische umgibt sich mit Zweiflern und Neinsagern. Der Jammerlappen wird beschuldig, überfordert, nicht gesehen und nicht unterstützt.

Wir ändern nicht unser Verhalten, sondern unsere Einstellung zu unserem Verhalten.

Das ist die clowneske Variante: Wir sehen, wie wir sind, mit Stärken und Schwächen. Wir spüren uns und müssen nichts mehr verbergen. Wenn jemand Ihnen vorwirft »Du hörst mir nie zu!« und Sie dagegenhalten »Du machst mir nur Vorwürfe!«, nehmen Sie die Sätze an. Auch wenn es Ihnen eigentlich nicht in den Kram passt. Doch statt durch Verteidigung den Konflikt abzuwehren, schaukeln Sie auf dem Konflikt. Schaukeln Sie hin und her, bis die Sätze miteinander verschmelzen. Dann stellen Sie fest, dass es um dieselbe Verletzung geht. Denn beim Scheitern geht es nie darum, wer am Ende Recht hat. Es geht immer um eine innere Verletzung. Nehmen Sie diese mit einem tiefen Atemzug in Ihre innere Achse auf. Empfangen Sie sie mit Liebe und Mitgefühl. Es fühlt sich an, als ob etwas nachhause kommt, das die ganze Zeit in der Außenwelt verloren herumgeirrt ist. Wenn wir die eigene Scheitergeschichte erkennen, können wir beginnen, alles an uns zu lieben.

275

Flirten Sie mit Ihrem Scheiterpartner

In dem Moment, wo wir den Scheiterpartner nicht mehr als Spiegel benötigen, müssen wir auch nicht mehr jedes Scheiterangebot annehmen, das von außen an uns herangetragen wird. Es betrifft uns nicht mehr. Nennt uns jemand einen Blödmann, bleibt dieser Blödmann an unsere Atemblase hängen. Wir schauen uns diesen kleinen Fremdkörper an und senden ihn mit einem Satz an den Absender zurück, der lauten kann: »Angenehm, ich bin Michael, und ich bin kein Blödmann.« Wenn Sie das Scheitern nicht mehr abwehren müssen, können Sie anfangen, damit zu flirten. Das tut uns gut, denn es gibt immer etwas, das wir daraus lernen können. Ich finde zum Beispiel immer wieder aufs Neue heraus, ob ich gegen dieses oder jenes Scheiterangebot schon resistent bin. Und es geht immer gut aus für mich, denn entweder gelingt es mir, das Scheitern zu vermeiden, oder es gelingt mir nicht, und ich erfahre dadurch, welche Scheiterthemen mir noch im Weg stehen. Dann biete ich meinem Gegenüber eine andere Beziehung an: Anstatt mich vom genervten Schalterbeamten oder der überforderten Bedienung abgelehnt zu fühlen, biete ich den Zwilling an, steige also in ihre Sichtweise ein. Oder gleich den Komplizen, indem ich ihr Weltbild ergänze.

> Wenn wir im Streit dagegenhalten, kommen wir der
> Wahrheit niemals näher. Streit ergibt nur einen Sinn,
> wenn daraus eine Erkenntnis erwächst.

Andernfalls ist Streit nur Energieverschwendung. Befindet sich Ihr Gegenüber im Streitmodus, dann wissen Sie: Er will kippen. Geht es Ihnen trotzdem um die Sache, wechseln Sie auf eine andere Beziehungsebene. Da kommt zum Beispiel schon wieder so ein Besserwisser, der glaubt, dass sie doof sind. Schon spüren Sie, wie Sie dagegenhalten und wie gewohnt aufs Scheitern zusteuern. Jetzt atmen Sie tief ein und verwandeln das Scheiterangebot: Machen Sie den Besserwisser zum Hochstatus! Fragen Sie genau nach, lassen Sie sich alles bis ins Detail erklären. Nutzen Sie auf diese Weise den Energiefluss. Statt sich zu ärgern, führen Sie die Situation dorthin, wo Sie sie haben wollen. Das Gleiche können Sie mit dem Einschüchterer tun. Mit seinem aggressiven Gehabe möchte er Ihnen Angst einjagen und über Sie bestimmen. Auch hier können Sie das Statusspiel nutzen, indem Sie ihn zum Hochstatus erheben. Mit der Clownmethode können Sie durch Druck und Gegendruck jedes Gegenüber bewegen.

Hinter jedem Scheiterangebot verbirgt sich zunächst einmal ein Rätsel. Wenn Sie Ihre eigene Scheitergeschichte kennen, verstehen Sie, dass ein Besserwisser nur versucht, die Situation in den Griff zu kriegen, weil er davor Angst hat, sich im Chaos zu verlieren. Aus demselben Grund versucht der Einschüchterer, Macht an sich zu reißen.

Nichts auf der Welt zwingt uns dazu, auf ein Scheiterangebot einzugehen – es sei denn, wir haben unser eigenes Rätsel noch nicht gelöst. Ansonsten machen Sie Ihr Gegenüber einfach zum Zwilling, Komplizen oder Statuspartner. Damit wenden Sie das Scheitern ab. In dem Moment, wo Sie Ihre eigene Identität nicht mehr mit einem Konflikt verknüpfen, sind Sie völlig frei und flexibel. Sie behalten das, was Ihnen am Herzen liegt, stets im Auge und sind mit Ihrer Energie immer bei sich.

Scheitern kann uns aber auch guttun. Ein Scheiterpartner, mit dem wir wirklich kippen können, ist das Beste, was uns passieren kann. Denn er öffnet uns die Augen für alte Ängste und hilft mit, sie zu transformieren. Das setzt allerdings voraus, dass wir das Scheiterspiel offen austragen. Das funktioniert dann, wenn unsere Identität schon unabhängig ist vom Urteil der anderen. Scheiterangebote, die nicht offen ausgetragen werden, sind immer nur dazu da, Ängste in den Griff zu bekommen, indem Macht über andere ausgeübt wird. Dann will der Scheiterpartner nicht mit uns kippen, sondern uns umwerfen. Das kann durch Aggressivität geschehen, aber auch durch unterwürfiges Opferverhalten – wenn Ihr Gegenüber Sie so manipuliert, dass Sie alles für ihn tun. Da von einem Clown keiner erwartet, dass er den Helden spielt oder jeden Gegner besiegt, ist aus seiner Perspektive auch das Scheitern nur eine Form der Fortbewegung. Zu Beginn der Clownmethode haben wir uns mit unserem Atem verbunden und davon bewegen lassen. Dann wurden wir durchs Staunen bewegt. Als Nächstes nutzten wir äußeren Druck dazu. Im Scheitern lassen wir uns durch Umdeutung und Kippen auf eine ganz neue Ebene transportieren. Bei allen diesen Methoden treibt uns das Prinzip Aktion und Reaktion an. Doch es gibt noch eine weitere Möglichkeit, bei der wir uns völlig unabhängig bewegen – indem wir vom Müssen ins Wollen wechseln.

Was Sie in diesem Kapitel erfahren haben

Für den Clown steckt der Witz in der Krise. Er liebt sich selbst und verurteilt sich nicht. Auf diese Weise können wir unser Scheitern verwandeln.

Tun wir dies nicht, wird der Druck von außen erdrückend. Das Problem wird zum Konflikt, wenn wir unsere Identität damit verknüpfen. Und der Konflikt zur Krise, wenn wir die dahinter verborgene Frage nicht verstehen. Dann finden wir einen Scheiterpartner, der uns spiegelt, was wir an uns selbst ablehnen.

Wenn wir bewerten, urteilen und verurteilen, bleiben wir im alten Gefühl stecken. Ein altes Gefühl ruft ein altes Verhalten hervor. Schaffen wir ein neues Gefühl, indem wir annehmen, was wir bisher ablehnten, schaffen wir auch ein neues Verhalten.

Es ist unsere Verlustangst, die dagegen arbeitet. Sie bewirkt immer ein Festhalten. Doch das Festhalten staut den Energiefluss. Oft markiert ein Stolpern den Moment, in dem Neues beginnen kann.

Anstatt uns jetzt anzustrengen, das Fallen zu vermeiden, lassen wir es kippen. Wir loten alle Möglichkeiten aus, und fragen nach dem Sinn: Wozu? Warum? Wohin? Auf diese Weise finden wir die Perle im Konflikt.

Eine Scheiterbeziehung basiert auf der Annahme, dass unsere Gefühle und Motivationen vom Verhalten anderer Menschen abhängig sind. Daher halten wir gerne lange an Scheiterbeziehungen fest: Sie bestätigen unsere negativen Erwartungen. Diese Erwartungen sind unser wohl gehütetes Geheimnis: die Angst vereinnahmt und abgelehnt zu werden. Indem wir uns auch mit unseren Ängsten annehmen, lernen wir uns zu lieben.

Damit schließt sich der Kreis: Wer sich selbst liebt, muss andere nicht länger verurteilen – und das ist die beste Möglichkeit, die Angst vor dem Scheitern zu verlieren und die daran gebundene Energie zurückzugewinnen.

Kapitel 6:
Wie Sie nichts mehr müssen,
sondern nur noch wollen

Als ich begann, an diesem Buch zu schreiben, kamen mir auf einmal Erinnerungen aus meiner Kindheit in den Sinn. Eine davon stand mir besonders plastisch vor Augen: Ich war mit meinen Eltern auf dem Spielplatz und turnte auf einigen Geräten herum. Auf einmal hatte ich den Impuls, so schnell wie möglich zu meiner Mutter zu rennen. Vielleicht war ich in meiner Fantasie ein Seemann gewesen, der sich zu weit aufs offene Meer hinausgetraut hatte und sich nun nichts sehnlicher wünschte, als in den heimischen Hafen zurückzukehren. Weil mein Vater mit seiner Super-8-Kamera die Szene filmte, konnte ich später, als ich mich längst mit den *5 Räumen des Lachens* beschäftigte, noch einmal sehen, wie ich zu meiner Mutter lief: Brust voraus – der Ort, wo unser Herz schlägt und wir unser Ich spüren – bis an den Busen meiner Mutter. Kein Zweifel, da wollte Herz zu Herz. In meiner ganzen Haltung gab es keinen Zweifel, keine Fragen, kein Müssen, sondern nur echtes, unverfälschtes Wollen. Heute nenne ich diesen Zustand das ursprüngliche Wollen. Alles, was Sie bisher über die Clownmethode erfahren haben, diente der Vorbereitung, um diesen wunderbaren Zustand wieder in uns wachzurufen: der energetische Moment, in dem wir nichts mehr müssen, sondern nur noch wollen. Die Quelle, aus der dieses Wollen stammt, haben wir leider im Laufe der Jahre vergessen und verdrängt. Verbinden wir uns mit dem Clown, können wir wieder daran anknüpfen.

> Wollen heißt zu agieren und nicht zu reagieren.

Klingt eigentlich einfach und fällt uns doch so schwer. Stellen Sie sich einmal vor, jemand reicht Ihnen die Hand. Was tun Sie? Klar, Sie sind wohl erzogen und strecken ebenfalls die Hand aus. Doch der andere zieht seine Hand zurück. Was tun Sie nun? In der Regel spiegeln wir, das heißt, wir ziehen die Hand ebenfalls zurück. So kann das eine Weile hin und hergehen, bis es Ihnen zu dumm wird, ständig zu *reagieren*. Wissen Sie jedoch, was Sie selbst wollen – zum Beispiel dem Gegenüber die Hand geben – lassen Sie Ihre Hand ausgestreckt, egal, was passiert. In diesem Fall sind Sie in der Aktion und nicht in der Reaktion.

> Bleiben Sie Ihrem Wollen treu, findet sich rasch
> jemand, der ebenfalls will.

Weil Gleiches durch Gleiches verstärkt wird, können wir davon profitieren. Im Wollen geht es nicht darum, sich richtig zu verhalten. Und auch nicht darum, das Verhalten des anderen zu manipulieren. Das sind Status- und Scheiterthemen, die wir in den letzten Kapiteln behandelt haben. Sie erinnern sich an den Tiefstatus-Clown, dessen Aufgabe es ist, den Hof zu kehren und der es schafft, den Hochstatus-Clown so zu manipulieren, dass dieser die Arbeit selbst ausführt. Das gelingt, weil er in seiner Rolle, alles zu wissen und alles zu können, gefangen ist. Daher *muss* er *reagieren*. Von Wollen kann bei ihm keine Rede sein. Und damit Hand aufs Herz: Wie oft geht es uns wie dem Hochstatus-Clown? Wie oft fragen wir uns, warum habe ich das getan? Die Antwort lautet: weil auch wir in Rollen gefangen sind und uns aus dem Müssen nicht befreien können.

Das Lösen der Reaktionskette

»Moment!«, sagen Sie jetzt, »aber wir müssen doch irgendwie reagieren?«

Das stimmt – doch weshalb fühlte sich das nicht gut an? Solange wir aus dem Müssen statt aus dem Wollen heraus handeln, bleiben wir Gefangene unserer Rollen. Ich nenne diese Rollen auch gerne Charakterkäfige. Weil wir uns aus ihnen nicht befreien können, fangen wir an, uns zu verteidigen und gehen selbst zum Angriff über. Energetisch sind wir da weit weg vom Wollen. Während des Scheiterprozesses ist unsere Vorstellung und Energie stets beim Gegenüber. Das ist sehr anstrengend. Wir reagieren und reagieren, und am Ende bleibt nur mehr der Vorwurf: »Du hast angefangen!« Oder: »Das habe ich nur deinetwegen gemacht!«

Im Wollen, also wenn wir agieren, machen wir dagegen alles unseretwegen! Deshalb brauchen wir keine Schuldzuweisungen mehr. Unser Selbstvertrauen kann wieder wachsen, während es verkümmert, wenn wir nur reagieren. Und wie lösen wir die Reaktionskette? Indem wir verstehen, was ihr zugrunde liegt. Es ist unsere innere Haltung, die uns zum Beispiel sagt: »Wenn die anderen – die da oben – schon alles bestimmen, sollen sie auch dafür verantwortlich sein.«

Viele Menschen halten diese Einstellung für clever, weil sie glauben, damit aus der Eigenverantwortung schleichen zu können. Doch damit manövrieren sie sich unbewusst in einen Zustand des ständigen Reagierens. In der Clownmethode verstehen wir Druck als Ressource, daher kommt uns das Wegstehlen aus der Verantwortung befremdlich vor.

Wollen ist nicht das Gegenteil von Müssen

Warum wir andere über uns bestimmen lassen, hat einen einfachen Grund. Wir haben bereits als Hochstatus erlebt, wie anstrengend es sein kann, dauernd Ideen haben und andere anweisen zu müssen. Das können wir nur durchhalten, wenn wir wissen, was wir wollen. Für die meisten Menschen ist das *die* Frage ihres Lebens: Was will ich eigentlich? Wo soll meine Reise hingehen? Wenn sie die Antwort darauf nicht kennen, ist es für andere, die wissen, was sie wollen, ein Leichtes, sich zum Befehlshaber aufzuschwingen.

Wie können wir diese große Lebensfrage beantworten? Der pure Clown zeigt uns einen Weg auf: Er lebt stets in der Gegenwart. Er denkt weder über die Vergangenheit noch über die Zukunft nach und entwickelt auch keine Strategien. In der Gegenwart folgt er den Impulsen, weil er ihnen folgen will. Den puren Clown kann niemand manipulieren – daher war er als Narr am Hof des Königs häufig ein weitaus mächtigerer Ratgeber als der Hohepriester.

Sein Verhalten macht uns klar, dass wir nicht zum Wollen finden, indem wir aufschreiben, was wir nicht wollen. Wollen ist ein ganzheitlicher Zustand. Es ist nicht das Gegenteil von Müssen. Daher gibt es weder Druck noch Gegendruck. Es gibt auch keinen Plan, an dem wir ja schon wieder scheitern könnten. Wollen braucht nicht durchgesetzt oder verteidigt zu werden – dann wäre es ja schon wieder ein Müssen, von dem wir so viele Varianten kennen: tun müssen, wissen müssen, für andere da sein müssen. Ach, ist das alles anstrengend!

Wer sich anstrengt, ist anstrengend.

Auch das kennen Sie: Menschen, die sich so sehr anstrengen, dass uns allein ihre Anwesenheit müde macht. Ständig erzählen sie davon, was sie jetzt wieder tun mussten und noch alles tun müssen. Ihre Atmung ist kurz, ihr Tonfall ist gepresst. Sie sagen: »Das Leben ist kein Ponyhof«, und erwarten, dass wir darüber lachen. Doch das tun wir nicht. Denn ein Clown, der arbeitet, ist nicht lustig.

Wollen will gelernt sein

Ich erinnere mich noch gut, wie lange ich brauchte, um mich auf eine Bühne zu stellen und auf den Impuls einer puren Bewegung zu warten – das Wackeln der Finger meiner rechten Hand zum Beispiel – und um dann *fehlerfrei* zu sagen: »Ich finde es gut!« Mit fehlerfrei meine ich, ohne das Gefühl, das ist doof, was ich hier tue, oder falsch oder lächerlich oder mit welchen anderen Gedanken wir uns sonst häufig blockieren. Wollen will gelernt sein, und daher hatte ich zu lernen, mit dieser puren Bewegung dem Publikum zu zeigen: Hier steht einer, der will etwas, tut es auch, und damit ist es gut. Nicht mehr, und nicht weniger: ein Clown ohne Vergangenheit, Zukunft, und Strategie. Wir sehen nur sein reines Wollen in der Gegenwart.

Leider unterstützen sowohl unsere Erziehung als auch unsere Kultur das Müssen viel mehr als das Wollen. Deshalb achten wir mehr auf das, was wir haben und was wir können, als auf das, was wir wollen und was wir sind. Auf diese Weise wenden wir uns viel zu sehr dem Außen zu und viel zu wenig dem Innen. Dadurch wächst die Angst, dieses Außen könnte uns eines Tages vernachlässigen oder vergessen: dann erhalten wir weniger als die anderen und können weniger als die anderen. Was diese Furcht mit unserem Selbstvertrauen anstellt, brauche ich Ihnen nicht zu sagen. Am Ende misstrauen wir uns selbst. Da wir weniger haben und weniger können, kann nur noch unsere Schuld und unsere Scham wachsen. Und die Hoffnung, auf irgendeine Weise doch noch mehr zu kriegen. »Jetzt erst recht«, sagen wir dann, strengen uns ganz furchtbar an und werden dadurch noch anstrengender. Da sind wir bereits davon überzeugt, dass die Erlösung von außen kommen muss. »Wenn die da oben alles bestimmen, müssen sie mir jetzt helfen.« Der Teufelskreis hat sich geschlossen. Alles, was uns geblieben ist, ist das ewige Gefühl des Müssens. Die Welt ist voll von Menschen, die an so einem Punkt angelangt sind.

Der Clown führt uns von innen nach außen

Anders als diese Menschen beschäftigt sich der Clown niemals mit Dingen, die *nicht* da sind, sondern nur mit Dingen, die *da* sind. Auf diese Weise ist er dem Wollen viel näher als dem Müssen. Dazu wählt er den Weg von innen nach außen – ein wichtiger Grund, weshalb wir uns zu Beginn des Buches so intensiv mit unserem Atem beschäftigt haben. Der Weg von innen nach außen führt aus der Angst in die Freude und aus dem Müssen ins Wollen.

> Verbinden wir uns mit dem inneren Antrieb,
> verbinden wir uns mit dem Wollen.

Der Clown repräsentiert den unverletzten Teil unserer kindlichen Naivität. Er ist noch immer mit seinem ursprünglichen Wollen verbunden und spiegelt uns die Einfachheit des Seins in jedem Moment. Handelt er, ist sein Interesse klar lesbar. Er lebt im Hier und Jetzt, ohne von vergangenen Erfahrungen oder zukünftigen Plänen beeinflusst zu sein. Seine Einfälle entstehen in der Sekunde. Er spielt uns nicht etwas vor wie seine artistischen Kollegen. Sein Erfolg entsteht allein durch das Hiersein und sein klares Bekenntnis dazu. Der Kontakt mit dem Publikum ist ihm mehr wert als eine virtuose Inszenierung. Beim Clown geht es nicht um Können und Leistung. Sein Spiel wird von etwas anderem, außerhalb der menschlichen Anstrengungen inspiriert. Damit schlägt er die Brücke zu jenem unbekümmerten Selbstempfinden, aus dem heraus der kreative Ausdruck erwachsen kann. Der Clown führt uns eine Verbundenheit vor, wie wir sie auch von dem instinktiven Verhalten der Tiere kennen. Das Tier braucht nichts im Gedächtnis zu behalten, nichts zu planen, nichts zu lernen. Sein Instinkt regelt alles. In der Historie des Clowns rückt ihn diese Verbundenheit in die Richtung des Magischen und Archaischen, wo es um die Auflösung der Trennung des Menschen vom Sein geht. Die überraschende Antwort des Clowns lautet, dass diese Trennung gar nicht existiert. Alles, was uns bewegt, wird getragen von etwas, was ich die essentielle Urkraft oder auch den inneren Antrieb nenne. In der Clownarbeit sprechen wir auch vom Wesenskern des Clowns. In der sogenannten Wesensarbeit knüpfen wir an diesen Kern an, indem wir durch Spielmeditationen und Improvisationen mit unserem »inneren Kind«, »inneren Tier«, »inneren Dorfdeppen« und »inneren Passanten« in Kontakt kommen. Im Wesenskern treffen wir auf essentielle archaische Zustände wie Freude, Liebe und Stärke. Diese Zustände muss man nicht herstellen. Sie sind ein Potenzial. an das wir anknüpfen können. Es ist etwas, was wir in uns tragen. Diese Essenz sorgt dafür, dass ein Clown wie Popow mit über 85 Jahren auf die Bühne tritt, äußerlich kaum etwas tut, weder Kunststücke zeigt noch Späße treibt, und trotzdem seine Zuschauer verzaubert: mit dem Gefühl, durch ihn in Kontakt mit dem eigenen inneren Antrieb gekommen zu sein. Am Ende seiner Vorstellung ist sein Publikum voller Energie, Lebenslust und Freude. Popow hat sie den magischen Moment im 5. Raum des Lachens erleben lassen.

Was große Clowns tun, um diese Reaktion auszulösen, können Sie mithilfe der nächsten Übung selbst erfahren. Sie gibt Ihnen eine praktische Anleitung, wie Sie sich mit der essentiellen Urkraft und Ihrem inneren Wollen verbinden. Nutzen Sie die Übung, um Ihre Lebensenergie einer Frischzellenkur zu unterziehen!

Übung 29: Die Verbindung mit der Essenz

Als Vorübung laden wir unser Becken und den unteren Rücken mit Energie auf. Bitte setzen Sie sich dafür auf einen Stuhl. Spüren Sie Ihre Sitzknochen. Konzentrieren Sie sich auf Ihren Atem. Beim Einatmen richten Sie sich leicht auf, indem Sie sich aus dem Becken mithilfe des Atems abstoßen. Bitte ziehen Sie sich nicht muskulär hoch. Beim Ausatmen lassen Sie die Energie ins Becken sacken. Achten Sie darauf, dass Ihre Schultern ganz entspannt sind. Die Bewegung findet nur im Bauch, Becken und unteren Rücken statt. Wiederholen Sie den Fluss des Atems einige Male und stärken Sie damit Ihr präsentes Selbstvertrauen.

Nun ist es an der Zeit, sich mit der Essenz zu verbinden. Stehen Sie beim nächsten Einatmen auf und gehen Sie ein paar Schritte durch den Raum. Mit dem Ausatmen bleiben Sie stehen und sprechen laut den Satz: »Ich bin Freude!«

Spüren Sie, wie Sie sich dabei mit der essentiellen Energie von Freude auffüllen. Gehen Sie zurück zu Ihrem Stuhl und setzen Sie sich. Atmen Sie wieder ein, stehen Sie auf und gehen Sie durch den Raum. Mit dem Ausatmen bleiben Sie erneut stehen und sprechen laut den Satz: »Ich bin Liebe!«

Wiederholen Sie diese Übung mit den Sätzen: »Ich bin Stärke!« und »Ich bin Wille!«

Wenn Menschen viel tun müssen, funktionieren müssen und gehorchen müssen, fühlen sie das körperlich meist an einem ihrer Schwachpunkte. Das mag der Magen sein, dann bekommen sie Magenschmerzen. Ist es der Kopf, haben sie Kopfweh. Gibt es bereits Probleme mit den Knien, spüren sie es dort. Der Schmerz sucht sich die Stelle aus, wo unsere Rüstung am verwundbarsten ist. Anders ist es bei der essentiellen Energie des Wollens. Sie äußert sich als ganzheitliches angenehmes Körpergefühl. Daher haben wir auch keinen Zweifel mehr, wenn wir tatsächlich spüren, was wir wollen. Wir fühlen genau: Der Zweifel wird von außen an mich herangetragen. Mein Wollen kommt aus mir selbst. Im Kontakt mit der inneren Achse äußert sich das Wollen stets als eindeutiger Impuls.

Es ist gut möglich, dass Ihnen die letzte Übung nicht leichtfiel. Vielleicht spürten Sie Emotionen, die Sie unangenehm berührt haben. Das sind die Schatten der Vergangenheit. Im Unterschied zu Gefühlen, die im Hier und Jetzt passieren, haben unsere Emotionen eine Geschichte. Essentielle Sätze wie »Ich bin Freude!« können solche Geschichten aufwecken. Sie rütteln an den Emotionen. Daher ist es möglich, dass wir zuerst alten Verletzungen wie dem Verlust von Freude begegnen. In diesem Fall atmen Sie in Ihre präsente Atemsäule ein. Stabilisieren Sie sich und probieren es später noch einmal.

Mit etwas Übung können Sie gerne auch andere Sätze sprechen wie »Ich bin Lust!«, »Ich bin Macht!«, »Ich bin Kraft!« Alle diese Sätze haben eine Ladung, und mit dieser Ladung füllen wir uns auf. Als Energieträger dient uns der Atem. Er transportiert die Schwingungen. Spüren Sie in sich hinein, wenn Sie sich mit der Essenz verbinden. Dadurch wächst Ihr Mitgefühl – das Gefühl, das Sie mit sich und der ganzen Welt haben. Verbindet sich ein Clown im 5. Raum des Lachens auf diese Weise mit der Essenz, entsteht sein Spiel aus dem Mitgefühl heraus. Er hat nun keinen Plan mehr, an dem er scheitern könnte, sondern staunt über das, was als Impuls zu ihm kommt. Er verändert dabei nichts, er fügt nichts hinzu, und er nimmt nichts weg.

Wie wir unser Mitgefühl weiter stärken

Wir sind jetzt an einem Punkt angekommen, an dem wir unseren Alltag mehr und mehr aus unserem Inneren heraus steuern können. Äußere Kräfte wie Zweifel und negative Projektionen anderer Menschen haben immer weniger Einfluss auf unser Befinden. Denn im Wollen haben wir es selbst in der Hand, diese Projektionen zu verändern, indem wir mit ihnen spielen! Dazu dient folgende Übung.

Übung 30: Das Spiel mit Projektionen

Nehmen Sie bitte einen tiefen Atemzug und heben und senken Sie eine Hand. Was haben Sie gerade getan? Eine Geste, eine einfache physische Handlung, nicht wahr? Nun verbinden Sie sich mit der Essenz, und heben und senken Sie noch einmal die Hand, jeweils mit der spezifischen Einstimmung: »Ich bin Freude!«, »Ich bin Liebe!«, »Ich bin Kraft!«
Achten Sie darauf, wie sehr sich die Geste jedes Mal verändert!

Auf diese Weise können Sie jede Situation, in der Sie sich befinden, steuern. Ist es ein »anstrengendes« Meeting, in dem alle »hart arbeiten« und sich an ihre Positionen klammern? Verbinden Sie sich mit der Essenz »Ich bin Freude!« und fühlen Sie staunend, wie Sie plötzlich die Perspektive wechseln! Ich selbst führe diese Übung regelmäßig durch, am liebsten in schwierigen Situationen. Ich stehe seit einer geschlagenen halben Stunde im Stau? Dann atme ich ein und sage beim Ausatmen: »Ich bin Freude!« Rasch ist mein ganzes Auto mit Freude ausgefüllt, und der Stau – die Kraft von außen – ist mir im wahrsten Sinne des Wortes gleichgültig. Auch in der U-Bahn zur Rushhour gelingt es mir, mich selbst und einen ganzen Wagen müder Menschen mit Essenz zu erfüllen. Sie wissen nicht, woher sie kommt, und das spielt auch keine Rolle. Es ist die Kraft, mit der der Clown im 5. Raum des Lachens sein Publikum verzaubert, ohne dass er äußerlich etwas tut. In anderen Zeiten hätten wir von Alchemie und Magie gesprochen. Je mehr Übung wir damit haben, desto einfacher geht es. Die nächste Übung wird Sie darauf vorbereiten, sich ganz und gar mit Essenz zu umgeben.

Übung 31: Ich umgebe mich mit Essenz

Wählen Sie jeweils einen Gegenstand aus, den Sie in Verbindung bringen mit Ihrem Wollen, Ihrer Freude, Ihrer Stärke und Ihrer Liebe. Auf meinem Schreibtisch liegt zum Beispiel ein Stein, den ich auf Sizilien gefunden habe. Er stammt aus einem zurückliegenden Ausbruch des Vulkans Ätna und repräsentiert für mich die nicht zerstörbare Essenz der Stärke. Wenn Sie auch einen Gegenstand ausgewählt haben, schauen Sie ihn von allen Seiten genau an. Beschreiben Sie sich sein Äußeres. Dann schließen Sie die Augen. Stellen Sie sich den Gegenstand mit geschlossenen Augen vor. Stellen Sie sich vor, er kommt auf Sie zu. Dann weicht er wieder zurück. Er kommt erneut auf sie zu. Sie dringen in ihn ein und er in sie, sie verschmelzen miteinander. Seine Essenz füllt Sie ganz aus und umgibt Sie wie Licht. Atmen Sie diese Essenz ein und füllen Sie sich damit auf.

Damit uns der Zweifel nicht spaltet

Kurz bevor ich diese Zeilen zu Papier brachte, führte ich ein Gespräch mit Manuel. Voller Elan hatte er vor drei Monaten die Profiausbildung zum Diplom-Clownschauspieler begonnen. Davor hatte er seine Ausbildung zum Kindergärtner und Erzieher abgeschlossen, jetzt war die Zeit für seinen Lebenstraum gekommen. Beide Ausbildungen ergänzen sich hervorragend, Manuel war voller Wollen, und so hatte ich ihn die letzten Wochen auch erlebt. Nun saß mir ein Häufchen Elend gegenüber. Die Worte purzelten nur so aus ihm heraus. Er sei verwirrt. Ob das wirklich der richtige Weg sei? »Sag, Michael, bin ich gut genug? Schließlich schaffen nur wenige den Sprung auf die großen Bühnen!« In seinem Freundeskreis würde man ihn schon für plemplem halten, von seiner Familie ganz zu schweigen. Manuels Körperhaltung drückte nur noch Zweifel aus. Zweifel spaltet, das konnte man deutlich sehen. Es war, als ob zwei Manuels vor mir säßen – der eine wollte, der andere dachte nur noch übers Müssen nach und über die negativen Kräfte der Außenwelt.

Ist jemand dabei, sein Wollen zu vergessen, oder hat er es schon verloren, kommen wir mit logischen Erklärungen nicht mehr weiter. Um die Spaltung zu schließen, ließ ich Manuel in die innere Achse atmen. Als Nächstes führte ich ihn zurück in die Essenz. Bei dem Satz »Ich bin Freude« brach er in Tränen aus und weinte so lange, bis die Freude den Zweifel besiegen konnte. Danach stand ihm sein Lebenstraum – das reine Wollen, sein innerer Antrieb – wieder klar vor Augen: Ja, ich will Clown sein!

Wie Manuel ergeht es uns allen. Der Zweifel ist eine Prüfung, der wir uns stellen müssen. Sie erinnern sich, in der Clownmethode weichen wir Druck nicht aus. Tun wir das, hat der Zweifel gewonnen. Und das passiert viel zu häufig. Stattdessen setzen wir unsere reine Essenz dagegen, damit sich unser innerer Antrieb neu formieren kann.

In Manuels Alter ging es mir keinen Deut anders, und zum Glück kann ich mich noch gut daran erinnern. Es war Ende der 1980er-Jahre, dem Jahrzehnt der großen politischen Wendungen. Da war noch immer die Angst vor dem Terror der RAF, es gab großen Protest gegen die amerikanischen Pershing-II-Atomraketen, dazu die heftigen Auseinandersetzungen an der Frankfurter Startbahn West und am Bauzaun von Wackersdorf. In Gorleben rief man die Republik Freies Wendland aus, mit eigenem Pass und eigener Währung. Zu allem Überfluss kam es dann auch noch zum Reaktorunglück von Tschernobyl.

In dieser Zeit spürte ich den Zweifel an allen Ecken und Enden. Was sollte ich tun, wo war mein Platz in dieser aufbrechenden Gesellschaft? Sollte ich politisch werden, weil alle irgendwie politisch waren? Auf dem Gymnasium war ich bereits Schulsprecher gewesen, gleichzeitig gab ich mich als Hippie aus und besetzte die Dreifaltigkeitskirche von Worms, um Kirchenasyl zu beantragen. Was lag bei so viel Umtrieb näher, als nach der Schule Jura zu studieren? Oder vielleicht Philosophie? Oder beides zugleich? »Aus dir wird ein politischer Anwalt«, sagten die Leute, die mich kannten. »Ein Typ wie Otto Schily.« Otto Schily, der spätere Innenminister, hatte als Anwalt von Gudrun Ensslin bei den Stammheimer Prozessen Richard Nixon, den Präsidenten der USA, als Zeuge berufen. Telefone waren heiß gelaufen, Diplomaten hatten Schnappatmung bekommen, die Welt hatte über diese Chuzpe gestaunt. Solch eine Karriere hätte mir durchaus auch gefallen. So marschierte ich unter Einfluss dieser äußeren Kräfte in juristische Vorlesungen, und besuchte gleichzeitig Seminare bei den Philosophen. Auf der einen Seite das »Deutsche Strafgesetzbuch«, auf der anderen Seite der »Moralische Nihilismus von Hegel bis Nietzsche« – dazwischen ich, gespalten und voller Zweifel.

In diesem Zustand unternahm ich mit meiner Freundin eine Reise. Natürlich fuhr ich eine Ente, einen Citroën 2CV mit 28 PS und einer Höchstgeschwindigkeit von 115 Stundenkilometern bergab bei Rückenwind. Wir wollten nach Andalusien, um Straßenmusik zu machen, und kamen auch bis nach Granada. Dort verbrachten wir einen romantischen Winter unter Mandel- und Olivenbäumen, aufgetreten sind wir aber nie. Meine Freundin sprach davon, in Kassel Musik und Kunst studieren zu wollen. Ein Mensch voller Zweifel, wie ich es war, ist leicht zu beeinflussen. Zwar konnte ich weder malen noch zeichnen und hielt mich auch nur für einen mittelmäßigen Musiker, aber warum sollte ich nicht mitkommen? Tatsächlich wurde ich an der Hochschule angenommen und verbrachte die nächsten Monate in einer Kapsel für Gitarrenspieler. Das ist ein Miniaturraum, schalldicht versiegelt, um keinen anderen zu stören. Dort saß ich und übte, übte, übte. Eines Tages hatte ich die Nase voll, pfefferte die Gitarre in die Ecke und hängte das Studium an den Nagel. Es war eine ausgewachsene Krise, denn ich hatte meinen Konflikt – was will ich wirklich sein? – mit meiner Identität verknüpft. Mir war, als bekäme ich keine Luft mehr. Ich rannte aus der Hochschule, sprang in meine Ente und tuckerte los, immer der Nase nach. Die führte mich traumwandlerisch sicher ins Paradies! Dort stieg ich aus und staunte, denn mein Impuls hatte mich auf den größten Schrottplatz der Stadt gelenkt. Ich fand Eisenklöppel, eine abgebrochene Lenkstange und jede Menge rostiger Motoren, auf denen mein Wollen eine eigenartige und faszinierende Musik zu spielen begann. Hatte ich mich in der Übungskapsel kaum rühren können, wurden hier Töne und Rhythmen zum Ausdruck meiner Gefühle. Es war pure Musik aus puren Bewegungen, archaisch und kraftvoll. Sie gefiel mir. Am nächsten Tag war ich wieder hier, dieses Mal mit einem Rekorder bewaffnet. Ich nahm die Trommelei auf, dazu die Geräusche der nahen Schnellstraße. Darunter mischte ich Wortfetzen, die ich in Cafés und auf Märkten aufschnappte. Meine Professoren, von meinem Gitarrenspiel bisher wenig angetan, waren begeistert. Sie vertrauten mir den Schlüssel zum Tonstudio an, und von nun an war ich dort Tag und Nacht zu finden. Ich brachte Musiker, Kameraleute, Maler und Bildhauer zusammen. Wir improvisierten mit Instrumenten, Skulpturen, Bildern und Filmschnipseln. Zusammen mit der Künstlergruppe Heinrich Mucken entwickelte ich eine Performance, mit der wir auf der documenta 8 arrivierten Künstlern wie Philipp Starck und Rainer Werner Fassbinder fast die Show stahlen. In dieser Zeit lernte ich auch die Clownin Sigi Karnath kennen, und wir verliebten uns ineinander. So passierte es: Das Universum der Clowns tat sich für mich auf. Aus Zweifeln und ständigem Müssen waren durch die Krise mein Wollen und mein innerer Antrieb freigelegt worden. Ich war zum ersten Mal in meinem Leben mit der Essenz in Berührung gekommen. Sie katapultierte mich in eine Welt, die ganz die meine werden sollte.

Wenn Sie sich mit Ihrem inneren Wollen als bestimmende Lebensenergie verbinden, spüren Sie die Resonanz in sich selbst.

Auf einmal tun Sie das, was Sie ganz und gar erfüllt. Gleichzeitig öffnen Sie sich für das äußere Wollen. Auf diese Weise werden Sie attraktiv für andere – auf einmal *werden Sie gewollt.* Nun sind Sie bereit für den magischen Augenblick.

Der magische Augenblick

Der magische Augenblick ist ein Moment, in dem Ihr Leben entscheidende Impulse erfährt. In unserem Alltag gibt es viele solcher Momente, doch wir lassen sie achtlos verstreichen. So ein Impuls kann eine beiläufige Geste sein, eine zufällige Begegnung. Der magische Augenblick besteht nicht aus einer witzigen Pointe oder dem artistischen Höhepunkt. Er besteht rein aus Präsenz. Er allein lässt uns den Lichtschein an der Wand wahrnehmen, die Bewegung des Zweiges im Wind, die Wolkenformation am Himmel, die uns staunen lässt und uns als Meister des stillen Augenblicks mit der Ewigkeit verbindet.

Durch die Clownmethode lernen wir, diese magischen Augenblicke wahrzunehmen und für uns zu nutzen. Dazu dient uns der Selbstkontakt, den Sie im Verlauf der letzten Kapitel durch die Übungen erworben haben. Er führt Sie in die Präsenz, ins Hier und Jetzt, den Ursprung alles Magischen und Fantastischen. Das ist eine der vielen überraschenden Erkenntnisse des Clowns: Magie ist nicht mit der Vergangenheit verwoben oder in ferner Zukunft zu finden, sondern in der Gegenwart verankert, in unserer eigenen Realität. Treten wir mit dem magischen Augenblick in Verbindung, wird unser Handeln vom Wollen bestimmt. Dann übernimmt das Spiel, und der schöne Satz von Friedrich Schiller kann seine Wirkung entfalten: »Der Mensch spielt nur, wo er in voller Bedeutung des Wortes Mensch ist, und er ist nur da ganz Mensch, wo er spielt.« Im Spielen sind wir magischen Augenblicken nahe. Denn nur im Spiel kommt unsere verborgene Neugierde zum Vorschein. Es gilt: je einfacher das Spiel, umso berührender der Augenblick.

Übung 32: Wie sich ein magischer Augenblick anfühlt

Mit einer kleinen Übung können wir den magischen Augenblick erfahren. Verbinden Sie sich mit Ihrer inneren Achse und atmen Sie, bis ein Impuls eine einfache Bewegung entstehen lässt. Führen Sie diese Bewegung langsam aus und schauen Sie sich dabei selbst zu. Machen Sie plötzlich und abrupt eine schnelle Bewegung daraus. Spüren Sie für einen Augenblick Ihre eigene Überraschung.

So fühlen sich magische Augenblicke an: Wir sind überrascht, staunen, sind vielleicht sogar kurz erschrocken. Dann schmunzeln wir oder lachen. Das Lachen ist Teil des magischen Augenblicks. Es geschieht einfach und lebt wie ein eigenständiges Wesen. Geboren aus der Überraschung entsteht es mit dem plötzlichen Bruch der Ereignisse, löst dabei jeden Sinn auf und bewirkt bei uns die Veränderung der wahrgenommenen Realität. Ich selbst übe den magischen Augenblick bei jeder mir sich bietenden Gelegenheit. Gehe ich spazieren, überrasche ich mich zum Beispiel mit einem plötzlichen Sprung. Das mache ich seit vielen Jahren, und trotzdem schmunzele und lache ich jedes Mal aufs Neue. Vor allem weiß ich: Ich bin dadurch vorbereitet, damit mir im Trubel eines ausgefüllten Tages ein magischer Augenblick nicht durch die Lappen geht.

Es gibt weitere Möglichkeiten, sich für die Magie des Alltags zu sensibilisieren. Erinnern Sie sich an die abgesetzten

Bewegungen? Beim Teekochen, beim Geschirrspülen, wenn ich mit dem Staubsauger durch die Zimmer gehe: Stets nutze ich diese Tätigkeiten, um mich zu sensibilisieren. Eine Bewegung, ein Stopp. Dann stelle ich mir vor, dass von jedem Teil meiner Tätigkeit ein Impuls ausgeht: von der Tasse, die ich ins Spülwasser tauche. Die Energie der Aktion nehme ich wahr und lasse mich von ihr führen. Schon folgt ein neuer Impuls: die Hand, die mit dem Schwamm durch die Tasse fährt. Am Ende entsteht daraus eine Energiekette, die meine Handlung unterteilt: in den Impuls, in die Entscheidung, in die Aktion. Oder energetisch gesprochen in Energie, ins Atemholen, in die daraus folgende Bewegung.

Es war meine Mutter, die mir zum ersten Mal von einem magischen Augenblick berichtete, und von seiner positiven Auswirkungen auf unser Leben. »Es passierte am Tag deiner Geburt«, erzählte sie. Damals lebte unsere Familie in einem kleinen Ort namens Neuler mitten auf der Schwäbischen Alb. Meine Mutter lag zuhause in den Wehen, doch die Hebamme verspätete sich. Irgendwann bekam es meine Mutter mit der Angst zu tun. Als ihre Frucht am größten war, sprang plötzlich eine Katze auf ihr Bett. Es war eine kleine Tigerkatze, die es sich miauend bequem machte. Meine Mutter staunte nicht schlecht, denn wir hatten noch nie Katzenbesuch gehabt. Eine Zeitlang lag das Tier ruhig da. Dann sprang es vom Bett herab und lief aus dem Zimmer. »Wo willst du hin?«, rief meine Mutter. Sie stand auf und suchte in der ganzen Wohnung nach dem Kätzchen. Vergeblich. Dort, wo es reingeschlüpft war, war es offensichtlich auch wieder hinausgeschlüpft. Als meine Mutter ins Bett zurückkehrte, merkte sie, dass mit dem Tier auch ihre Angst verschwunden war. Da kamen auch schon die nächsten Wehen, und mit ihnen erblickte ich das Licht der Welt. Ich lag längst an der Brust meiner Mutter, als die Hebamme eintraf.

Die Welt mit anderen Augen sehen

Die Clownmethode ist ein Weg und keine Aneinanderreihung beliebiger Lösungen. Auf diesem Weg verabschieden wir uns mehr und mehr von der äußeren Welt und ihren Ansprüchen, und wenden uns dem zu, was in uns steckt und rausmöchte. Es ist eine Methode, die zu der Freiheit führt, die Welt mit anderen Augen zu betrachten. Natürlich geht das nicht von heute auf morgen, denn schließlich stecken wir schon lange im System. Doch Schritt für Schritt führt uns der Clown ins wahre Selbstvertrauen, und das auf nachhaltige Art und Weise. Erinnern Sie sich, wie Sie als Kind einen Stein angehoben haben und darunter eine magische Welt entdeckten? Halten Sie es für möglich, dass auch heute noch Magisches passieren kann? Dann führen Sie diese Augenblicke selbst herbei!

Übung 33: Den magischen Augenblick herbeiführen

Auch diese Übung können Sie überall und jederzeit durchführen. Verbinden Sie sich mit Ihrer essentiellen Lebensenergie. Schauen Sie von innen nach außen, und zwar mit der inneren Verbundenheit durch Freude, Willen, Stärke und Liebe. Nehmen Sie sich Zeit, das Banale und Nebensächliche wahrzunehmen. Ist es das Winken eines Kindes, der Mann mit dem Cowboyhut, das Lächeln aus einem vorbeifahrenden Auto, der Bus mit der Werbeaufschrift, die Ihnen Sekunden davor schon durch den Kopf ging? Staunen Sie darüber und lassen Sie die Energie auf sich wirken. Spüren Sie, wie Sie Teil des Ganzen sind. Sie werden merken, von nun an dauert es nicht mehr lange, und die äußeren Impulse fangen an, sich für Sie zu interessieren!

Wenn ich selbst diese Übung mache, sehe ich mich stets als Fährtensucher: Ich mache mir die Umgebung bewusst und weiß, dass die Präsenz meines inneren Empfindens dafür sorgt, dass jederzeit Magisches geschehen kann. Glauben Sie mir: sobald Ihr innerer Antrieb übernimmt, gibt es keine langweiligen Zeiten mehr! Ihre Sinne sind auf die neue Situation eingetunt und nehmen die leisesten Geräusche und kleinsten Bewegungen wahr. Mit diesem Bewusstsein erleben Sie Dinge als schön, die andere als banal empfinden. In diesen magischen Augenblicken spüren Sie, wie die Ereignisse geradezu nach Ihnen rufen. Sie fühlen, Sie sind nicht allein mit Ihrem Wollen. Das Außen will auch Sie! Das Einzige, auf das es ankommt ist: Folgen Sie Ihrem Wollen, nicht dem Müssen – und würdigen Sie damit, was ist.

Das Wollen in der Beziehung

Beziehungen sind Nahrung für unsere Seele. Durch sie sind wir mit der Welt verbunden, ohne sie können wir nicht wachsen. Durch Beziehungen erfahren wir uns selbst und unsere Grenzen. Wie wir mit anderen umgehen, zeigt uns den Umgang, den wir mit uns selbst pflegen. Kein Wunder, dass unser Wollen nirgendwo eine stärkere Resonanz erfährt als durch die Verbundenheit in einer Beziehung.

Dabei beziehen wir uns nicht nur auf Menschen, sondern auch auf Tiere, Pflanzen und die Gesamtheit der Natur. Dadurch spüren wir die Verbundenheit mit der materiellen und spirituellen Welt. Gerade durch die Augen des Clowns erleben wir, dass alle Beziehungen ein Spiegel für uns selber sind. Daher ist es eine Frage der Selbstliebe, alle Beziehungen zu schätzen.

Trotzdem gibt es oft nicht Schwierigeres im Leben eines Menschen, als in Beziehung zu treten und in Beziehung zu sein. Neue Beziehungen können durch alte erschwert werden. Es ist auch nicht leicht herauszufinden, wann der Beziehungsfrust einsetzt. Oft bleiben ungelöste Fragen und Probleme zurück, die wie offene Rechnungen in die nächste Beziehung getragen werden. Dabei versteht sich von selbst, dass keiner bereit ist, die Schulden des Vorgängers zu begleichen. Also tun wir so, als ob nichts wäre und machen neue Schulden, immer in der Hoffnung, dass diese sich von selbst auflösen – was niemals geschieht. Auf diese Weise zwingen wir uns selbst dazu, Beziehungen abzubrechen, sobald sie uns dazu auffordern, alte Verwicklungen zu entwirren.

Bewegen wir uns vom Müssen ins Wollen, *müssen* wir Beziehungen nicht länger abbrechen. Indem wir uns auf unsere Verwicklungen einlassen, erhalten wir die Chance zur Entwicklung. Je weniger wir uns damit aufhalten, was die »Schuld« des anderen ist, umso mehr können wir uns aufs Wollen und aufs Fühlen konzentrieren. Ich will Ihnen das anhand eines Beispiels aus meinem Leben erläutern.

Als uns die Schulräume in Mainz gekündigt wurden, sah ich uns schon auf der Straße sitzen. Da sagte meine Frau Lea zu mir: »Heute fahre ich los und finde neue Räume für dich«. Und exakt so kam es. Sie fand unser neues Domizil nicht irgendwo, sondern genau an einer Stelle, an der ich jeden Tag vorbeikam, wenn ich von unserem Zuhause zur Clownschule fuhr. Ideal gelegen in einem idyllischen Tal mitten im Rhein-Main-Gebiet, mit der S-Bahn keine 20 Minuten vom Frankfurter Hauptbahnhof entfernt. Trotzdem hatte ich niemals bemerkt, welche Perle hier auf uns wartete. Ich war noch in die alte Beziehung verwickelt, während Lea schon offen für die Intuition war. Sie selbst kannte das Lorsbachtal gar nicht, doch der Impuls hatte sie direkt dorthin geführt. Am Abend kam sie nachhause und sagte: »Ich hab etwas Schönes für dich gefunden!«

Jahrzehnte davor war ich auf ähnliche Weise auf die Räume für meine alte Clownschule gestoßen. In dem Musikgeschäft, in dem ich immer meine Gitarrensaiten kaufte, fragte ich den Verkäufer beiläufig, ob er jemand wisse, der einen Kühlschrank übrig habe. Den bräuchte ich nämlich. »Das nicht«, meinte der Verkäufer. »Ich kenne aber einen, der einen Proberaum hat.« Daran war ich ebenfalls interessiert. Ich fuhr am selben Abend hin und fand nicht nur einen Proberaum, sondern eine ganze Clownschule. Der Clou war: Nirgendwo gab es eine Heizung – somit brauchte ich auch keinen Kühlschrank mehr.

Die Dinge geschehen nicht, weil wir etwas tun.
Die Dinge geschehen, wenn wir uns in Verbindung
mit dem inneren und äußeren Wollen bewegen.

Die Magie der Verbundenheit vereint. Sie führt zusammen,
was unser Zweifel gespalten hat.

Die Clownmethode als Lebensstil

Durch die Clownmethode lernen Sie, die Beziehungsangebote Ihrer Mitmenschen zu verstehen und selbst die richtigen Beziehungsangebote zu machen. Wir finden Zwillinge, die uns verstärken, indem sie uns verdoppeln – oder die wir auf gleiche Weise verstärken. Wir finden Komplizen, die uns ergänzen und die wir ergänzen. Wir treffen Statuspartner, die uns komplementär beantworten. Schließlich lernen wir das »große Ja!« des Scheiterpartners zu verstehen, der uns zum Kippen bringt. Von nun an beziehen wir ihn ein, ganz so, wie der weise König seinen Narren um Rat fragte. Statt zu glauben, dass der andere nur dagegenhält oder unfähig ist, erkennen wir sein Talent und sein Wollen an. Durch die Frage, was uns verbindet, finden wir selbst zum äußeren Wollen. Mit dieser Erfahrung gelingt es uns, die spirituelle Dimension des Clownwesens zu erleben, uns aus dem Klammergriff des Systems zu lösen und durch den eigenen inneren Antrieb die Essenz des Lebens zu erfahren. Während dieser Schritte, die uns durch alle *5 Räume des Lachens* führen, bleiben wir im Kontakt mit uns selbst. So vergessen wir auch in schwierigen Situationen nicht zu lachen, finden in Problemen Lösungen und können Konflikte verwandeln. Das ist die eigentliche Rolle des Clowns: Er ist ein Verwandler, der dafür sorgt, dass wir unsere Sicht aufs Leben ins Positive verwandeln und uns dabei mit innerer Freude und Heiterkeit verbinden.

Was Sie in diesem Kapitel erfahren haben

Wollen heißt agieren. Müssen heißt reagieren. Um vom Müssen ins Wollen zu gelangen, befreien wir uns nach und nach aus dem Käfig des Systems. Dabei nutzen wir unseren inneren Antrieb, unsere Essenz aus Liebe, Freude und Kraft. Bleiben wir dem Wollen treu, findet wir rasch jemanden, der das Gleiche will. Dann geschehen Dinge nicht mehr, weil wir angestrengt etwas tun, sondern weil wir in Verbindung sind. Damit erfüllt der Clown seine Aufgabe als Verwandler: Er sorgt dafür, dass wir in innerer Freude und mit Heiterkeit unsere Sicht aufs Leben ins Positive verwandeln.

Danksagung

Als Erstes möchte ich mich bei meinem Publikum bedanken. Denn was wäre ein Clown ohne das Lachen der Menschen. Ich danke den Tausenden von Schülern und Kursteilnehmern, die ich unterrichten und auf ihrem Weg zum Clown begleiten durfte. Ohne ihre Neugier, ihr Vertrauen und ihren Mut, immer weiterzugehen, hätten die *5 Räume des Lachens* niemals Gestalt annehmen können.

Mein persönlicher Weg zum Clown begann 1986 mit meiner damaligen Partnerin Sigrid Karnath. Uns verband nicht nur die Liebe, sondern auch die künstlerische Leidenschaft. Bei gemeinsamen Auftritten und Workshops entstanden die Grundprinzipien für das, was ich das »Hand- und Herzwerk des Clowns« nenne. 1994 haben wir zusammen die Clownschule gegründet und bis zum Jahre 2000 gemeinsam geleitet. Ein Jahr später erhielt die Clownschule ihre staatliche Anerkennung. Dafür danke ich allen Verantwortlichen der Stadt Mainz, dem Land Rheinland-Pfalz, der Stadt Hofheim am Taunus und dem Ministerium für Wissenschaft und Kunst in Hessen.

Durch die intensive Arbeit mit Menschen und durch tiefe Selbsterfahrungsprozesse erwarb »mein Clown« in den folgenden Jahren sein psychologisches Wissen. Durch die Kombination von Clownerie und Psychologie entstanden die Clownmethode und die *5 Räume des Lachens*. In dieser Zeit lernte ich auch meine Frau Dr. Lea Stellmach-Stuhlmiller kennen. Als Ärztin und Körperpsychotherapeutin erforscht sie wie ich die körpersprachlichen und energetischen Gesetze der Kommunikation und Heilung. Gemeinsam entwickelten wir das Prinzip der »stabilen Achse« und der bewussten Atmung als innere Ausrichtung. Dass sich mein Clown auch im Dickicht des Scheiterns nicht verirrt hat, verdanke ich dem tiefen Wissen, der Spiritualität und nicht zuletzt der großen Liebe meiner wundervollen Frau. Seit 2012 arbeiten wir in unserem gemeinsamen Zentrum in Hofheim-Lorsbach. Dort haben die Schule für Clowns und das Institut für Körperpsychotherapie und Persönliche Entwicklung meiner Frau einen festen Standort gefunden. Mit unserer auf Liebe, Freude und Verbundenheit ausgerichteten Arbeit erreichen wir Menschen aus allen Bereichen der Gesellschaft, die sich für einen Weg des persönlichen Wachstums und authentischer Kommunikation entscheiden.

Mein Dank gilt Daniel Oliver Bachmann, dessen Faszination für den Clown so groß war, dass er die Clownausbildung bei mir absolviert hat. Eines Tages kam er mit der Idee, dass wir dieses Buch zusammen schreiben sollten. Heute halten Sie es in den Händen. Danke Daniel!

Clownschule Michael Stuhlmiller

Menschen zum Lachen zu bringen, ist der kürzeste Weg zu ihren Herzen. Und je mehr man die Leute zum Lachen bringt, umso mehr kommt zurück. Seit über 30 Jahren bringe ich als Clown und Clownlehrer in meiner Schule für Clowns Menschen zum Lachen und zeige ihnen, wie sie andere zum Lachen bringen können. Neben der dreijährigen professionellen Ausbildung zum staatlich anerkannten Diplom-Clownschauspieler gibt es auch berufsbegleitend viele Möglichkeiten, die Clownmethode als Wachstums- und Bewusstseinsweg zu erleben.

Wenn Sie einfach mal schnuppern wollen, sind Sie herzlich eingeladen, den Wochenendkurs »Entdecke den Clown in Dir« zu besuchen. Mit vielen Improvisationen, in denen sich das Spiel des Clowns entfaltet, erfahren Sie alles über individuelle Gestik, Mimik und Körperhaltung. Dieser Kurs richtet sich sowohl an Anfänger als auch an Fortgeschrittene, die spielerisch ihren eigenen Clown erfahren und ihr ureigenes Clown-Sein umsetzen möchten.

Wenn Sie den Clown und seine besondere Form der Wahrnehmungs-, Spiel- und Kommunikationsweise in Ihren Alltag integrieren oder beruflich einsetzen möchten, empfehle ich die berufsbegleitende Clownausbildung »Clown und

Kommunikation«. An sieben Wochenenden und in einer Intensivwoche lernen Sie die *5 Räume des Lachens* kennen:
1. Raum des Lachens: »Das Erwachen des Clowns«
2. Raum des Lachens: »Vom Glück ein Clown zu sein«
3. Raum des Lachens: »Der Clown als Spiegel«
4. Raum des Lachens: »Akrobaten des Scheiterns«
5. Raum des Lachens: »Der Clown der Stille«

Darauf aufbauend haben Sie die Möglichkeit, eine Ausbildung zum Clownpfleger und Klinikclown zu absolvieren. Bereits 1996 haben wir ein Ausbildungskonzept für die ersten Klinikclowns entwickelt. Wir haben einen Förderverein gegründet, der Clowns in Krankenhäuser und Seniorenheime schickt. Heute arbeiten unsere Clownpfleger im gesamten Bundesgebiet, in Österreich, in der Schweiz, den Niederlanden und in Luxemburg. Absolventen unserer Ausbildung haben eigene Vereine und Zusammenschlüsse gebildet. Sie besuchen und unterstützen Kinder und Erwachsene in schwierigen Lebenssituationen, zum Beispiel im Krankenhaus, aber auch in Kinderheimen, auf Pflegestationen oder bei der Arbeit mit Ausländern und Migranten unterschiedlicher sozialer und ethnischer Herkunft. In der Begegnung mit kranken und dementen Senioren eröffnen sie einen neuen Zugang zu deren oft verborgener Vitalität. Bei der Arbeit mit Behinderten überbrücken sie mühelos die Barriere zwischen Behinderten und Nichtbehinderten. Mit Humor und durch das clowneske Spiel sind Menschen auf besondere Weise ansprechbar.

Diese Qualität zeigt sich nicht nur in der Pflege, Therapie und in der Pädagogik. Die weiterführende Ausbildung zum Clowncoach ermöglicht Kontakte, wo »normale« Gespräche scheitern. In der betrieblichen Weiterbildung weist die Frage »Was würde der Clown tun?« immer wieder eine neue Richtung auf. Clowncoaches bringen den »humorvollen Betrachter« ins Spiel. In schwierigen Situationen muss sich keiner mehr angegriffen fühlen. Der Clown fungiert als Mediator und wohlwollender Begleiter.

Wenn Sie mehr über die *5 Räume des Lachens* und die Clownmethode sowie unser vielseitiges Seminarangebot erfahren möchten, besuchen Sie uns in Hofheim-Lorsbach und auf www.clownschule.de.

Ich würde mich freuen, Sie persönlich kennenzulernen. Und wer weiß – vielleicht haben Sie ja Lust, etwas mehr Clown in Ihr Leben zu bringen!

Michael Stuhlmiller

Clownschule Michael Stuhlmiller
Hofheimer Straße 3
65719 Hofheim-Lorsbach am Taunus
Telefon: 06192-961 37 64
www.clownschule.de
info@clownschule.de

Glückliche Beziehungen durch Urvertrauen

288 Seiten. ISBN 978-3-424-63107-4

Stefanie Stahl hat einen neuen, wirksamen Ansatz zur Arbeit mit dem »inneren Kind« entwickelt: Er geht von dem verletzten »Schattenkind« aus, in dem unsere negativen Glaubenssätze und die daraus resultierenden belastenden Gefühle abgespeichert sind. Wenn wir Freundschaft mit ihm schließen, lässt sich das »Sonnenkind« befreien – unser lebenszugewandter, freudiger und starker Wesenskern, der glückliche Beziehungen und ein Leben in Fülle erst möglich macht.

Überall, wo es Bücher gibt, und unter www.kailash-verlag.de